한 권으로 준비하는 의대입시의 모든 것!

의대입시 INSIDE

한 권으로 준비하는 의대입시의 모든 것!

의대입시 INSIDE

펴낸날 2017년 9월 25일 1판 1쇄

지은이 송민호, 주영식

펴낸이 김영선
교정·교열 이교숙
디자인 윤영옥
마케팅 PAGEONE 강용구

펴낸곳 (주)다빈치하우스-미디어숲
주소 경기도 고양시 일산서구 고양대로632번길 60, 405호
전화 02-323-7234
팩스 02-323-0253
홈페이지 www.mfbook.co.kr
출판등록번호 제 2-2767호

값 25,000원
ISBN 979-11-5874-027-6

• 이 책은 (주)다빈치하우스와 저작권자와의 계약에 따라 발행한 것이므로
  본사의 허락 없이는 어떠한 형태나 수단으로도 이 책의 내용을 사용하지 못합니다.
• 미디어숲은 (주)다빈치하우스의 출판브랜드입니다.
• 잘못된 책은 바꾸어 드립니다.

이 도서의 국립중앙도서관 출판예정도서목록(CIP)은 서지정보유통지원시스템 홈페이지(http://seoji.nl.go.kr)
와 국가자료공동목록시스템(http://www.nl.go.kr/kolisnet)에서 이용하실 수 있습니다.
(CIP제어번호: CIP2017022838)

의대입시 INSIDE

송민호 · 주영식 지음

미디어숲

제4차 산업혁명 시대가 도래하면서 의료인에게 요구되는 능력은 한층 강화되었다. 인간과 기술 그리고 사회에 대한 이해를 통합적으로 할 수 있는 인재야말로 의료 현장에 필요할 것이다. 실제로 학교 현장에서 보면 인성이 바르고 남들과 협력하면서 학습부문에서 최고의 성취를 보이는 학생들이 의대를 목표로 공부하고 있다. '의대입시 인사이드'는 이런 보석 같은 학생들에게 진학의 방향을 제시하고 자신의 목표를 이루려는 동기를 부여하는 역할을 하는 책으로서 가치가 있다.

– 정영우, 용인한국외국어대부속고 교감 –

이 책이 가진 의미는 의대입시를 준비하는 수험생들에게 로드맵을 제시했다는 것이다. 의대입시전형부터 자기소개서, 그리고 면접에 이르기까지 반드시 알아야 할 것들로 가득 채워져 있다. 돋보이는 내용은 의대인성면접을 명쾌하게 분석한 부분으로 의과대학에서 바라는 인성과 자질이 무엇인지 알 수 있게 기술하였다. 특히 MMI와 MCAT 등 의대면접의 원리와 유형을 밝힌 부분과 수시 인성면접과 정시 인성면접에서 평가하는 방식이 다르다는 점을 안내한 부분이 인상적이다. 이처럼 의대입시의 각 요소를 꼼꼼히 분석하고 친절하게 안내한 점이 독자들에게 매력적으로 작용할 것으로 믿어 의심치 않는다.

– 김귀식, 미래교육디자이너 그룹 대표 –

최근 의대입시에서는 학업과 인성에서 균형 잡힌 인재를 선발하고 있다. 학생부종합전형에서는 이러한 시대적 요구에 부응하는 인재를 선발하는 데 적합한 제도로서, 가정과 학교 및 사회의 변화를 요구하고 있다. 이 책은 이러한 변화양상을 입시에 맞게 가이드를 제시한 책으로 의대입시뿐만 아니라 학생부종합전형을 준비하는 모든 이에게 일독을 권한다.

– 김상태, 서울과학고 교사, 전)서울대 입학사정관 –

실제 의료상황에서는 윤리적 딜레마 해결능력, 과학적 추론능력, 촌각을 다투는 상황에서의 정확한 의료판단능력 등 종합적 사고력을 필요로 하며, 환자에 대해 관심과 애정으로 대할 줄 알아야 한다. 이는 평소에 일상생활에서 길러야 하는 자질이며, 특히 의대 MMI면접에서 평가된다. 의대 지원자들 이 책에서 소개된 면접이론과 기출문제 등을 참고하여 의료인에게 필요한 자질과 태도를 길러 성숙한 인격을 지닌 의료인이 되기를 희망한다.

– 강승희, 서울아산병원 피부과 전문의 겸 외래교수 –

의료인에게 요구되는 자질은 지적호기심이다. 의료현장에서 보면 변형되거나 새로운 형태로 나타나는 질병들이 존재한다. 이럴 때마다 질병에 대한 관심과 연구 그리고 치료법에 대한 고민을 평소에 할 줄 알아야 한다. 특히 이 책에 나오는 노벨상, 각종 의료와 관련된 수상 내용을 읽어보면서 의료기술의 발전과정을 이해하는 활동을 하며 의료분야에 대한 진로 의식을 굳건히 하기를 바란다.

– 최석진, 삼성서울병원 피부과 전문의 겸 외래교수 –

의대면접을 대비하기 위한 최적의 수험서라고 생각된다. 자주 출제되는 윤리적 판단 문제를 해결하는 데 핵심적인 이론을 간결하게 제시한 점, 인문사회적 교양을 높일 수 있는 풍부한 읽기자료 등 수험서적을 넘어 교양서적으로서의 기능을 갖고 있는 책으로 평가된다. 한편, 이 책을 읽으면서 송민호 선생님과 함께 면접 수업을 진행하면서 그분이 보여준 인사이트와 노하우가 떠오르기도 한다. 이 책은 생생한 현장경험을 바탕으로 쓴 수험서이기에 의대 지망생들에게 강력히 추천한다.

– 이지수, 참토론교육 대표 –

입시제도가 다각화되고 복잡해짐에 따라 현장에서 체감하는 입시 정보의 격차는 커졌고, 그만큼 중요도도 증가했다. 특히 많은 인원이 준비하지 않는 의대 입시에서 학생들은 정보에 목말라 있다. 그런 고민에 속이 타는 학생들에게 이 책은 가장 효율적인 해결책이 될 수 있을 것이다. 이 책에는 면접 시의 기본 태도부터 의대 빈출 유형 문제에 대한 답변 요령까지 의대면접 전 분야에 걸친 상세한 정보가 성실하게 정리·수록되어 있다. 어떻게 의대입시 면접을 준비해야 할지 막막함을 느꼈던 학생들은 이 책을 통해 최소의 비용으로 최대의 효과를 얻어낼 수 있을 것이다.

그 어느 입시가이드서보다 핵심을 꿰뚫는 안목을 가진 저자들의 조언이 입시를 준비하는 학부모·학생들과 더불어 교육현장에서의 교사·전문가들도 반드시 강독해야 하는 필독서라 생각된다. 의대를 지원하는 모든 수험생은 아무쪼록 이 책을 벗 삼아 꿈을 이루는 결과가 있기를 기원한다.

자연계열 최상위권 학생들의 각축장인 의대입시. 2018학년도 의대입시도 학생부 종합전형이 26.3%의 비중을 차지하며, '면접' 난관을 피해갈 수 없게 되었다. 누구나 갈망하지만 누구도 쉽게 접할 수 없는 의대면접을 전문적인 시선으로 대 해부한 이 책은 '의대 학종'을 관통할 수 있는 열쇠가 될 것이다.

의대입시에서 의전원이 점차 사라지고, '의대'로 복귀하는 현상이 날로 증가하고 있다. 또한 수시 '학종'의 증가와 더불어 학교생활기록부의 관리가 더욱 중요해지고 있다. 교대·의대입시의 최고봉인 송민호·주영식 선생님이 집필한 『의대입시 인사이드』이 책 한 권으로 의대입시(수시/정시)의 모든 것을 준비할 수 있다. 특히, 다른 책들과 달리 국내 의학기술 관련 수상 목록을 탑재함으로써 의대에 정말 관심 있는 수험생들이 앞으로 호기심의 범위를 넓힐 수 있을 것이라 사료된다. 이 책을 통해 의대 지망생들은 가고자 하는 의대에 한 발자국 가까이 다가서길 바란다.

의대입시 전형은 고교활동, 내신성적 관리, 아울러 면접까지 어느 하나 만만히 볼만한 영역이 없다. 중요한 것은 이 모든 것이 갖춰져 있다 하더라도 제대로 적용하지 못한다면 무용지물이다. 누구나 목표를 세우고 달려간다. 어떤 이는 자동차를 타고, 또 어떤 이는 걸어서 간다. 어떤 방식이든 정확한 길로 가야 하지 않겠는가? 이 책은 '의대입시 성공'이라는 종착지점까지 가는 데에, 초고성능 내비게이션으로서의 길잡이 역할을 톡톡히 할 것이다.

– 배용효, 학과설계매니저 및 팀학원 원장 –

의대입시와 관련된 도서는 찾기가 쉽지 않다. 정보 부족인 의대 관련 분야에서 이 책은 단연 돋보인다. 특히, 최상위권 학생들을 대상으로 다년간의 상담을 진행한 경험을 가진 공교육과 사교육 저자들의 콜라보는 무척 인상적이다. 해마다 바뀌는 입시제도에 발맞춰 진화하는 능력을 가진 저자의 저술은 읽는 것만으로 큰 도움이 될 것이라 확신한다.

– 김세형, 유웨이 중앙교육컨설턴트 파이널수학전문학원 원장 –

서울대병원에서는 간혹 '함춘'이라는 글자가 눈에 띈다. 병원 자리에 조선시대 때 함춘원이라는 정원이 있었기 때문이다. '봄을 머금다'라는 의미인 함춘은 생명의 시작과 신비로움을 의미한다. 이 책은 의료에 대한 시각과 의료 윤리에 대해 이해하는 데 충분한 자료와 예시가 담겨 있다. 생명을 다루는 의료인이 되기를 희망하는 지망생들은 험난한 진학의 여정 동안, 이 책을 벗 삼아 합격의 기쁨을 누리기를 기원한다.

– 이동원, 서울대 강사, 서울대 병원사 집필위원 –

성공한 입시의 최고 정점이 될 의대 진학! 수많은 수재와 명문고 학생, 학부모가 지향하는 목표점인 의대, 그러나 그 꼭대기에 올라서는 학생들은 많지 않다. 중도에서 결국 길을 잃고 마는 셈이다. 이 책은 심플하게 학생부종합전형을 바라보고 있다. 역시 고수만이 알고 있는 실전 비법인 셈이다. 입시의 길을 떠나기 전에 반드시 읽을 나침반으로 강력한 힘을 보일 것이라 믿는다.

– 이재희, 미래교육 교육이사, 학습법 코칭 전문가 –

누가 우수한 학생인가?

그동안 우리나라 교육에서 우수하다고 평가되는 학생들은 어떤 학생들이었는가? 일반적으로 내신 성적과 수능 점수로 양적인 평가를 높은 성취도로 통과한 학생을 우수하다고 평가했다. 하지만 이제는 이러한 평가방식에 추가적으로 두 가지 평가방식이 도입되었다.

첫 번째는 양적인 성취를 이루는 과정에서 학생이 보인 노력의 과정을 평가하는 것이다. 학교시험을 대비하기 위해 평소 암기위주로 지식을 이해하는 방식으로 공부한 것을 보여주는 학생이 있는 반면, 교내 프로그램을 활용하여 지식의 활용과 지식의 응용 수준까지 학업의 전 과정을 보여주는 학생도 있다. 예를 들어, 교내 진로특강을 듣고 최근 화학의 연구방향을 이해한 뒤 자신이 배운 교과지식과 이를 연계한 학생, 그리고 이런 지식을 응용한 문제를 개발하는 학생 등 자신이 노력한 과정들을 학교생활기록부, 자기소개서 그리고 교사추천서에 담아내는 것이다. 이것이 바로 숫자로 나타낼 수 없는 노력과정을 보여주고 평가받는 학생부종합전형에서 진행하는 평가방식이다.

두 번째는 학업역량 이외의 인성 부분까지도 균형 있게 발달한 학생인지를 평가하는 것이다. 평소에 학급, 학교 또는 지역사회에서 기여 활동을 한 학생들이 우수한 학생으로 평가된다. 즉 사회 참여가 생활화된 학생으로, 이 부분은 자신의 노력뿐만 아니라 부모의 교육관이나 학교 선생님들의 적극적인 지원이 있어야 가능하다. 왜냐하면 사회참여 활동을 비효율적이라고 보는 관점이 존재하기 때문이다.

인간의 생명을 다루는 의료영역에 있어서는 인간 존중의 정신을 실천할 수 있는 인재가 필요하다. 따라서 의대 입시에서 우수한 인재란, 학업성취 과정이 자기주도적이고, 인성 부문에 있어서 지속적인 실천을 해온 학생이라고 정의내릴 수 있다.

의대 입시는 어떻게 준비하는가?

이 책에서는 학생부종합전형을 중심으로 '입시전형·서류·면접'이라는 세 가지 영역에서 의대 입시를 준비하는 방법을 제시하고 있다.

전형 부문은 크게 내신·활동·면접 그리고 수능이라는 요소를 기준으로 전형이 나눠져 있다. 의대 지원자들은 경기·인천권 의대를 중심으로 지원 성향이 구분되는데, 일반적으로 가천대·아주대·인하대를 기점으로 하여 지역 의대 위주로 쓸지, 아니면 서울권 의대 위주로 쓸지를 결정하게 된다. 이때 내신의 영향력이 큰 학생부전형과 내신의 영향력이 낮은 논술전형 중 지원자의 성취수준에 부합하는 전형을 선택하는 것이 중요하다. 보통 2학년 1학기 내신을 기준으로 이 두 전형 중 어느 것을 우선적으로 준비할지를 결정하는 학생들이 많다. 한편, 학생부전형에서도 수능 최저가 있는 대학들이 많다. 그러므로 수시에서 의대를 가기 위해서는 내신, 활동 그리고 수능까지 어느 하나 소홀히 할 수 없다.

서류 부문은 지속적인 기록과 연습이 필요하다. 학년 말 겨울방학을 이용하여 자신의 활동을 대학별 자기소개서 양식에 맞게 작성해 보는 연습이 필요하다. 자연계 학생들 중에는 수학·과학의 문제풀이에 익숙하지만 글쓰기에 약한 모습을 보이는 학생들이 종종 있다. 이런 유형의 학생들이 고3이 되어서 자기소개서를 쓰려고 하면 여간 힘들지 않다. 따라서 평소 교내 토론대회, 에세이 대회 등에 참가하면서 글쓰기 역량을 기르는 것이 요구된다. 그리고 일상생활의 느낀 점이나 기억에 남는 것들을 글로 남기는 연습을 병행하기를 권한다. 즉, 자신을 표현하는 글을 써보는 연습이 되어야 자기소개서에서 요구하는 '배우고 느낀 점'을 기술할 수 있다. 자기소개서 양식은 대학별로 4번 문항이 서로 다르고, 1에서 3번 문항은 동일하다. 그러므로 자신이 지원하는 대학의 자율문항을 미리 살펴보고 여기에 기술할 소재를 찾아보는 준비를 해야 한다.

면접 부문은 수시와 정시의 평가가 다르다. 수시에서는 주로 긍정적 선택방식의 MMI기법을 사용하게 된다. 즉, 지원자가 가지고 있는 장점이 무엇인지 밝혀내기 위해 면접을 실시한다고 생각하면 된다. 이에 비해 정시에서는 주로 부정적 선택방식으로 면접이 진행된다. 이는 성격상의 결함이나 잘못된 사고방식을 가지고 있는지를 판단하는 방향으로 면접이 진행된다.

이 외에 수시전형에서 서류평가가 들어가는 학생부종합전형에서는 생활기록부와 자기소개서에 담긴 내용에 대해 심층적으로 질문하는 '확인 면접'을 실시하게 된다. 이때에는 자신의 전공과 관련이 없는 영역에 대한 내용도 질문하기 때문에 자료들을 꼼꼼히 살펴봐야 한다.

결론적으로 의대 입시는 내신과 활동 그리고 수능이라는 평가요소 외에도 면접에서 인성을 평가하는 방식으로 구성된다. 따라서 학업역량뿐만 아니라, 인성 부문에서도 일정한 수준에 도달해야 한다.

이 책을 통해 의대 지원자들이 입시의 흐름을 이해하고 자신이 목표로 하는 대학을 지원하는 데 디딤돌이 되기를 희망하는 바이다. 끝으로 이 책이 나오는 데 물심양면으로 지원해준 미디어숲 출판사에 감사의 말을 전한다.

송민호·주영식

Part. 1 의대 전형의 이해하기

Part. 2 의대 서류 준비하기

부록

Part. 1

의대 전형의
이해하기

전체 수시·정시 전형

2018학년도 의예과 전형별 분류

대학	학생부교과 전형(인원)	학생부종합 전형(인원)	논술 위주 전형(인원)	특기자 전형(인원)	정시 가	정시 나	정시 다	모집 정원
서울대	–	지역균형(30)	–	–	30	–	–	140
		일반(75)						
		*기회균형(3)			*2			
연세대	–	면접형(10)	일반(40)	과학공학인재(27)	–	20	–	112
		활동우수형(12)						
		기회균형(1)						
		*농어촌(1)/*한마음(1)						
가톨릭대	–	학교장추천(24)	논술(15)	–	–	25	–	65
		가톨릭추천(1)						
성균관대	–	글로벌인재(15)	논술우수(10)	–	–	15	–	40
울산대	–	–	논술(24)	–	–	12	–	40
			지역인재(4)					
고려대	고교추천I(16)	고교추천II(32)	–	자연계열특기자(10)	–	13	–	108
		일반(35)						
		*농어촌(2)						
가천대	–	가천의예(15)	–	–	–	13	–	28
경희대	–	네오르네상스(32)	논술우수(22)	–	23	–	–	77

대학								
아주대	–	ACE(15) *농어촌(1)	논술우수자(15)	–	–	–	10	41
이화여대	–	미래인재(10)	논술(10)	과학특기자(5)	22(자연) 8(인문)	–	–	53
중앙대	–	다빈치형인재(6)	논술(50)	–	30	–	–	86
한양대	–	일반(32) 고른기회(2)	논술(10)	–	–	66	–	110
인하대	학생부교과(15)	인하미래인재(10) *농어촌(1)	–	–	–	–	9	35
경북대	지역인재(7)	일반학생(10) 지역인재(17)	논술(AAT)(15)	–	27	–	–	76
부산대	학생부교과(10)	일반(10) 지역(40)	논술(10)	–	18	–	–	88
순천향대	일반학생(21) 지역인재(20) –	일반학생(5) 지역인재(5) *농어촌(2)/*기초생활(2)	–	–	–	–	42	97
한림대	–	학교생활우수자(15) 지역인재(12) *농어촌(2)	–	–	–	49	–	78
연세대(원)	학생부교과(17)	학교생활우수자(17) 강원인재(14) 사회공헌 및 배려자(3) *농어촌(1)/*한마음(1)	일반논술(28)	특기인재(3)	11	–	–	95
인제대	지역인재(28) 의예·간호(34) *농어촌(3)	–	–	–	30	–	–	95
가톨릭 관동대	교과(12)	CKU리더(9) 강원인재(8)	–	–	10(수능) 10(일반)	–	–	49

전남대	일반전형(62)	창의인재종합(38)	–	–	25	–	–	125
단국대(천) *수시신설	–	DKU인재(10) 농어촌	–	–	–	–	30 1	41
동국대(경) *신설	학생부교과(15) 면접(교과)(10) 지역인재(교과)(5) 농어촌(2)	–	–	–	17(미정)			49
계명대	교과전형(16) 지역인재교과(17) –	잠재능력우수자(3) 지역인재종합(4) *농어촌(3)	–	–	–	–	36	79
대구 가톨릭대	지역인재(15) 농어촌(2)	–	–	–	–	–	25	42
동아대	지역균형인재(20)	–	–	14(일반) 15(지역)		–	–	49
영남대	일반(11) 면접(8) 지역인재(20)	–	–	–	–	37	–	76
전북대	일반학생(7) 지역인재(39)	큰사람(3)	–	–	28	–	–	77
경상대	교과성적우수자(6) 지역인재(16)	개척인재(2) 기회균형(1)/*농어촌(2)	–	–	20(일반) 8(지역)	–	–	55
고신대	일반고(35) 지역인재(15)	–	–	–	–	–	26	76
원광대	–	학생부종합(20) 지역인재–전북(22) 지역인재–광주/전남(7) *농어촌(3)/*기회균형(2)	–	–	–	27	–	81

대학								계
을지대 (대전)	교과성적우수(10) 지역인재(10) *농어촌(2)/*을지사랑(1)	–	–	–	–	20	–	43
충남대	일반(24) *농어촌(2)/*저소득(1)	PRISM인재(19)	–	–	10(일반) 24(지역)	–	–	80
충북대	학생부교과(2)	지역인재(16) *농어촌(1)	–	–	31	–	–	50
건양대	일반학생–면접(15) 지역인재–면접(16)	*농어촌(2)	–	–	9(일반) 9(지역)	–	–	51
조선대	일반(27) 지역인재(26)	– *농어촌(2)	–	–	18(일반) 18(지역)	–	–	91
합계	640	699	253	45	448	297	179	2,578

* 표시는 정원 외 기준임

※ 2018 전국 의대/의전원=41개, 2018 학부모집 의대/의전원=36개(전부 의대)

※ 의대 제외 2개교=서남대(평가인증 탈락), 제주대(의전원에서 의대전환으로 2018 학부모집계획 철회)

※ 학부생 선발을 하지 않는 의전원: 건국대(글로컬), 치의과대, 강원대(석사과정만 모집)

※ 2018학년도 의과대학 모집인원은 정원 외 포함 2,578명(수시 1,637명, 정시 941명)으로 서울대와 연세대의 의학전문대학원이 올해 의대로 완전 전환하며, 각각 40명, 33명이 모집인원에 포함되었다. 또한 학·석사통합과정으로 정시에서 군외 선발하던 동국대(경주)도 정원 내 인원으로 선발함에 따라 학·석사통합과정으로 선발하는 의대는 제주대가 유일하게 되었고, 이러한 의대 선발 인원의 증가 추세는 2019학년도까지 이어질 것으로 보인다.

※ 특히 서울대와 연세대의 선발한 증가 인원은 대부분 수시전형으로 편재되었고, 동국대(경주) 역시 총 49명 중 30명을 수시전형으로 선발하여 전체 의예과 수시 선발 인원이 증가하였다.

※ 금년도 의예과 수시전형의 특징 중 하나는 학생부종합전형의 약진이다.

※ 최근 의예과 선발과정에서 단순히 수치적으로 나타난 학생들의 학업적 측면보다 다각적인 관점에서 학생을 평가하려고 한다. 이러한 관점에서 학생부종합전형은 정량적인 측면이 아닌 정성적인 판단으로 평가하고, 면접을 통해 학생의 인·적성도 확인할 수 있으므로 학생부종합전형은 앞으로도 꾸준히 유지될 것이다.

2016~2018 전국 의대 전형별 비중

*2018 정원 외 포함(재외국민 전형 제외)

구분	유형	2018		2017		2016	
		인원	비율	인원	비율	인원	비율
수시	학종	699	27.1%	426	17.2%	389	16.9%
	교과	638	24.8%	675	27.2%	617	26.8%
	논술	253	9.8%	280	11.3%	222	9.7%
	특기자	45	1.75%	53	2.1%	50	2.2%
	소계	1,635	63.5%	1,434	57.8%	1,278	55.6%
정시	가군	448	17.4%	456	18.4%	431	18.7%
	나군	297	11.5%	368	14.8%	338	14.7%
	다군	179	6.9%	224	9.0%	229	10.0%
	미정	17	0.7%	–	–	–	–
	군외	–	–	–	–	24	1.0%
	소계	941	36.5%	1,048	42.2%	1,022	44.4%
합계		2,576	100%	2,482	100%	2,300	100%

2016~2018 전국 의대 전형구조

대학명	구분	유형	전형명	2018		2017		2016	
				인원	비율	인원	비율	인원	비율
서울대	수시	학종	지역균형선발	30	22.2%	25	26.3%	25	26.3%
			일반	75	55.6%	45	47.4%	45	47.4%
			수시 계	105	77.8%	70	73.7%	70	73.7%
	정시	가군	일반	30	22.2%	25	26.3%	25	26.3%
			합계	135	100%	95	100%	95	100%
연세대	수시	학종	면접형	10	9.1%	–	–	–	–
			활동우수형	12	10.9%	17	22.1%	17	22.1%

연세대	수시	학종	기회균형	1	0.9%	–	–	–	–
		교과	학생부교과	–	–	3	3.9%	3	3.9%
		논술	일반	40	36.4%	15	19.5%	15	19.5%
		특기자	과학공학인재	27	24.5%	20	26.0%	20	26.0%
		수시 계		90	81.8%	55	71.4%	55	71.4%
	정시	나군	일반	20	18.2%	22	28.6%	22	28.6%
	합계			110	100%	77	100%	77	100%
가톨릭대	수시	학종	추천자	1	1.5%	1	1.5%	1	1.5%
			학교장추천자	24	36.9%	24	36.9%	19	29.2%
		논술	논술우수자	15	23.1%	15	23.1%	15	23.1%
		수시 계		23	20.9%	17	22.1%	17	22.1%
	정시	나군	일반	25	38.5%	25	38.5%	30	46.2%
	합계			65	100%	65	100%	65	100%
성균관대	수시	학종	글로벌인재	15	37.5%	5	12.5%	5	17.9%
		논술	논술우수	10	25.0%	5	12.5%	10	35.7%
		특기자	과학인재	–	–	5	12.5%	5	17.9%
		수시 계		25	62.5%	15	37.5%	20	71.5%
	정시	나군	일반	15	37.5%	25	62.5%	8	28.6%
	합계			40	100%	40	100%	28	100%
울산대	수시	논술	논술	24	60.0%	20	50.0%	20	50.0%
			지역인재	4	10.0%	4	10.0%	4	10.0%
		수시 계		28	70.0%	24	60.0%	24	60.0%
	정시	나군	일반	12	30.0%	16	40.0%	16	40.0%
	합계			40	100%	40	100%	40	100%
고려대	수시	학종	일반	35	33.0%	15	14.2%	10	13.5%
			고교추천II	32	30.2%	–	–	–	–
		교과	고교추천I	16	15.1%	19	17.9%	14	18.9%
		논술	일반	–	–	30	28.3%	23	31.1%

대학	구분	전형유형	전형명						
고려대	수시	특기자	특기자	10	9.4%	17	16.0%	14	18.9%
			수시 계	93	87.7%	81	76.4%	61	82.4%
	정시	나군	일반	13	12.3%	25	23.6%	13	17.6%
		합계		106	100%	106	100%	74	100%
가천대	수시	학종	가천의예	15	53.6%	15	53.6%	15	53.6%
			수시 계	15	53.6%	15	53.6%	15	53.6%
	정시	나군	일반I	13	46.4%	13	46.4%	13	46.4%
		합계		28	100%	28	100%	28	100%
경희대	수시	학종	네오르네상스	32	41.6%	25	32.5%	18	23.4%
		논술	논술우수자	22	28.6%	29	37.7%	29	37.7%
			수시 계	54	70.2%	54	70.2%	47	61.1%
	정시	가군	일반	23	29.9%	23	29.9%	30	39.0%
		합계		77	100%	77	100%	77	100%
아주대	수시	학종	ACE	15	37.5%	12	30.0%	8	28.6%
		논술	논술우수자	15	37.5%	16	40.0%	–	–
			수시 계	30	75%	28	70%	8	28.6%
	정시	다군	일반	10	25.0%	12	30.0%	20	71.4%
		합계		40	100%	40	100%	28	100%
이화여대	수시	학종	미래인재	10	18.9%	7	13.2%	7	13.0%
			고른기회	–	–	–	–	1	1.9%
		논술	논술	10	18.9%	10	18.9%	10	18.5%
		특기자	과학특기자	5	9.4%	8	15.1%	8	14.8%
			수시 계	25	47.2%	25	47.2%	26	48.2%
	정시	가군	일반(인문)	6	11.3%	6	11.3%	6	11.1%
			일반(자연)	22	41.5%	22	41.5%	22	40.7%
		합계		53	100%	53	100%	54	100%
중앙대	수시	학종	다빈치인재	6	7.0%	6	7.0%	6	10.0%
		논술	논술	50	58.1%	50	58.1%	22	36.7%

대학									
중앙대			수시 계	56	65.1%	56	65.1%	28	46.7%
	정시	가군	일반	30	34.9%	30	34.9%	32	53.3%
	합계			86	100%	86	100%	60	100%
한양대	수시	학종	학생부종합(일반)	32	29.1%	38	34.2%	25	32.5%
			학생부종합(고른기회)	2	1.8%	2	1.8%	2	2.6%
		논술	논술	10	9.1%	–	–	–	–
		수시 계		44	40.0%	40	36.0%	27	35.1%
	정시	나군	일반	66	60.0%	71	64.0%	50	64.9%
	합계			110	100%	111	100%	77	100%
인하대	수시	학종	인하미래인재	10	29.4%	10	29.4%	5	14.7%
		교과	학생부교과	15	44.1%	–	–	–	–
		논술	논술우수자	–	–	15	44.1%	15	44.1%
		수시 계		25	73.5%	25	73.5%	20	58.8%
	정시	나군	수능 100	–	–	–	–	14	41.2%
		다군	수능 100	9	26.5%	9	26.5%	–	–
	합계			34	100%	34	100%	34	100%
경북대	수시	학종	일반학생	10	13.2%	10	13.0%	10	13.0%
			지역인재	17	22.4%	17	22.1%	15	19.5%
		교과	지역인재	7	9.2%	7	9.1%	5	6.5%
		논술	논술(AAT)	15	19.7%	15	19.5%	15	19.5%
		수시 계		49	64.5%	49	63.7%	45	58.5%
	정시	가군	일반	27	35.5%	28	36.4%	32	41.6%
	합계			76	100%	77	100%	77	100%
부산대	수시	학종	학종II(일반학생)	10	11.4%	–	–	–	–
			학종II(지역학생)	40	45.5%	40	45.5%	40	45.5%
		교과	학생부교과	10	11.4%	–	–	–	–
		논술	논술	10	11.4%	28	31.8%	20	22.7%
		수시 계		70	79.5%	68	77.3%	60	68.2%

대학	구분	군	전형						
부산대	정시	나군	수능	18	20.5%	20	22.7%	28	31.8%
	합계			88	100%	88	100%	88	100%
순천향대	수시	학종	일반학생(종합)	5	5.4%	5	5.4%	5	5.4%
			지역인재(종합)	5	5.4%	5	5.4%	5	5.4%
		교과	일반학생(교과)	21	22.6%	20	21.5%	25	26.9%
			지역인재(교과)	20	21.5%	20	21.5%	15	16.1%
	수시 계			51	54.9%	50	53.8%	50	53.8%
	정시	다군	일반학생	42	45.2%	43	46.2%	43	46.2%
	합계			93	100%	93	100%	93	100%
한림대	수시	학종	학교생활우수자	15	19.7%	10	13.2%	10	13.2%
			지역인재	12	15.8%	12	15.8%	12	15.8%
	수시 계			27	35.5%	22	28.9%	22	28.9%
	정시	나군	일반	49	64.5%	54	71.1%	54	71.1%
	합계			76	100%	76	100%	76	100%
연세대 (원주)	수시	학종	학교생활우수자	17	18.3%	20	21.5%	10	10.9%
			강원인재일반	14	15.1%	14	15.1%	18	19.6%
			사회공헌배려자	3	3.2%	2	2.2%	2	2.2%
		교과	학생부교과	17	18.3%	15	16.1%	22	23.9%
		논술	일반논술	28	30.1%	28	30.1%	24	26.1%
		특기자	특기인재	3	3.2%	3	3.2%	3	3.3%
	수시 계			82	88.2%	82	88.2%	79	85.9%
	정시	가군	일반	11	11.8%	11	11.8%	13	14.1%
	합계			93	100%	93	100%	92	100%
인제대	수시	교과	의예/간호	34	37.0%	–	–	–	–
			인문계고교출신자	–	–	35	37.6%	25	26.9%
			과학영재	–	–	–	–	9	9.7%
			지역인재	28	30.4%	28	30.1%	28	30.1%
	수시 계			62	67.4%	63	67.7%	62	66.7%

대학									
인제대	정시	가군	일반학생	30	32.6%	30	32.3%	31	33.3%
	합계			92	100%	93	100%	93	100%
가톨릭 관동대	수시	학종	CKU리더	9	18.4%	–	–	–	–
			학생부종합	–	–	5	10.2%	–	–
			CKU인재	–	–	–	–	8	16.3%
			강원인재	8	16.3%	–	–	7	14.3%
		교과	교과일반	12	24.5%	13	26.5%	17	34.7%
			강원인재	–	–	7	14.3%	–	–
			사회기여/배려자	–	–	4	8.2%	3	6.1%
		수시 계		29	59.2%	29	59.2%	35	71.4%
	정시	가군	수능	10	20.4%	12	24.5%	9	18.4%
			일반	10	20.4%	8	16.3%	5	10.2%
	합계			49	100%	49	100%	49	100%
전남대	수시	학종	창의인재종합	38	30.4%	–	–	–	–
		교과	일반	62	49.6%	40	32.0%	51	58.0%
			지역인재	–	–	30	24.0%	–	–
		수시 계		100	80.0%	70	56.0%	51	58.0%
	정시	가군	일반	25	20.0%	49	39.2%	11	12.5%
			지역인재	–	–	6	4.8%	26	29.5%
	합계			125	100%	125	100%	88	100%
단국대 (천안)	수시	학종	DKU인재	10	25.0%	–	–	–	–
		수시 계		10	25.0%	–	–	–	–
	정시	다군	일반학생	30	75.0%	40	100%	41	100%
	합계			40	100%	40	100%	41	100%
동국대 (경주)	수시	교과	교과	15	30.6%	–	–	–	–
			면접	10	20.4%	–	–	–	–
			지역인재	5	10.2%	–	–	–	–
		수시 계		30	61.2%	0	–	0	–
	정시		미정	19	38.8%	–	–	–	–

대학	구분	계열	전형명						
동국대 (경주)			군외 학/석사통합과정	–	–	–	–	24	100%
			합계	49	100%	0	–	24	100%
계명대	수시	학종	잠재능력우수자	3	3.9%				
			지역인재종합	4	5.3%				
		교과	교과	16	21.2%	20	26.3%	20	26.3%
			지역인재교과	17	22.4%	20	26.3%	20	26.3%
			수시 계	40	52.6%	40	52.6%	40	52.6%
	정시	다군	일반	36	47.4%	36	47.4%	36	47.4%
			합계	76	100%	76	100%	76	100%
대구 가톨릭대	수시	교과	일반	–	–	5	12.5%	5	12.5%
			지역인재	15	37.5%	10	25.0%	15	37.5%
			수시 계	15	37.5%	15	37.5%	20	50.0%
	정시	다군	일반	25	62.5%	25	62.5%	20	50.0%
			합계	40	100%	40	100%	40	100%
동아대	수시	교과	교과성적우수자	–	–	–	–	11	32.4%
			지역균형인재	20	40.8%	14	28.6%	11	32.4%
			수시 계	20	40.8%	14	28.6%	22	64.7%
	정시	가군	일반학생	14	28.6%	20	40.8%	12	35.3%
			지역인재	15	30.6%	15	30.6%	–	–
			합계	49	100%	49	100%	34	100%
영남대	수시	교과	일반학생	11	14.3%	10	13.2%	11	20.8%
			면접	8	10.4%	8	10.5%	–	–
			지역인재특별	20	26.0%	20	26.3%	11	20.8%
			수시 계	39	50.6%	38	50.0%	22	41.5%
	정시	나군	일반학생	38	49.4%	38	50.0%	31	58.5%
			합계	77	100%	76	100%	53	100%
전북대	수시	학종	큰사람	3	3.9%	–	–	–	–
		교과	일반학생	7	9.1%	10	13.0%	10	12.8%
			지역인재	39	50.6%	39	50.6%	39	50.0%
			수시 계	49	63.6%	49	63.6%	49	62.8%

대학	구분	군	전형	인원	비율	인원	비율	인원	비율
전북대	정시	가군	일반학생	28	36.4%	28	36.4%	28	36.9%
			합계	77	100%	77	100%	77	100%
경상대	수시	학종	개척인재	2	3.8%	2	3.8%	1	1.9%
			기회균형	1	1.9%	1	1.9%	1	1.9%
		교과	교과성적우수자	6	11.3%	6	11.3%	6	11.3%
			지역인재	16	30.2%	11	20.8%	8	15.1%
			수시 계	25	47.2%	20	37.7%	16	30.2%
	정시	가군	일반	20	37.7%	25	47.2%	29	54.7%
			지역인재	8	15.1%	8	15.1%	8	15.1%
			합계	53	100%	53	100%	53	100%
고신대	수시	교과	일반고	35	46.1%	40	52.6%	30	39.5%
			고른기회(지역인재)	15	19.7%	10	13.2%	10	13.2%
			수시 계	50	65.8%	50	65.8%	40	52.6%
	정시	다군	일반	26	34.2%	26	34.2%	36	47.4%
			합계	76	100%	76	100%	76	100%
원광대	수시	학종	학생부종합	20	26.3%	–	–	–	–
			지역인재(전북)	22	28.9%	–	–	–	–
			지역인재(광주/전남)	7	9.2%	–	–	–	–
		교과	일반	–	–	10	13.2%	10	13.2%
			지역인재(전북)	–	–	22	28.9%	22	28.9%
			지역인재(광주/전남)	–	–	7	9.2%	7	9.2%
			수시 계	49	64.5%	39	51.3%	39	51.3%
	정시	나군	일반	27	35.5%	37	48.7%	37	48.7%
			합계	76	100%	76	100%	76	100%
을지대 (대전)	수시	교과	교과성적우수자	10	25.0%	10	25.0%	10	25.0%
			지역인재	10	25.0%	8	20.0%	8	20.0%
			수시 계	20	50.0%	18	45.0%	18	45.0%
	정시	나군	일반	20	50.0%	22	55.0%	22	55.0%
			합계	40	100%	40	100%	40	100%

충남대	수시	학종	PRISM인재	19	24.7%	19	24.7%	19	24.7%
		교과	일반	24	31.2%	24	31.2%	24	31.2%
			수시 계	43	55.8%	43	55.8%	43	55.8%
	정시	가군	일반	10	13.0%	10	13.0%	10	13.0%
			지역인재	24	31.2%	24	31.2%	24	31.2%
			합계	77	100%	77	100%	77	100%
충북대	수시	학종	지역인재	16	32.7%	17	34.7%	17	50.0%
		교과	학생부교과	2	4.1%	10	20.4%	2	5.9%
			수시 계	18	36.7%	27	55.1%	19	55.9%
	정시	가군	일반	31	63.3%	22	44.9%	15	44.1%
			합계	49	100%	49	100%	34	100%
건양대	수시	교과	일반학생(면접)	15	30.6%	15	30.6%	15	30.6%
			지역인재(면접)	16	32.7%	16	32.7%	15	30.6%
			수시 계	31	63.3%	31	63.3%	30	61.2%
	정시	가군	일반학생(수능)	9	18.4%	9	18.4%	9	18.4%
			지역인재(수능)	9	18.4%	9	18.4%	10	20.4%
			합계	49	100%	49	100%	49	100%
조선대	수시	교과	일반	27	30.3%	26	29.5%	22	25.0%
			지역인재	26	29.2%	26	29.5%	22	25.0%
			수시 계	53	59.6%	52	59.1%	44	50.0%
	정시	가군	일반	18	20.2%	16	18.2%	22	25.0%
			지역인재	18	20.2%	20	22.7%	22	25.0%
			합계	89	100%	88	100%	88	100%

※ 정원 내 기준(정원 외 전형 제외)

2018학년도 수시모집 의과대학 전형요소 및 전형방법

구분	전형명	전형요소 및 전형방법	수능최저학력기준	탐구반영
서울대	지역균형(30)	• 서류+면접 종합평가	4개영역 중 3개영역 각 2등급(탐구는 I+II조합)	2과목
	일반(75)	• 1단계(2배수): 서류100 • 2단계: 서류50+면접50	–	–
연세대	면접형(10)	• 1단계(3배수): 교과50+비교과50 • 2단계: 서류40+면접60	–	–
	활동우수형(12)	• 1단계(일정배수): 서류100 • 2단계: 서류70+면접30	영어2등급+4과목 중 3과목 1등급, 한국사 4등급	2과목
	특기자전형(27)	• 1단계(일정배수): 서류100 • 2단계: 서류70+면접30	–	–
	일반(논술)(40)	• 학생부(교과출결봉사)30+논술70	영어2등급+4과목(국, 수, 과1, 과2) 중 3과목 1등급, 한국사 4등급	2과목
가톨릭대	추천자(학교장)(24)	• 1단계(5배수): 서류100 • 2단계: 서류70+면접30	4개영역 중 3개영역 1등급, 한국사 4등급 이내	2과목
	추천자(가톨릭)(1)		–	–
	논술우수자(15)	• 학생부(교과)40+논술60	4개영역 중 3개영역 1등급, 한국사 4등급	2과목
성균관대	글로벌인재(15)	• 1단계(3–5배수): 서류100 • 2단계: 서류80+면접20	–	–
	논술우수(10)	• 학생부40+논술60	영어1등급+3개영역 등급합 4이내(탐구 소숫점 이하 절사), 한국사 4등급	2과목
울산대	일반전형(논술)(24)	• 학생부(교과)40+논술60	4개영역 등급 합 5이내, 한국사 4등급	2과목
	지역인재(논술)(4)			
고려대	고교추천I(16)	• 1단계(3배수): 서류100 • 2단계: 면접100	4개영역 등급합 5이내, 한국사 4등급	2과목
	고교추천II(32)	• 1단계(5배수): 서류100 • 2단계: 서류50+면접50		
	일반전형(35)	• 1단계(5배수): 서류100 • 2단계: 서류70+면접30		
	특기자(10)	• 1단계(5배수): 서류100 • 2단계: 서류50+면접50	–	–

대학	전형명	전형방법	수능최저학력기준	한국사
가천대	가천의예(15)	• 1단계(4배수): 서류100 • 2단계: 서류50+면접50	4개영역 중 3개영역 1등급	2과목
경희대	네오르네상스(32)	• 1단계(3배수): 서류100 • 2단계: 서류70+면접30	–	–
	논술우수자(22)	• 학생부(교과+출결봉사)30+논술70	4개영역 중 3개영역 등급 합 4이내, 한국사 5등급	1과목
아주대	ACE(15)	• 1단계(3배수): 서류100 • 2단계: 서류70+면접30	4개영역 등급 합 5이내	2과목
	논술우수자(15)	• 학생부(교과)30+논술70	4개영역 등급 합 5이내	
이화여대	미래인재(10)	• 1단계(4배수): 서류100 • 2단계: 서류80+면접20	4개영역 중 3개영역 등급 합 3이내	2과목
	과학특기자(5)	• 1단계(4배수): 서류100 • 2단계: 서류70+면접30	–	–
	일반(논술)(10)	• 학생부(교과)30+논술70	4개영역 중 3개영역 등급 합 3이내	2과목
중앙대	다빈치형인재(6)	• 1단계(3배수): 서류100 • 2단계: 서류70+면접30	없음	–
	논술전형(50)	• 학생부40(교과20+비교과20)+논술60	4개영역 등급 합 5이내, 한국사 4등급	2과목
한양대	일반(종합)(32)	• 학생부종합평가100	–	–
	논술전형(10)	• 학생부종합평가30+논술70	–	–
인하대	인하미래인재(10)	• 1단계(3배수): 서류100 • 2단계: 서류70+면접30	–	–
	학생부교과(15)	• 학생부(교과)100	영어1등급+3개영역 등급 합 4이내	2과목
경북대	일반학생(10)	• 1단계(5배수): 서류100 • 2단계: 서류70+면접30	4개영역 등급 합 5이내, 한국사 4등급	1과목
	지역인재(17)			
	지역인재(교과)(7)	• 교과90+비교과(출결, 봉사)10		
	논술(AAT)(15)	• 학생부20(교과10+비교과10)+논술80	4개영역 등급 합 5이내, 한국사 4등급	

대학	전형	전형방법	수능최저학력기준	수능과목
부산대	일반(10)	• 1단계(3배수): 서류100 • 2단계: 서류80+면접20	영어2등급+3개영역 등급 합 40이내, 한국사 4등급	2과목
	지역학생(40)	• 1단계(2배수): 서류100 • 2단계: 서류80+면접20		
	학생부교과(10)	• 학생부(교과)100		
	논술전형(10)	• 학생부30(교과20+비교과10)+논술70	영어2등급+3개영역 등급 합 40이내, 한국사 4등급	2과목
순천향대	일반학생(5)	• 1단계(3배수): 서류100 • 2단계: 확인면접100	–	–
	지역인재(5)			
	일반학생(교과)(21)	• 학생부(교과)100	4개영역 등급 합 60이내 (문과 4개영역 등급 합 50이내)	2과목
	지역인재(교과)(20)			1과목
한림대	학교생활우수자(15)	• 1단계(6배수): 서류100 • 2단계: 서류70+면접30	3개영역 등급 합 40이내, 한국사 3등급(영어 포함할 경우 영어는 1등급)	2과목
	지역(12)			
연세대 (원주)	학교생활우수자(17)	• 서류100	영어2등급+4과목 중 3과목 등급 합 40이내, 한국사 4등급	2과목
	강원인재(14)			
	연세인재(특기)(3)		–	–
	학생부교과(17)	• 1단계(일정배수): 서류100 • 2단계: 서류70+면접30	영어2등급+4과목 중 3과목 등급 합 40이내, 한국사 4등급	2과목
	일반논술(28)	• 학생부30(교과출결봉사)+논술70	영어2등급+4과목(국, 수, 과1, 과2) 중 3과목 1등급, 한국사 4등급	2과목
인제대	의예·간호(34)	• 1단계(5배수): 교과80+서류20 • 2단계: 1단계80+면접20	(과학교과이수 20단위 이상)	–
	지역인재(교과)(28)	• 1단계(3배수): 교과80+서류20 • 2단계: 1단계80+면접20		
가톨릭 관동대	CKU리더(9)	• 1단계(3배수): 서류100 • 2단계: 서류60+면접40	영어1등급+2개영역 등급 합 40이내	2과목
	강원인재(8)			
	학생부교과(12)	• 학생부(교과)100	영어1등급+2개영역 등급 합 30이내	2과목

대학	전형(모집인원)	전형방법	수능최저학력기준	한국사
전남대	창의인재(지역)(38)	• 1단계(4배수): 학생부40+서류60 • 2단계: 서류80+면접20	4개영역 등급 합 6이내	1과목
	일반(교과)(62)	• 학생부(교과90+출결10)80+서류20	4개영역 등급 합 5이내	1과목
단국대 (천안)	DKU인재(10)	• 서류100	4개영역 등급 합 5이내	1과목
동국대 (경주)	학생부교과(15)	• 학생부(교과)100	4개영역 중 3개영역 등급 합 4이내	1과목
	면접(교과)(10)	• 학생부(교과)70+면접30		1과목
	지역인재(교과)(5)	• 학생부(교과)100		2과목
계명대	잠재능력우수자(3)	• 1단계(4배수): 서류100 • 2단계: 서류80+면접20	–	–
	지역인재종합(4)			
	학생부교과(16)	• 교과100(교과70+출결30)	4개영역 중 3개영역 등급 합 3이내	1과목
	지역인재(교과)(17)			
대구 가톨릭대	지역인재(교과)(15)	• 1단계(7배수): 학생부100 • 2단계: 학생부70+면접30	4개영역 등급 합 5이내, 한국사 5등급	1과목
동아대	지역인재(교과)(20)	• 1단계(5배수): 교과100 • 2단계: 교과80+인성면접20	영어2등급+3개영역 등급 합 4이내	1과목
영남대	일반학생(교과)(11)	• 학생부100	4개영역 등급 합 5이내, 한국사 4등급	1과목
	면접(교과)(8)	• 1단계(10배수): 학생부100 • 2단계: 학생부60+면접40		
	지역인재(교과)(20)	• 학생부100		
전북대	큰사람(3)	• 1단계(4배수): 서류100 • 2단계: 서류70+면접30	수(가)포함 3개영역 등급 합 6이내	2과목
	일반학생(교과)(7)	• 학생부100(교과+출석)	수(가)포함 3개영역 등급 합 4이내	
	지역인재(교과)(39)		수(가)포함 3개영역 등급 합 5이내	
경상대	개척인재(2)	• 1단계(5배수): 서류100 • 2단계: 서류50+심층면접50	–	–
	교과성적우수자(6)	• 학생부(교과)100	수(가)포함 3개영역 등급 합 4이내	2과목
	지역인재(교과)(16)			

고신대	일반고(교과)(35)	• 1단계(6배수): 교과100 • 2단계: 교과90+면접10	3영역 등급 합 50이내 ※ 인문: 국, 수(나), 영 등급 합 30이내	2과목
	지역인재(교과)(15)			
원광대	일반(10)	• 1단계(4배수): 서류100 • 2단계: 서류70+면접30	영어1등급+3개영역 등급 합 50이내	1과목
	지역인재-전북(22)			
	지역-광주/전남(7)			
을지대 (대전)	교과우수자(10)	• 학생부(교과)100	4개영역 등급 합 50이내	1과목
	지역인재(교과)(10)		4개영역 등급 합 60이내	
충남대	프리즘(19)	• 1단계(2배수): 서류100 • 2단계: 서류60+면접40	수(가)포함 3개영역 등급 합 50이내	2과목
	일반(교과)(24)	• 학생부100(교과89+출결봉사11)	수(가)포함 3개영역 등급 합 40이내	2과목
충북대	지역인재(16)	• 1단계(3배수): 서류100 • 2단계: 서류80+면접20	–	–
	학생부일반(교과)(2)	• 학생부(교과)100	수(가)포함 3개영역 등급 합 40이내	2과목
건양대	일반학생(면접)(15)	• 1단계(3배수): 교과100 • 2단계: 교과80+면접20	수(가), 영, 과탐(2개 평균) 3개 영역 등급 합 40이내	2과목
	지역인재(면접)(16)			
조선대	일반(교과)(26)	• 학생부(교과80+출석20)100	4개영역(과탐 2개 평균) 등급 합 60이내	2과목
	지역(교과)(26)			

2018학년도 의과대학 1단계 발표 및 면접/논술일

구분	전형명	1단계 발표일	면접일	논술일자	최종합격자
서울대	지역균형(30)	–	12/2(토)	–	12/15(금)
	일반(75)	11/17(금)	11/25(토)	–	
연세대	면접형(10)	9/30(토)	10/14(토)	–	11/17(금) 17:00
	활동우수형(12)	11/17(금)	12/2(토)	–	12/15(금) 17:00
	특기자전형(27)	10/18(수)	10/28(토)	–	11/17(금) 17:00
	일반(논술)(40)	–	–	11/18(토)	12/15(금) 17:00

대학	전형(모집인원)				
가톨릭대	추천자(학교장)(24)	11/20(월)	11/25(토)	–	12/8(금)
	추천자(가톨릭)(1)	11/20(월)	11/25(토)	–	
	논술우수자(15)	–	–	11/18(토)	
성균관대	글로벌인재(15)	10/11(수)	10/14(토)	–	12/15(금) 이전
	논술우수(10)	–	–	11/19(일)	
울산대	일반전형(논술)(24)	–	–	11/18(토)	12/15(금) 17:00
	지역인재(논술)(4)				
고려대	고교추천Ⅰ(16)	10/13(금)	10/22(일)	–	12/15(금) 17:00
	고교추천Ⅱ(32)	11/17(금)	11/26(일)	–	
	일반전형(35)	11/28(화)	12/3(일)	–	
	특기자(10)	10/20(금)	10/29(일)	–	11/10(금) 17:00
가천대	가천의예(15)	11/17(금)	11/19(일)	–	12/11(월) 10:00
경희대	네오르네상스(32)	11/22(수)	12/3(일)	–	12/15(금) 18:00
	논술우수자(22)	–	–	11/18(토)	
아주대	ACE(15)	12/8(금)	12/9(토)	–	12/15(금) 16:00
	논술우수자(15)	–	–	12/2(토) 15:00	
이화여대	미래인재(10)	11/28(화)	12/2(토)~12/3(일)	–	12/15(금)
	과학특기자(5)	10/24(화)	10/28(토)~10/29(일)	–	11/17(금)
	일반(논술)(10)	–	–	11/26(일)	12/15(금)
중앙대	다빈치형인재(6)	12/6(수)	12/10(일)	–	12/15(금) 14:00
	논술전형(50)	–	–	11/25(토)	
한양대	일반(종합)(32)	–	–	–	12/13(수) 예정
	논술전형(10)	–	–	11/26(일)	
인하대	인하미래인재(10)	11/9(목)	11/18(토)~11/19(일)	–	12/14(목)
	학생부교과(15)	–	–	–	
경북대	일반학생(10)	11/3(금)	11/18(토)	–	12/15(금)
	지역인재(17)				
	지역인재(교과)(7)	–	–	–	
	논술(AAT)(15)	–	–	11/25(토)	

부산대	일반(10)	11/29(수)	12/2(토)	–	12/11(월) 16:00
	지역학생(40)				
	학생부교과(10)	–	–	–	
	논술전형(10)	–	–	11/25(토)	
순천향대	일반학생(5)	11/8(수)	11/26(일)	–	12/13(수)
	지역인재(5)				
	일반학생(교과)(21)	–	–	–	
	지역인재(교과)(20)	–	–	–	
한림대	학교생활우수자(15)	11/20(월)	11/25(토)	–	12/15(금) 14:00
	지역인재(12)				
연세대 (원주)	학교생활우수자(17)	–	–	–	12/12(화)
	강원인재(14)	–	–	–	
	연세인재(특기)(3)	10/23(월)	10/28(토)	–	11/17(금)
	학생부교과(17)	10/13(금)	10/21(토)	–	12/12(화)
	일반논술(28)	–	–	11/24(금)	
인제대	의예·간호(34)	11/8(수)	11/23(목)~11/26(일)	–	12/6(수)
	지역인재(교과)(28)	10/17(화)	10/20(금)~10/22(일)	–	10/27(금)
가톨릭 관동대	CKU리더(9)	10/23(월)	10/28(토)~10/29(일)	–	12/13(수)
	강원인재(8)				
	학생부교과(12)	–	–	–	
전남대	창의인재(지역)(38)	11/13(월)	11/29(수)	–	12/15(금) 16:00
	일반(교과)(62)	–	–	–	
단국대 (천안)	DKU인재(10)	–	–	–	12/14(목) 10:00
동국대 (경주)	학생부교과(15)	–	–	–	12/15(금) 13:00
	면접(교과)(10)	미발표	11/25(토)	–	
	지역인재(교과)(5)	–	–	–	
계명대	잠재능력우수자(3)	10/31(화)	11/4(토)	–	11/13(월)
	지역인재종합(4)	11/21(화)	11/25(토)	–	12/1(금)

계명대	학생부교과(16)	–	–	–	12/11(월)
	지역인재(교과)(17)	–	–	–	
대구 가톨릭대	지역인재(교과)(15)	11/17(금)	11/18(토)	–	11/10(금) 이전
동아대	지역인재(교과)(20)	11/17(금)	11/25(토)	–	12/13(수) 14:00
영남대	일반학생(교과)(11)	–	–	–	12/13(수)
	면접(교과)(8)	10/11(수)	10/21(토)	–	
	지역인재(교과)(20)	–	–	–	
전북대	큰사람(3)	11/8(수)	11/23(목)	–	12/15(금) 14:00
	일반학생(교과)(7)	–	–	–	
	지역인재(교과)(39)	–	–	–	
경상대	개척인재(2)	10/31(화)	11/22(수)	–	12/15(금) 16:00
	교과성적우수자(6)	–	–	–	
	지역인재(교과)(16)	–	–	–	
고신대	일반고(교과)(35)	11/17(금)	11/25(토)	–	12/8(금) 14:00
	지역인재(교과)(15)				
원광대	일반(10)	11/17(금)	11/21(화)	–	12/13(수)
	지역인재–전북(22)	11/17(금)	11/23(목)	–	
	지역인재–광주/전남(7)	11/17(금)	11/23(목)	–	
을지대 (대전)	교과우수자(10)	–	–	–	12/15(금)
	지역인재(교과)(10)	–	–	–	
충남대	프리즘(19)	11/16(목)	11/21(화)	–	12/15(금) 15:00 이후
	일반(교과)(24)	–	–	–	
충북대	지역인재(16)	11/13(월)	11/25(토)~11/26(일)	–	12/15(금)
	학생부일반(교과)(2)	–	–	–	
건양대	일반학생(면접)(15)	12/7(목)	12/9(토)	–	12/12(화) 16:00
	지역인재(면접)(16)				
조선대	일반(교과)(26)	–	–	–	12/15(금) 15:00 예정
	지역(교과)(26)	–	–	–	

대학별 수시·정시 전형

서울대학교 서울특별시 관악구 관악로1

2018학년도 입시의 특징

1. 의예과 선발 규모 크게 증가

- 지역균형선발 전형 5명(25명→30명), 일반전형 30명(45명→75명), 정시모집 5명(25명→30명) 증가

2. 정시모집에서 영어 영역 영향력 극히 미비

- 정시모집에서 영어 영역 등급에 따른 감산 방식으로 반영
- 등급 하락 시마다 0.5점씩 감점하여 9등급일 경우 4점 감점

모집 인원 및 선발 방법

시기	전형유형	전형명	학과명	모집인원(명)	학년제한	전형 방법	수능 최저 학력기준
수시	학생부(교과)	지역균형선발	의예과	30	고3	• 서류평가+면접 종합평가	○
	학생부(종합)	일반전형	의예과	75	없음	• 1단계: 서류 100(2배수) • 2단계: 1단계 성적 50+면접 및 구술고사 50	X

| 정시 | 수능 | 일반전형
(가군) | 의예과 | 30 | 없음 | • 수능 100(적성/인성면접은
결격 판단용으로 활용) | X |

주[1]_ 지역균형선발 전형은 대교협 분류상 학생부종합전형이나 학교장 추천 전형이므로 임의로 학생부 교과 전형으로 분류함(고교별 2명 추천)

◎ 전형별 경쟁률

시기	전형명	학과명	2017학년도			2016학년도			2015학년도		
			모집 인원 (명)	지원 인원 (명)	경쟁률	모집 인원 (명)	지원 인원 (명)	경쟁률	모집 인원 (명)	지원 인원 (명)	경쟁률
수시	지역균형선발	의예과	25	129	5.16	25	154	6.2	30	167	5.6
	일반전형	의예과	45	454	10.09	45	459	10.2	35	386	11.0
정시	일반전형	의예과	25	87	3.48	25	95	3.8	30	120	4.0

◎ 전형 요소별 특징

① 학생부 반영 방법

전형명	모집단위	반영 교과	학년별 반영 비율(%)			요소별 반영 비율(%)		교과 성적 활용 지표
			1학년	2학년	3학년	교과	비교과	
지역균형선발, 일반전형	의예과	• 정성적(서류평가) 방식으로 교과 성적 평가 • 고등학교 전 과정에서 국어, 영어, 수학, 사회 과학뿐만 아니라 음악, 미술, 체육 등 전 교과를 충실히 이수하였는지를 고려함 • 교과이수기준 충족 여부 등을 고려함						

② 수능 반영 방법

• 수시 최저학력기준

전형명	모집단위	반영 방법		반영 영역				한국사 충족 기준	비고
		영역 수	등급 조건	국어	수학	영어	탐구		
지역균형 선발	의예과,	3	2등급	○	가	○	과②	필수 응시	• 과탐은 서로 다른 분야의 I+II, II+II 조합만 인정

- 정시

전형명	모집단위	반영 지표	수능 지정 과목 및 반영 비율				한국사 반영 방법
			국어	수학(가)	영어	과탐②	
일반전형	의예과	표+백	33.3	40	감산	26.7	• 3등급까지 만점. 4등급부터 0.4점씩 차등 감점

주[1]_ 과탐은 서로 다른 분야의 I+II, II+II 조합만 인정함

〈영어 성적 등급별 점수〉

등급	1	2	3	4	5	6	7	8	9
점수	0	−0.5	−1.0	−1.5	−2.0	−2.5	−3.0	−3.5	−4.0

〈한국사 성적 등급별 점수〉

등급	1	2	3	4	5	6	7	8	9
점수	0	0	0	−0.4	−0.8	−1.2	−1.6	−2.0	−2.4

③ 대학별고사

- 구술·면접고사

전형명	모집단위	면접일	평가 내용
지역균형선발		12/2 (토)	• 제출서류를 토대로 서류내용과 기본적인 학업 소양을 확인함 • 지원자 1명을 대상으로 하여 복수의 면접위원이 10분 내외로 실시함
일반전형	의예과	11/25 (토)	• 지원자 1명을 대상으로 복수의 면접위원이 아래 평가 내용을 평가함 (제출서류를 참고하여 추가질문을 할 수 있음) | 평가내용	면접시간	답변 준비시간
---	---	---
• 의학을 전공하는 데 필요한 자질, 인성과 적성을 평가하며, 제시문에 영어가 활용될 수 있음 • 다양한 상황 제시(4개/10분)와 제출서류 내용을 확인(1개/20분)하는 총 5개 면접실로 진행함	60분 내외	상황 숙지를 위한 시간을 별도로 부여할 수 있음	

연세대학교(서울) 서울특별시 서대문구 연세로 50

2018학년도 입시의 특징

1. 의예과 선발 인원 증가, 학생부종합(면접형) 신설

- 의예과 33명(77명→110명) 증가

- 교과 및 비교과 전반으로 선발(수능 최저학력기준 적용)하던 학생부 교과 전형 폐지

- 학생부종합(면접형) 신설하여 교과 및 비교과 전반+면접으로 선발, 수능 최저학력기준은 미적용

2. 수능 최저학력기준 변화

- 2017학년도 4개 영역 중 3개 영역 1등급

  → 2018학년도 영어 2등급+나머지 4개 영역(국어, 수학, 과탐1, 과탐2) 중 3개 영역 1등급(국어 또는 수학 필수)

3. 논술고사 수능 이후 실시 등 대학별고사 실시 일정 변경

- 일반전형 논술고사 기존 수능 이전에 실시했으나 2018학년도는 수능 이후(11. 18일) 실시

- 신설된 학생부종합(면접형) 전형 면접은 수능 전(10. 14일), 학생부종합 (활동우수형)은 수능 이후(12. 2일) 실시

- 과학공학인재 전형 면접은 기존 수능 이후에 실시했으나 2018학년도 는 수능 전(10. 28일) 실시

🎯 모집 인원 및 선발 방법

시기	전형 유형	전형명	학과명	모집 인원(명)	학년 제한	전형 방법	수능 최저 학력기준
수시	학생부 (교과)	학생부종합 (면접형)	의예과	10	고3	• 1단계: 교과 50+비교과 50(3배수) • 2단계: 1단계 성적 40+면접 60	X
	학생부 (종합)	학생부종합 (활동우수형)	의예과	12	삼수생	• 1단계: 서류 100(일정배수) • 2단계: 1단계 성적 70+면접 30	○
		학생부종합 (기회균형)	의예과	1			
	논술	일반전형	의예과	40	없음	• 논술 70+교과 20+비교과 10	○
	특기자	과학공학 인재	의예과	27	삼수생	• 1단계: 서류 100(일정배수) • 2단계: 1단계 성적 70+면접 30	X
정시	수능	일반전형 (나군)	의예과	20	없음	• 수능 90+학생부 10	X

주[1]_ 학생부종합(면접형)은 대학 자체 분류상 전형은 학생부종합전형이나 교과 성적을 정량평가하기 때문에 학생부 교과 전형으로 임의 분류함

주[2]_ 학생부종합(기회균형) 전형 지원자 중 지원자 본인이 국가유공자, 민주화유공자, 5·18 민주화유공자인 경우 수능 최저학력기준 미적용

주[3]_ 정시 일반전형에서 전형요소별 비율은 수능 한국사를 제외한 반영 비율임

🎯 전형별 경쟁률

시기	전형명	학과명	2017학년도			2016학년도			2015학년도		
			모집 인원(명)	지원 인원(명)	경쟁률	모집 인원(명)	지원 인원(명)	경쟁률	모집 인원(명)	지원 인원(명)	경쟁률
수시	학생부종합 (면접형)	의예과	3	29	9.67	3	39	13.0	3	52	17.3
	학생부종합 (활동우수형)	의예과	17	217	12.76	17	292	17.2	10	182	18.2
	일반전형	의예과	15	1,549	103.27	15	1,397	93.1	22	1,489	67.7
	과학공학 인재	의예과	20	141	7.05	20	179	9.0	20	146	7.3
정시	일반전형	의예과	29	120	4.14	23	103	4.5	23	131	5.7

주[1]_ 학생부종합(면접형) 전형은 2015, 2016, 2017학년도 학생부교과 전형, 학생부종합(활동우
수형) 전형은 2015, 2106, 2017학년도 학교활동우수자 전형 경쟁률 기준임

🎯 전형 요소별 특징

① 학생부 반영 방법

| 시기 | 전형명 | 모집단위 | 반영 교과 | 학년별 반영 비율(%) | | | 요소별 반영 비율(%) | | 교과 성적 활용 지표 |
				1학년	2학년	3학년	교과	비교과	
수시	학생부종합 (면접형)	의예과	국, 수, 영, 사, 과 전 과목 70점+이 외 과목 30점	20	40	40	50	50 (비교과 전반)	원점수, 평균, 표준 편차, 석차등급, 이수단위
	일반전형	의예과	국, 수, 영, 사, 과 전 과목	20	40	40	66.7	33.3 (출결, 봉사)	석차등급, 이수단위
정시	일반전형	의예과	국, 수, 영, 과 교과영역별 각각 3과목 총 12과목	100			50	50(출결, 봉사)	석차등급

주[1]_ 학생부종합(면접형) 전형은 국어, 영어, 수학, 사회, 과학 관련 과목 표준점수(Z) 반영, 이
외 과목 석차등급 9등급인 경우 최대 5점 감점
주[2]_ 학생부종합(면접형) 전형은 비교과 평가 시 1단계에서는 학생부의 비교과 전반, 2단계에서
는 학생부 전반+자기소개서, 추천서를 포함하여 평가함

② 수능 반영 방법

• 수시 최저학력기준

| 전형명 | 모집단위 | 반영 방법 | | 반영 영역 | | | | 한국사 충족 기준 | 비고 |
		영역 수	등급 조건	국어	수학	영어	탐구		
학생부종합 (활동우수형), 일반전형	의예과	3	1등급	○	가	–	과②	4등급	영어 2등급 필수, 수(가) 또는 국어 필수
학생부종합 (기회균형)	의예과	3	등급 합 4	○	가	–	과②	4등급	영어 2등급 필수, 수(가) 또는 국어 필수

주[1]_ 과탐은 2개 과목을 별개의 과목으로 하여 국어, 수학, 과탐 2과목을 총 4과목으로 취급
하며, 4개 과목 중 서로 다른 2개 과목(I, II 구분 없음)에 응시해야 함

- **정시**

전형명	모집단위	반영 지표	수능 지정 과목 및 반영 비율				한국사 반영 방법
			국어	수학(가)	영어	과탐②	
일반전형	의예과	표+백	22.2	33.3	11.1	33.3	4등급까지 만점 5등급부터 0.2점씩 차등 감점

주[1]_ 과탐은 4개 과목 중 서로 다른 2개 과목(I, II 구분 없음)에 응시해야 함

주[2]_ 영역별 반영 비율은 한국사(10점)를 제외한 국어, 수학, 영어, 과탐 4개 영역 900점 만점 기준의 반영 비율임

〈영어 성적 등급별 점수〉

등급	1	2	3	4	5	6	7	8	9
점수	100	95	87.5	75	60	40	25	12.5	5

③ 대학별고사

- **논술고사**

전형명	모집단위	면접일	시간	출제 경향
일반전형	의예과	11. 18(토)	150분	• 수학 필수 • 과학선택형(물, 화, 생, 지 중 1과목 선택) • 과학II 수준까지 출제 가능, 출제 시 제시문에 개념 설명 제시

구술·면접고사

전형명	모집단위	면접일	평가 내용
학생부종합 (면접형)		10. 14(토)	• 2가지 방식으로 진행(구체적인 면접 내용 및 방식 미발표)
학생부종합 (활동우수형, 기회균형)	의예과	12. 2(토)	• 면접 유형: 일반면접 • 고교 교육과정을 충실히 이수한 교양인으로서의 자질을 확인하기 위한 면접으로서 논리적 사고력 및 의사소통능력 등을 평가
특기자 – 과학공학인재		10. 28(토)	• 자연과학적 심층사고능력을 종합평가함

2018학년도 입시의 특징

1. 추천자 전형 통합 선발

- 기존 학교장추천, 가톨릭지도자추천 전형을 통합하여 추천자 전형으로 선발
- 전형은 통합하나 각각의 추천 자격은 유지하여 지원 자격을 학교장추천과 가톨릭지도자 추천으로 이원화
- 학교장추천 전형 고교별 추천 인원 1명 유지

2. 영어 영역 절대평가에 따른 수능 최저학력기준 변화

- 수시모집 수능 최저학력기준 적용 시 영어 영역도 포함
- 학교장추천 전형 수능 최저학력기준 강화(3개 영역 등급 합 5→3개 영역 1등급)
- 가톨릭지도자추천 전형 수능 최저학력기준 폐지

3. 정시모집에서 영어 영향력 사실상 거의 없을 것

- 정시모집에서 영어 영역 등급에 따른 가산점 부여 방식으로 반영
- 1등급 10점에서 등급 하락 시마다 0.5점씩 차등 감점하여 9등급일 경우 6점 부여

모집 인원 및 선발 방법

시기	전형유형	전형명	학과명	모집인원(명)	학년제한	전형 방법	수능 최저학력기준
수시	학생부(교과)	추천자	의예과	25	주[3]	• 1단계: 서류 100(5배수) • 2단계: 1단계 성적 70+면접 30	O (가톨릭지도자 추천자 X)
	논술	논술		15	없음	• 논술 60+교과 40	O
정시	수능	일반전형(나군)		25	없음	• 수능 100	X

주[1]_ 추천자 전형은 대교협 분류상 학생부종합전형이나 추천 전형이기 때문에 학생부 교과 전형으로 임의 분류함

주[2]_ 추천자 전형은 고등학교장(고교당 1명) 또는 가톨릭 사제, 현직 수도회 정상(총원장, 관구장, 지부장), 소속 가톨릭계 고등학교장의 추천을 받아야 지원 가능

주[3]_ 고등학교장 추천자는 고3, 가톨릭지도자 추천자는 삼수생까지 지원 가능

전형별 경쟁률

시기	전형명	학과명	2017학년도			2016학년도			2015학년도		
			모집인원(명)	지원인원(명)	경쟁률	모집인원(명)	지원인원(명)	경쟁률	모집인원(명)	지원인원(명)	경쟁률
수시	학교장추천	의예과	24	449	18.71	19	429	22.6	19	560	29.5
	가톨릭지도자추천		1	36	36.0	1	21	21.0	1	41	41.0
	논술우수자		15	1,351	90.07	15	2,283	152.2	15	2,616	174.4
정시	일반전형		25	96	3.84	30	115	3.8	30	151	5.0

전형 요소별 특징

① 학생부 반영 방법

시기	전형명	모집단위	반영 교과	학년별 반영 비율(%)			요소별 반영 비율(%)		교과 성적 활용 지표
				1학년	2학년	3학년	교과	비교과	
수시	논술	의예과	국, 수, 영, 과 전 과목		100		100	–	석차등급

② 수능 반영 방법

• 수시 최저학력기준

전형명	모집단위	반영 방법		반영 영역				한국사 충족 기준	비고
		영역 수	등급 조건	국어	수학	영어	탐구		
추천자(학교장), 논술	의예과	3	1등급	○	가	○	과②	4등급	

주[1]_ 추천자 중 가톨릭지도자 추천자는 수능 최저학력기준 미적용

• 정시

전형명	모집단위	반영 지표	수능 지정 과목 및 반영 비율				한국사 반영 방법
			국어	수학(가)	영어	과탐②	
일반전형	의예과	표+백	30	40	가산점	30	• 1~5등급 10점, 6~7등급 9점, 8~9등급 8점 가산

〈영어 성적 등급별 점수〉

등급	1	2	3	4	5	6	7	8	9
점수	10	9.5	9	8.5	8	7.5	7	6.5	6

③ 대학별고사

• 논술고사

전형명	모집단위	시간	출제 경향
논술 11/18(토)	의예과	120분	• 2~4문항 수리논술 고교 교육과정의 내용과 수준에 맞는 문제 출제 고교 교육과정에서 배운 수리 과학적 개념에 대한 통합적 이해 정도를 파악하고 관련된 문제해결력 및 논리력을 평가하고 측정함 • 1문항 지문·자료 제시형(통합형 의학논술) 건강, 보건의료를 중심으로 우리사회의 주요 이슈에 대한 이해력, 분석 및 사고능력 등을 통합적으로 측정

전형명	모집단위	면접일	평가 내용
추천자	의예과	11/25(토)	• 평가 영역: 인성, 전공적합성 등의 평가기준(정성)에 의한 종합평가 • 평가방법: 개인별 10분 내외 면접 평가

 **성균관대학교** 서울특별시 종로구 성균관로 25-2

2018학년도 입시의 특징

1. 수시모집 선발 비중 확대

• 글로벌인재 전형 선발 인원 10명(5명→15명), 논술우수 5명(5명→10명) 증가

• 과학인재 전형 폐지, 정시모집 선발 인원 10명(25명→15명) 감소

2. 글로벌인재 전형 선발 방법 크게 변화

• 서류 100%의 일괄합산 전형에서 단계별 전형 실시(1단계: 서류 100%, 2단계: 1단계 성적 80% + 면접 20%)

• 수능 최저학력기준 폐지

3. 영어 절대평가에 따른 수시 및 정시모집 수능 반영 방법 변화

• 논술우수 전형 수능 최저학력기준 변화

(2017학년도 4개 영역 중 3개 영역 1등급→2018학년도 영어 1등급 + 나머

지 3개 영역 등급 합 4)

* 정시모집에서 영어는 가산점 방식으로 반영

◎ 모집 인원 및 선발 방법

시기	전형유형	전형명	학과명	모집인원(명)	학년제한	전형 방법	수능 최저학력기준
수시	학생부(종합)	글로벌인재	의예	15	없음	• 1단계: 서류 100(3~5배수) • 2단계: 1단계 성적 80+면접 20	X
	논술	논술우수	의예	10	없음	• 논술 60+교과 30+비교과 10	○
정시	수능	일반전형(나군)	의예	15	없음	• 수능 100	X

◎ 전형별 경쟁률

시기	전형명	학과명	2017학년도			2016학년도			2015학년도		
			모집인원(명)	지원인원(명)	경쟁률	모집인원(명)	지원인원(명)	경쟁률	모집인원(명)	지원인원(명)	경쟁률
수시	글로벌인재	의예과	5	134	26.8	5	166	33.20	5	194	38.8
	과학인재		5	86	17.2	5	118	23.6	5	119	23.8
	논술우수		5	1,444	288.8	10	2,019	201.9	8	1,652	206.5
정시	일반(나군)		25	89	3.56	15	69	4.6	12	66	5.5

주[1]_ 글로벌인재 전형 2015학년도 경쟁률은 성균인재 전형 경쟁률임

◎ 전형 요소별 특징

① 학생부 반영 방법

시기	전형명	모집단위	반영 교과	학년별 반영 비율(%)			요소별 반영 비율(%)		교과 성적 활용 지표
				1학년	2학년	3학년	교과	비교과	
수시	논술	의예과	국, 수, 영, 과 전 과목	20	40	40	75	25(학생부 전반)	석차등급

② 수능 반영 방법

• 수시 최저학력기준

전형명	모집단위	반영 방법		반영 영역				한국사 충족 기준	비고
		영역 수	등급 조건	국어	수학	영어	탐구		
논술우수	의예과	3	등급 합 4	○	가	–	과②	4등급	영어 1등급

• 정시

전형명	모집단위	반영 지표	수능 지정 과목 및 반영 비율				한국사 반영 방법
			국어	수학(가)	영어	과탐②	
일반전형	의예과	표+백	25	40	가산점	35	• 1~4등급 10점, 5등급부터는 1점씩 감점

<영어 성적 등급별 점수>

등급	1	2	3	4	5	6	7	8	9
점수	100	98	95	92	86	75	64	58	50

③ 대학별고사

• 논술고사

전형명	모집단위	시간	출제 경향
논술우수 11/19(일)	의예과	100분	• 수학 2문제 + 과학 1문제(물리I/화학I/생명과학I 3개 과목 중 1개 과목 선택) • 고교 교육과정과 연계하여 출제하며, 적절한 수준의 난이도를 유지한다. • 수학과 과학문제를 별도 출제한다(통합교과형이 아님). • 단순 답안 도출형을 지양하며, 해설 및 과정 중심으로 평가한다.

전형명	모집단위	면접일	평가 내용
글로벌인재	의예과	10/14(토)	• 제출 서류를 바탕으로 인성면접 + 서류확인(시간 미정)

울산대학교 울산광역시 남구 대학로 93

2018학년도 입시의 특징

1. 학생부교과전형 수능최저학력기준 변경

• 국, 수(가), 영, 과(2과목 평균) 4개 영역 합 5등급이내＋한국사 4등급
이내

※ 2017학년도 : 국, 수(가), 영, 탐(2과목) 중 3개 영역이 1등급 이내

모집 인원 및 선발 방법

시기	전형유형	전형명	학과명	모집인원(명)	학년 제한	전형 방법	수능 최저학력기준
수시	논술	논술	의예과	24	없음	논술 60+교과 40	○
		지역인재	의예과	4	없음	논술 60+교과 40	○
정시	수능	일반(나군)	의예과	12	없음	수능 100	X

🎯 전형별 경쟁률

시기	전형명	학과명	2017학년도			2016학년도			2015학년도		
			모집 인원 (명)	지원 인원 (명)	경쟁률	모집 인원 (명)	지원 인원 (명)	경쟁률	모집 인원 (명)	지원 인원 (명)	경쟁률
수시	논술	의예과	20	1,451	72.55	20	1,413	70.7	20	1,391	69.6
	지역인재	의예과	4	185	46.25	4	132	33.0	4	124	31.0
정시	일반	의예과	16	55	3.44	16	70	4.4	16	90	5.6

🎯 전형 요소별 특징

① 학생부 반영 방법

시기	전형명	모집단위	반영 교과	학년별 반영 비율(%)			요소별 반영 비율(%)		교과 성적 활용 지표
				1학년	2학년	3학년	교과	비교과	
수시	논술, 지역인재	의예과	국, 수, 영, 과 전 과목	20	40	40	100	–	석차등급, 이수단위

② 수능 반영 방법

• 수시 최저학력기준

전형명	모집단위	반영 방법		반영 영역				한국사 충족 기준	비고
		영역 수	등급 조건	국어	수학	영어	탐구		
논술, 지역인재	의예과	4	등급 합 6	○	가	○	과②	4등급	

• 정시

전형명	모집단위	반영지표	수능 지정 과목 및 반영 비율					한국사 반영 방법
			국어	수학(가)	영어	과탐②	한국사	
일반	의예과	표+백	20	30	19	30	1	• 1~4등급 10점, 5등급부터 1점씩 감점

〈영어 성적 등급별 점수〉

등급	1	2	3	4	5	6	7	8	9
점수	100	98	96	93	90	85	80	70	60

③ 대학별고사

• 논술고사

전형명	모집단위	면접일	시간	출제 경향
일반전형 지역인재	의예과	11/18(토)	150분	• 수리논술(3–5문항): 고등학교 수준의 교과과정에서 배운 수리 과학적 개념에 대한 기초적이고 핵심적인 내용의 이해 정도를 파악하고, 이와 관련된 문제에 대한 해결능력과 해결한 결과에 대한 논리적인 표현력을 평가 • 의학논술(5–7문항): 고등학교 수준의 다양한 주제와 현실적인 이슈(특히, 의학과 관련된 주제)에 대한 논리적이고 창의적인 사고능력을 평가함. 주어진 주제에 대한 이해력, 자기주장을 체계적으로 표현할 수 있는 능력을 평가(지문은 영어로 출제될 수도 있음)

고려대학교(서울) 서울특별시 성북구 안암로 145

2018학년도 입시의 특징

1. 선발 전형의 전반에 걸쳐 큰 변화 시도

• 학교장추천이 고교추천Ⅰ으로 변경, 1단계에서 서류 및 비교과 평가를 없애고 2단계에서는 면접 100% 선발

- 고교추천Ⅱ 전형을 신설하여 고교추천Ⅰ 전형과 같이 고교별 추천 인원을 제한, 서류＋면접으로 선발
- 융합형인재를 일반전형으로 변경, 선발 인원 대폭 증가
- 논술 전형(일반전형) 폐지
- 논술 전형 폐지 및 정시 모집 인원 대폭 감소로 일반전형(2017 융합형인재) 선발 인원 크게 증가(15명→35명)

2. 수시모집 전형에서 면접 비중 확대

- 2017학년도 면접을 실시한 학교장추천, 융합형인재, 과학인재 전형 모두 2단계에서 면접 30% 반영
- 2018학년도에는 2단계에서 면접이 고교추천Ⅰ 100%, 고교추천Ⅱ 및 특기자 50%, 일반전형 30% 반영

3. 수능 최저학력기준 변화

- 영어 영역 수능 최저학력기준 반영 영역에 포함
- 2017학년도 3개 영역 등급 합 3→2018학년도 4개 영역 등급 합 5

모집 인원 및 선발 방법

시기	전형유형	전형명	학과명	모집인원 (명)	학년 제한	전형 방법	수능 최저 학력기준
수시	학생부 (교과)	고교추천I	의과대학	16	고3	• 1단계: 교과 100(3배수) • 2단계: 면접 100	○
		고교추천II	의과대학	32	고3	• 1단계: 서류 100(5배수) • 2단계: 1단계 성적 50+면접 50	
	학생부 (종합)	일반전형	의과대학	35	없음	• 1단계: 서류 100(5배수) • 2단계: 1단계 성적 70+면접 30	
	실기(특기)	특기자	의과대학	10	없음	• 1단계: 서류 100(5배수) • 2단계: 1단계 성적 50+면접 50	X

| 정시 | 수능 | 일반전형
(나군) | 의과대학 | 13 | 없음 | • 수능 100
(적성/인성면접은 결격 판단용으로 활용하며 별도 배점 없음) | X |

주[1]_ 고교추천Ⅱ 전형은 전형방법상 학생부종합전형이나 고교추천Ⅰ 전형과 같이 학교장 추천을 받아야 하는 전형이기 때문에 임의로 학생부 교과 전형으로 분류함

전형별 경쟁률

시기	전형명	학과명	2017학년도			2016학년도			2015학년도		
			모집인원(명)	지원인원(명)	경쟁률	모집인원(명)	지원인원(명)	경쟁률	모집인원(명)	지원인원(명)	경쟁률
수시	고교추천Ⅰ	의과대학	19	190	10.0	14	251	17.9	14	243	17.4
	일반전형	의과대학	30	2,393	79.77	10	230	23.0	7	166	23.7
	특기자	의과대학	15	301	20.07	14	178	12.7	14	145	10.4
정시	일반전형	의과대학	34	135	3.97	13	80	6.2	15	85	5.7

주[1]_ 고교추천Ⅰ 전형은 2015, 2016, 2017학년도 학교장추천 전형, 일반전형은 2015, 2106, 2017학년도 융합형인재 전형, 특기자(자연계열) 전형은 2015, 2016, 2017학년도 과학인재 전형기준임

전형 요소별 특징

① 학생부 반영 방법

시기	전형명	모집단위	반영 교과	학년별 반영 비율(%)			요소별 반영 비율(%)		교과 성적 활용 지표
				1학년	2학년	3학년	교과	비교과	
수시	고교추천Ⅰ	의과대학	• 원점수, 평균, 표준편차, 석차등급이 기재된 모든 교과	20	40	40	100	–	석차등급

② 수능 반영 방법

• 수시 최저학력기준

전형명	모집단위	반영 방법		반영 영역				한국사 충족 기준	비고
		영역 수	등급 조건	국어	수학	영어	탐구		
고교추천I, 고교추천II, 일반전형	의과대학	4	등급 합 5	○	가	○	과②	4등급	

• 정시

전형명	모집단위	반영 지표	수능 지정 과목 및 반영 비율				한국사 반영 방법
			국어	수학(가)	영어	과탐②	
일반전형	의과대학	표+백	31.05	37.5	감산	31.25	• 1~4등급까지 10점 가산, 5~8등급 0.2점씩 차등 감점, 9등급은 8점

〈영어 성적 등급별 점수〉

등급	1	2	3	4	5	6	7	8	9
점수	0	−1	−3	−5	−7	−9	−11	−13	−15

③ 대학별고사

• 구술·면접고사

전형명	모집단위	면접일	평가 내용
고교추천I	의과대학	10/22(일)	• 2인 이상의 면접위원이 본교 인재상에 부합하는 역량을 갖추고 있는지 평가함
고교추천II		11/26(일)	
일반전형		12/3(일)	
특기자		10/29(일)	

유형	내용
학생부기반면접	• 학교생활기록부에 기재된 내용 등을 확인하는 면접
심층면접	• 제시문 숙독 및 분석 후 답변을 통해 지원자의 논리적·복합적 사고력 등을 파악하는 면접
토론면접	• 제시문 숙독 및 분석 후 토론을 통해 지원자의 논리적 사고력, 의사소통능력 등을 파악하는 면접

❖ 고교추천 I: 학생부기반면접(13분 내외) + 심층면접(제시문 숙독 40분 내외, 면접 13분 내외)

❖ 고교추천 II/일반전형: 심층면접(제시문 숙독 30분 내외, 면접 7분 내외) + 학생부기반면접(7분 내외)

❖ 특기자: 심층면접(제시문 숙독 30분 내외, 면접 15분 내외)

가천대학교 경기도 성남시 수정구 성남대로 1342

2018학년도 입시의 특징

1. 정시모집 영어 영역 4등급부터 감점 폭 크게 벌어져 최소 3등급 확보 필요

- 정시모집에서 영어 영역 25% 반영으로 반영 비중 높은 편

- 1등급부터 3등급까지는 1점씩 하락, 하지만 3등급과 4등급은 16점 차이가 발생

모집 인원 및 선발 방법

시기	전형유형	전형명	학과명	모집인원 (명)	학년 제한	전형 방법	수능 최저 학력기준
수시	학생부 (종합)	가천의예	의예과	15	없음	• 1단계: 서류 100(4배수) • 2단계: 1단계 성적 50+면접 50	○
정시	수능	일반전형 (나군)		13	없음	수능 100	X

시기	전형명	학과명	2017학년도			2016학년도			2015학년도		
			모집인원(명)	지원인원(명)	경쟁률	모집인원(명)	지원인원(명)	경쟁률	모집인원(명)	지원인원(명)	경쟁률
수시	가천의예	의예과	15	572	38.1	15	334	22.3	15	335	22.3
정시	일반전형		13	73	5.6	17	89	5.2	15	84	5.6

@ 전형 요소별 특징

① 학생부 반영 방법

시기	전형명	모집단위	반영 교과	학년별 반영 비율(%)			요소별 반영 비율(%)		교과 성적 활용 지표
				1학년	2학년	3학년	교과	비교과	
수시	가천의예	의과대학	• 국어, 수학, 영어, 과학 반영교과별 상위등급 4과목 반영	종합평가 (학생부: 교과, 비교과, 서류: 자소서)					석차등급

② 수능 반영 방법

• 수시 최저학력기준

전형명	모집단위	반영 방법		반영 영역				한국사 충족 기준	비고
		영역 수	등급 조건	국어	수학	영어	탐구		
가천의예	의예과	3	1등급	O	가	O	과②	–	

• 정시

전형명	모집단위	반영 지표	수능 지정 과목 및 반영 비율				한국사 반영 방법
			국어	수학(가)	영어	과탐②	
일반전형	의예과	백분위	20	35	25	20	1~4등급 이내 0.5점 가산

⟨영어 성적 등급별 점수⟩

등급	1	2	3	4	5	6	7	8	9
점수	98	97	96	80	70	60	50	40	30

③ 대학별고사

• 구술·면접고사

전형명	모집단위	면접일	평가 내용
가천의예	의예과	11/19(일)	• 평가 영역: 대면평가, 인성, 성장가능성, 기초학업능력 및 전공적합성 • 평가방법: 일반면접으로 25분 내외로 면접이 이루어짐. 학교생활기록부와 자기소개서에 대한 질문과 기타 질문으로 구성되며 전체 답변 내용을 정성적 평가기준에 따라 종합평가함

경희대학교 서울특별시 동대문구 경희대로 26

2018학년도 입시의 특징

1. 학생부종합전형 선발 규모 확대

• 수시모집에서 학생부종합전형(네오르네상스), 논술 전형(논술우수자)으로 선발

• 네오르네상스 전형에서 의예과 7명 모집인원 증가(논술우수자는 의예과 7명 감소)

2. 정시모집에서 영어 영향력 매우 클 것

• 정시모집에서 영어 영역 15% 반영

• 등급 간 점수 차이가 매우 커 1등급을 목표로 학습하는 것이 필요

(1등급과 2등급 점수 차: 8점/2등급과 3등급 점수 차: 14점/3등급과 4등급 점수 차: 24점)

모집 인원 및 선발 방법

시기	전형 유형	전형명	학과명	모집인원 (명)	학년 제한	전형 방법	수능 최저 학력기준
수시	학생부 (종합)	네오르네상스	의예과	32	없음	• 1단계: 서류 100(3배수) • 2단계: 1단계 성적 70+면접 30	X
	논술	논술우수자	의예과	22	없음	• 논술 70+교과 21+비교과 9	○
정시	수능	일반전형(가군)	의예과	23	없음	• 수능 100	X

전형별 경쟁률

시기	전형명	학과명	2017학년도			2016학년도			2015학년도		
			모집 인원 (명)	지원 인원 (명)	경쟁률	모집 인원 (명)	지원 인원 (명)	경쟁률	모집 인원 (명)	지원 인원 (명)	경쟁률
수시	네오르네상스	의예과	25	644	25.76	18	595	33.1	18	428	23.8
	논술우수자	의예과	29	4,474	154.28	29	3,719	128.2	29	3,491	120.4
정시	일반전형	의예과	24	171	7.13	31	166	5.35	33	137	4.15

전형 요소별 특징

① 학생부 반영 방법

시기	전형명	모집단위	반영 교과	학년별 반영 비율(%)			요소별 반영 비율(%)		교과 성적 활용 지표
				1학년	2학년	3학년	교과	비교과	
수시	논술우수자	의예과	국, 수, 영, 과 전 과목	100			70	30 (출결 15, 봉사 15)	석차등급

② 수능 반영 방법

• 수시 최저학력기준

전형명	모집단위	반영 방법		반영 영역				한국사 충족 기준	비고
		영역 수	등급 조건	국어	수학	영어	탐구		
논술우수	의예과	3	등급 합 4	○	가	○	과①	5등급	

주[1]_ 과탐은 4개 과목 중 2개 과목(I, II 구분 없음)에 응시해야 함

• 정시

전형명	모집단위	반영 지표	수능 지정 과목 및 반영 비율					한국사 반영 방법
			국어	수학(가)	영어	과탐②	한국사	
일반전형	의예과	표+백	20	35	15	25	5	• 1~4등급까지 200점, 5등급부터 6점씩 감점

〈영어 성적 등급별 점수〉

등급	1	2	3	4	5	6	7	8	9
점수	200	192	178	154	120	80	46	22	0

③ 대학별고사

• 논술고사

전형명	모집단위	시간	평가 내용
논술우수자 11/18(토)	의예과	120분	• 문항 수: 수학, 과학 각 4문항 내외 • 형식: 문항별 지정된 답안란에 작성, 노트 형식의 답안지 • 특징: 수리논술, 과학논술 출제, 수학은 필수 / 과학은 물리(I·II), 화학(I·II), 생명과학(I·II), 중 한 과목 선택 • 성격: 특정 과학 지식뿐만 아니라, 통합적인 사고 능력과 실제 상황에 적용하는 활용, 능력을 종합적으로 평가 • 특이사항: 자연과학적 기초 소양을 바탕으로 과학 연구의 인문·사회·철학적 이해를 필요로 하는 통합적 논술 지향

• 면접고사

전형명	모집단위	면접일	평가 내용
네오르네상스	의예과	12/3(일)	• 면접내용: 인성 개인면접 • 자료방식: 서류확인 면접 / 출제문항 면접 • 대면방식: 면접관(2인) 대 지원자(1인) • 면접시간: 30분 내외 • 면접 평가요소: 인성(창학이념 적합도, 인성), 전공적합성(전공 기초 소양, 논리적 사고력)

 **아주대학교** 경기도 수원시 영통구 월드컵로 206

2018학년도 입시의 특징

1. 수능 최저학력기준 변화

• 영어 영역 수능 최저학력기준 반영 영역에 포함

• 2017학년도 3개 영역 1등급→2018학년도 4개 영역 등급 합 4

2. 정시모집에서 영어 영역 10% 반영

• 등급 간 점수 차이 0.5~1점 수준으로 최대 5점 차이

🎯 모집 인원 및 선발 방법

시기	전형유형	전형명	학과명	모집인원 (명)	학년 제한	전형 방법	수능 최저 학력기준
수시	학생부 (종합)	ACE	의학과	15	삼수생	• 1단계: 서류 100(3배수) • 2단계: 1단계 성적 70+면접 30	○
	논술	논술우수자	의학과	15	없음	• 논술 70+교과 30	○
정시	수능	일반전형 (다군)	의학과	10	없음	• 1단계: 수능 100(15배수) • 2단계: 1단계 성적 80+면접 20	X

🎯 전형별 경쟁률

시기	전형명	학과명	2017학년도			2016학년도			2015학년도		
			모집 인원 (명)	지원 인원 (명)	경쟁률	모집 인원 (명)	지원 인원 (명)	경쟁률	모집 인원 (명)	지원 인원 (명)	경쟁률
수시	ACE	의학과	12	412	34.33	8	229	28.6	–	–	–
	논술우수자	의학과	16	936	58.5	8	528	66.0	–	–	–
정시	일반전형	의학과	12	209	17.42	20	487	24.4	20	432	21.6

주[1]_ ACE 전형은 2015, 2016학년도 아주ACE(일반) 전형, 논술우수자 전형은 2015, 2106학년도 일반전형1(논술) 전형 경쟁률 기준임

🎯 전형 요소별 특징

① 학생부 반영 방법

시기	전형명	모집단위	반영 교과	학년별 반영 비율(%)			요소별 반영 비율(%)		교과 성적 활용 지표
				1학년	2학년	3학년	교과	비교과	
수시	논술우수자	의학과	국, 수, 영, 과 전 과목	20	80		100	–	석차등급, 이수단위

② 수능 반영 방법

• 수시 최저학력기준

| 전형명 | 모집단위 | 반영 방법 | | 반영 영역 | | | | 한국사 충족 기준 | 비고 |
		영역 수	등급 조건	국어	수학	영어	탐구		
ACE, 논술우수자	의학과	4	등급 합 5	O	가	O	과②	–	

• 정시

| 전형명 | 모집단위 | 반영 지표 | 수능 지정 과목 및 반영 비율 | | | | 한국사 반영 방법 |
			국어	수학(가)	영어	과탐②	
일반전형	의학과	표+백	15	40	10	35	• 감점 방식 활용, 4등급까지 감점 없음 • 5등급 0.1점, 6등급 0.2점, 7등급 0.4점, 8등급 0.8점, 9등급 1점 감점

〈영어 성적 등급별 점수〉

등급	1	2	3	4	5	6	7	8	9
점수	120	119.75	119.50	119.00	118.50	117.50	116.50	115.50	115.00

③ 대학별고사

• 논술고사

전형명	모집단위	시간	출제 경향
논술 우수자 12/2(토)	의학과	120분	• 문항수: 2문항(문항별 세부문제 3문제 내외 출제), 답안 분량: 문항별 A3 2page 이내 • 출제경향: 수리논술＋과학논술(생명과학) • 수리논술: 수리적 분석력, 응용력, 창의력을 측정하는 문제 출제 • 과학논술: 자연과학적 분석력, 응용력, 창의력을 측정하는 문제 출제 • 답이 틀려도 풀이과정이 옳으면 상당한 부분점수를 받을 수 있음 • 공식을 암기하여 풀 수 있는 문제는 출제하지 않음 • 영어 제시문은 출제하지 않음

전형명	모집단위	면접일	평가 내용
ACE	의학과	12/9(토)	• 개인면접을 통해 서류진실성, 전공적합성, 인성 및 의사소통능력 등을 종합적으로 평가함 • 면접관은 전임입학사정관과 교수위촉사정관으로 구성됨 • 복수의 면접관이 지원자 1인을 평가하며, 지원자 1인당 면접시간은 10~20분임 ※ 인성 및 제출서류 기반면접, 면접실을 2개로 운영하며 MMI(Multiple-Mini Interview)방식으로 진행 • 지원자의 학교생활기록부와 자기소개서를 바탕으로 개별면접질문 도출

분야	질문예시
인성	• 다양한 체험활동에서 리더 역할을 수행했는데, 본인의 리더십을 가장 잘 발휘했던 사례에 대해 말해주세요. • OO시설에서 지속적으로 봉사활동을 해왔는데, 이 경험을 통해 자신이 성장한 점에 대해 설명해주세요.
참여한 활동	• OO 동아리에서 신문을 제작한 경험이 있는데, 본인의 구체적 역할에 대해 설명해 주세요.
지원 모집단위에 대한 관심	• OO이란 진로목표를 이루기 위해 대학에서 어떠한 노력을 하고자 하는지 설명해주세요. • 전공과 관련하여 OO라는 책을 읽었는데, 가장 인상 깊었던 부분에 대해 설명해주세요.
고교 교육과정 내의 기본 개념	• 동아리에서 OO 실험을 진행했는데, 이 실험의 원리와 과정에 대해 설명해주세요. • OO 관련 토론대회에서 수상한 경험이 있는데, 이때 본인의 주장과 그 근거에 대해 설명해주세요.

이화여자대학교 서울특별시 서대문구 이화여대길 52

2018학년도 입시의 특징

1. 정시모집에서 영어 영역 25% 반영으로 비중 큰 편

- 인문, 자연계열 모두 국어, 수학, 영어, 과탐 각 영역 25%씩 반영
- 등급 간 점수 차이도 10점으로 큰 편이기 때문에 다른 대학에 비해 상대적으로 영어 영역의 반영 비중이 큼

모집 인원 및 선발 방법

시기	전형유형	전형명	학과명	모집인원 (명)	학년 제한	전형 방법	수능 최저 학력기준
수시	학생부 (종합)	미래인재	의예과	10	없음	• 1단계: 서류 100(4배수) • 2단계: 1단계 성적 80+면접 20	○
	논술	논술	의예과	10	없음	• 논술 70+교과 30	○
	실기 (특기)	과학특기자	의예과	5	없음	• 1단계: 서류 100(4배수) • 2단계: 1단계 성적 70+면접 30	X
정시	수능	수능(가군)	의예과	자연 22 인문 6	없음	• 수능 100	X

전형별 경쟁률

시기	전형명	학과명	2017학년도			2016학년도			2015학년도		
			모집 인원 (명)	지원 인원 (명)	경쟁률	모집 인원 (명)	지원 인원 (명)	경쟁률	모집 인원 (명)	지원 인원 (명)	경쟁률
수시	미래인재	의예과	7	81	11.57	7	105	15.0	7	105	15.0
	고른기회	의예과	–	–	–	1	11	11.0	–	–	–
	논술	의예과	10	1,511	151.1	10	1,145	114.5	10	1,251	125.1

수시	과학특기자	의예과	8	87	10.88	8	81	10.1	8	109	13.6
정시	수능	의예과(자연)	22	86	3.91	21	81	3.9	26	109	4.2
		의예과(인문)	6	23	3.83	6	33	5.5	6	58	9.7

주[1]_ 논술 전형은 2015학년도 일반전형, 과학특기자는 2015, 2016학년도 수학과학특기자
　　전형 경쟁률 기준임

🎯 전형 요소별 특징

① 학생부 반영 방법

시기	전형명	모집단위	반영 교과	학년별 반영 비율(%)			요소별 반영 비율(%)		교과 성적 활용 지표
				1학년	2학년	3학년	교과	비교과	
수시	논술	의예과	국, 수, 영, 사, 과 중 상위 30단위	100			100	–	석차등급, 이수단위

② 수능 반영 방법

• 수시 최저학력기준

전형명	모집단위	반영 방법		반영 영역				한국사 충족 기준	비고
		영역 수	등급 조건	국어	수학	영어	탐구		
미래인재, 논술	의예과	3	등급 합 3	○	가	○	과②	필수 응시	

• 정시

전형명	모집단위	반영지표	수능 지정 과목 및 반영 비율				한국사 반영 방법
			국어	수학(가)	영어	과탐②	
수능	의예과(자연)	표+백	25	가25	25	과25	• 1~4등급 10점 가산, • 5~8등급 0.2점씩 차등 감점, 9등급 8.5점
	의예과(인문)	표+백	25	나25	25	사/과25	• 1~3등급 10점 가산, • 4~8등급 0.2점씩 차등 감점, 9등급 8.5점

<영어 성적 등급별 점수>

등급	1	2	3	4	5	6	7	8	9
점수	250	240	230	220	210	200	190	180	170

③ 대학별고사

• 논술고사

전형명	모집단위	시간	출제 경향
논술 11/26(일)	의예과	100분	• 수리논술로 3개의 대문항이 제시되며, 각 문항은 세부 문제들로 구성

• 구술·면접고사

전형명	모집단위	면접일	평가 내용
미래인재	의예과	12/2(토)~12/3(일)	• 제출 서류에 기반하여 인성, 자기주도성, 전공 잠재력 및 발전가능성 등을 종합적으로 평가
과학특기자	의예과	10/28(토)~10/29(일)	• 학업능력, 수학 또는 과학 능력 및 성장잠재력 등을 종합적으로 심층평가

서울특별시 동작구 흑석로 84

2018학년도 입시의 특징

1. 수능 최저학력기준 변경

• 2017학년도 3개 영역 1등급→2018학년도 4개 영역 등급 합 5

2. 정시모집에서 영어 영역 가산점 방식으로 반영

• 영어 영역 가산점 방식으로 반영하여 3등급까지는 0.5점씩 차이 발생, 4등급부터는 점차 감점 폭 벌어짐

• 1등급일 경우 20점, 9등급일 경우 0점

모집 인원 및 선발 방법

시기	전형유형	전형명	학과명	모집인원 (명)	학년 제한	전형 방법	수능 최저 학력기준
수시	학생부 (종합)	다빈치형인재	의학부	6	없음	• 1단계: 서류 100(3배수) • 2단계: 1단계 성적 70+면접 30	X
	논술	논술	의학부	50	없음	• 논술 60+교과 20+비교과 20	○
정시	수능	수능일반(가군)	의학부	30	없음	• 수능 100	X

전형별 경쟁률

시기	전형명	학과명	2017학년도			2016학년도			2015학년도		
			모집 인원 (명)	지원 인원 (명)	경쟁률	모집 인원 (명)	지원 인원 (명)	경쟁률	모집 인원 (명)	지원 인원 (명)	경쟁률
수시	다빈치형인재	의학부	6	214	35.67	6	169	28.2	5	147	29.4
	논술	의학부	50	3,917	78.34	22	3,046	138.5	20	3,431	171.6

| 수시 | 특기자전형
자연 | 의학부 | – | – | – | – | – | – | 8 | 102 | 12.8 |
| 정시 | 수능일반 | 의학부 | 32 | 168 | 5.25 | 32 | 139 | 4.3 | 27 | 138 | 5.1 |

주[1]_ 2015학년도 다빈치형인재 전형 경쟁률은 학생부 종합전형(일반형) 경쟁률임

전형 요소별 특징

① 학생부 반영 방법

| 시기 | 전형명 | 모집단위 | 반영 교과 | 학년별 반영 비율(%) | | | 요소별 반영 비율(%) | | 교과 성적
활용 지표 |
				1학년	2학년	3학년	교과	비교과	
수시	논술	의학부	국, 수, 영, 과 중 상위 10과목	100			50	50(출결 25, 봉사 25)	석차등급

② 수능 반영 방법

• 수시 최저학력기준

| 전형명 | 모집단위 | 반영 방법 | | 반영 영역 | | | | 한국사
충족 기준 | 비고 |
		영역 수	등급 조건	국어	수학	영어	탐구		
논술	의예과	4	등급 합 5	○	가	○	과②	4등급	

• 정시

| 전형명 | 모집단위 | 반영 지표 | 수능 지정 과목 및 반영 비율 | | | | 한국사 반영 방법 |
			국어	수학(가)	영어	과탐②	
수능일반	의학부	표+백	25	40	가산점	35	• 4등급까지 10점 가산, 5~9등급 은 0.4점씩 차등 감점

〈영어 성적 등급별 점수〉

등급	1	2	3	4	5	6	7	8	9
점수	20	19.5	18.5	17	15	12.5	9.5	5.5	0

③ 대학별고사

- 논술고사

전형명	모집단위	면접일	시간	출제 경향
논술	의학부	11/25(토)	120분	• 수리논술, 과학논술(과학선택형) • 고등학교 교육과정의 내용과 수준에 맞추어 출제 • 대학에서의 수학에 필요한 사고력과 쓰기능력 측정에 중점을 둔 출제 • 자연계열의 과학논술은 생명과학, 물리, 화학 중 택1하여 응시

- 구술·면접고사

전형명	모집단위	면접일	평가 내용
다빈치형 인재	의학부	12/10(일)	• 학업준비도, 인성 및 의사소통능력, 서류의 신뢰도 등을 종합적으로 평가하는 개인별 심층면접

 **한양대학교** 서울특별시 성동구 왕십리로 222

2018학년도 입시의 특징

1. 의예과 논술 전형 선발 실시

- 2017학년도에는 수시모집에서 학생부종합전형으로만 선발했으나 2018학년도에는 논술 전형으로도 선발

- 논술 전형 10명 선발, 논술 70%, 학생부종합평가 30%로 수능 최저학력기준 미적용

2. 정시모집에서 영어 영역 10% 반영

- 등급 간 점수 차이가 점차 벌어져 9등급일 경우 100점 만점 중 28점
  (1등급과 2등급 점수 차: 2점/2등급과 3등급 점수 차: 4점/3등급과 4등급
  점수 차: 6점)

모집 인원 및 선발 방법

시기	전형유형	전형명	학과명		모집인원 (명)	학년 제한	전형 방법	수능 최저 학력기준
수시	학생부 (종합)	학생부 종합	일반	의예과	32	삼수생	• 학생부 종합평가 100	X
			고른 기회	의예과	2			
	논술	논술	의예과		10	없음	• 논술 70+학생부종합평가 30	X
정시	수능	일반전형 (나군)	의예과		66	없음	• 수능 90+교과 10	X

전형별 경쟁률

시기	전형명		학과명	2017학년도			2016학년도			2015학년도		
				모집 인원 (명)	지원 인원 (명)	경쟁률	모집 인원 (명)	지원 인원 (명)	경쟁률	모집 인원 (명)	지원 인원 (명)	경쟁률
수시	학생부 종합	일반	의예과	38	1,220	32.11	25	1,023	40.9	25	952	38.1
		고른기회		2	91	45.5	2	87	43.5	2	127	63.5
정시	일반전형			50	189	3.78	50	189	3.8	50	215	4.3

① 학생부 반영 방법

시기	전형명	모집단위	반영 교과	학년별 반영 비율(%)			요소별 반영 비율(%)		교과 성적 활용 지표
				1학년	2학년	3학년	교과	비교과	
정시	일반 전형	의예과	• 국, 수, 영, 과 반영교 과별 상위 3개 과목	100			100	–	석차등급

② 수능 반영 방법

• 정시

전형명	모집단위	반영 지표	수능 지정 과목 및 반영 비율				한국사 반영 방법
			국어	수학(가)	영어	과탐②	
일반전형	의예과	표+백	20	35	10	35	• 1~4등급 만점, 4등급부터 0.1점 씩 차등 감점

주[1]_ 과탐Ⅱ 과목의 경우 변환표준점수의 3% 가산

〈영어 성적 등급별 점수〉

등급	1	2	3	4	5	6	7	8	9
점수	100	98	94	88	80	70	58	44	28

③ 대학별고사

• 논술고사

전형명	모집단위	면접일	시간	출제 경향
논술	의예과	11/26(일)	90분	• 수리논술 (수리(가) 출제) • 고등학교 교육과정 내에서 출제

2018학년도 입시의 특징

1. 논술우수자 전형 수능 최저학력기준 폐지

- 2017학년도 3개 영역 등급 합 3을 적용했으나 2018학년도에는 폐지

모집 인원 및 선발 방법

시기	전형 유형	전형명	학과명	모집인원 (명)	학년 제한	전형 방법	수능 최저 학력기준
수시	교과	학생부교과	의예과	15	2016년 2월 이후	• 교과 100	○
	학생부 (종합)	인하 미래인재		10	없음	• 1단계: 서류 100(3배수) • 2단계: 1단계 성적 70+면접 30	X
정시	수능	일반전형 (다군)	의예과	9		• 수능 100	X

전형별 경쟁률

시기	전형명	학과명	2017학년도			2016학년도			2015학년도		
			모집 인원 (명)	지원 인원 (명)	경쟁률	모집 인원 (명)	지원 인원 (명)	경쟁률	모집 인원 (명)	지원 인원 (명)	경쟁률
수시	인하미래인재	의예과	10	361	36.10	5	158	31.6	5	91	18.2
	논술우수자	의예과	15	3,671	244.73	15	1,995	133.0	15	1,411	94.1
정시	일반전형	의예과	9	199	22.11	15	119	7.9	14	103	7.4

주[1]_ 인하미래인재 전형은 2015, 2016학년도 학생부종합전형 경쟁률 기준임

◎ 전형 요소별 특징

① 학생부 반영 방법

시기	전형명	모집단위	반영 교과	학년별 반영 비율(%)			요소별 반영 비율(%)		교과 성적 활용 지표
				1학년	2학년	3학년	교과	비교과	
수시	논술우수자	의예과	국, 수, 영, 과	20	40	40	100	–	석차등급

② 수능 반영 방법

- 정시

전형명	모집단위	반영 지표	수능 지정 과목 및 반영 비율				한국사 반영 방법
			국어	수학(가)	영어	과탐②	
일반전형	의예과	표+백	20	35	20	25	• 전형총점에 가산 (1~5등급 10점, 6~7등급 9점, 8~9 등급 8점)

〈영어 성적 등급별 점수〉

등급	1	2	3	4	5	6	7	8	9
점수	200	195	190	180	170	150	120	80	0

③ 대학별고사

- 구술·면접고사

전형명	모집단위	면접일	평가 내용
인하미래인재	의예과	11/18(토)~11/19(일)	• 평가기준(인성, 지성, 적성)에 따라 2~3인의 면접위원 이 제출서류를 바탕으로 개별면접 실시

경북대학교 대구광역시 북구 대학로 80

모집 인원 및 선발 방법

시기	전형유형	전형명	학과명	모집인원 (명)	학년 제한	전형 방법	수능 최저 학력기준
수시	학생부 (교과)	일반학생	의예과	–	없음	• 교과 90+비교과 10	○
		지역인재	의예과	7	없음	• 교과 90+비교과 10	○
	학생부 (종합)	일반학생	의예과	10	없음	• 1단계: 서류 100(5배수) • 2단계: 서류 70+면접 30	○
		지역인재	의예과	17	없음	• 1단계: 서류 100(5배수) • 2단계: 서류 70+면접 30	○
	논술	논술(AAT)	의예과	15	없음	• 논술 80+교과 10+비교과 10	○
정시	수능	일반전형(가군)	의예과	27	없음	• 수능 100	X

전형별 경쟁률

시기	전형명	학과명	2017학년도 모집인원 (명)	2017학년도 지원인원 (명)	2017학년도 경쟁률	2016학년도 모집인원 (명)	2016학년도 지원인원 (명)	2016학년도 경쟁률	2015학년도 모집인원 (명)	2015학년도 지원인원 (명)	2015학년도 경쟁률
수시	교과(지역인재)	의예과	7	64	9.14	5	105	21.0	–	–	–
	종합(일반학생)	의예과	10	120	12.0	10	229	22.9	10	129	12.9
	종합(지역인재)	의예과	17	157	9.24	15	162	10.8	10	116	11.6
	논술(AAT)	의예과	15	1,996	133.07	15	1,803	120.2	15	1,784	118.9
정시	일반전형	의예과	29	99	3.41	33	109	3.3	48	147	3.1

🎯 전형 요소별 특징

① 학생부 반영 방법

| 시기 | 전형명 | 모집단위 | 반영 교과 | 학년별 반영 비율(%) | | | 요소별 반영 비율(%) | | 교과 성적 활용 지표 |
				1학년	2학년	3학년	교과	비교과	
수시	교과(일반학생, 지역인재), 논술(AAT)	의예과	국, 수, 영, 과 전 과목	20	40	40	90	10 (출결, 봉사)	석차등급

② 수능 반영 방법

• 수시 최저학력기준

| 전형명 | 모집단위 | 반영 방법 | | 반영 영역 | | | | 한국사 충족 기준 | 비고 |
		영역 수	등급 조건	국어	수학	영어	탐구		
교과/종합 (일반학생, 지역인재), 논술(AAT)	의예과	4	등급합 5	○	가	○	과①	4등급	

• 정시

| 전형명 | 모집단위 | 반영 지표 | 수능 지정 과목 및 반영 비율 | | | | 한국사 반영 방법 |
			국어	수학(가)	영어	과탐②	
일반	의예과	표준 + 백분위	22.2	33.3	22.2	22.2	• 1~4등급 10점, 4등급 미만 0.2점씩 감점

〈영어 성적 등급별 점수〉

등급	1	2	3	4	5	6	7	8	9
점수	200	197	192	187	182	177	172	167	162

③ 대학별고사

• 논술고사

전형명	모집단위	면접일	시간	출제 경향
논술 (AAT)	의예과	11/25(토)	100분	• 수학 2문제, 과학(물리, 화학, 생명과학, 지구과학) 4과목 중 택2 • 답안 유형: 논술형, 약술형, 풀이형

• 구술·면접고사

전형명	모집단위	면접일	평가 내용
일반학생 지역인재	의예과	11/18(토)	• 수험생 개인별로 다음과 같이 10분 내외로 면접하여 평가기준에 따라 종합적으로 평가 • 개인발표(2분 이내): 지원동기 및 입학 후 학업 계획 등을 자유롭게 발표(각종 도구 사용 불가) • 질의응답: 제출서류에 기재된 내용을 중심으로 질문

 부산대학교 부산광역시 금정구 부산대학로 63번길 2

모집 인원 및 선발 방법

시기	전형 유형	전형명		학과명	모집인원 (명)	학년 제한	전형 방법	수능 최저 학력기준
수시	학생부 (교과)	학생부교과		의예과	10	2013년 2월 이후	• 교과 100	○
	학생부 (종합)	학생부 종합II	일반	의예과	10	삼수생	• 1단계: 서류 100(3배수) • 2단계: 1단계 성적 80+면접 20	○
			지역	의예과	40	삼수생	• 1단계: 서류 100(2~3배수) • 2단계: 1단계 성적 80+면접 20	○

| 수시 | 논술 | 논술 | 의예과 | 10 | 없음 | ·논술 70+교과 20+비교과 10 | ○ |
| 정시 | 수능 | 수능(가군) | 의예과 | 18 | 없음 | ·수능 100 | X |

전형별 경쟁률

시기	전형명		학과명	2017학년도			2016학년도			2015학년도		
				모집 인원 (명)	지원 인원 (명)	경쟁률	모집 인원 (명)	지원 인원 (명)	경쟁률	모집 인원 (명)	지원 인원 (명)	경쟁률
수시	학생부 종합II	일반	의예과	–	–	–	–	–	–	10	145	14.5
		지역 인재	의예과	40	249	6.23	40	367	9.2	20	220	11.0
	논술		의예과	28	2,925	104.46	20	2,097	104.9	10	1,314	131.4
정시	수능		의예과	31	110	3.55	28	118	4.2	43	154	3.6

주[1]_ 학생부종합II(일반) 전형의 2015학년도 경쟁률은 학생부종합II 전형의 경쟁률임

주[2]_ 학생부종합II(지역인재) 전형의 2015학년도 경쟁률은 지역인재II 전형의 경쟁률임

전형 요소별 특징

① 학생부 반영 방법

시기	전형명	모집단위	반영 교과	학년별 반영 비율(%)			요소별 반영 비율(%)		교과 성적 활용 지표
				1학년	2학년	3학년	교과	비교과	
수시	학생부 교과	의예과	국, 수, 영, 과 전 과목	20	40	40	100	–	석차등급
	학생부 종합II	의예과	국, 수, 영, 과 전 과목	20	40	40	종합평가		석차등급
	논술	의예과	국, 수, 영, 과 전 과목	20	40	40	66.6	33.3 (출결, 봉사)	석차등급

주[1]_ 학생부종합II 전형은 학교생활기록부에 기록된 모든 교과 성적을 서류평가 시 종합평가의 한 요소로 활용함(단, 지정교과 성적은 동점자 우선 선발 기준으로 활용함)

② 수능 반영 방법

• 수시 최저학력기준

전형명	모집단위	반영 방법		반영 영역				한국사 충족 기준	비고
		영역 수	등급 조건	국어	수학	영어	탐구		
학생부교과, 학생부종합II, 논술	의예과	3	등급 합 4	○	가	–	과②	4등급	영어 2등급 이내

• 정시

전형명	모집단위	반영 지표	수능 지정 과목 및 반영 비율				한국사 반영 방법
			국어	수학(가)	영어	과탐②	
수능	의예과	표 + 백	20	30	30	20	• 1~4등급 10점, 5등급부터 0.2점씩 감점

〈영어 성적 등급별 점수〉

등급	1	2	3	4	5	6	7	8	9
점수	200	198	195	190	185	180	175	170	165

③ 대학별고사

• 논술고사

전형명	모집단위	면접일	시간	출제 경향
논술	의예과	11/25(토)	100분	수리 논술

전형명	모집단위	면접일	평가 내용
학생부종합II (일반/지역)	의예과	12/2(토)	• 다수의 평가자가 면접 대상자 1인을 개별 면접함

평가 영역	평가요소
잠재적 역량	발전가능성
	전공적합성
사회적 역량	인성
	사회성

순천향대학교
충청남도 아산시 순천향로 22

모집 인원 및 선발 방법

시기	전형유형	전형명	학과명	모집인원 (명)	학년 제한	전형 방법	수능 최저 학력기준
수시	학생부 (교과)	일반학생(교과)	의예과	21	없음	• 교과 100	○
		지역인재(교과)		20			
	학생부 (종합)	일반학생(종합)		5		• 1단계: 서류 100(3배수) • 2단계: 확인면접 100	X
		지역인재		5			
정시	수능	일반학생(수능) (다군)		42		• 수능 100	X

🎯 전형별 경쟁률

시기	전형명	학과명	2017학년도			2016학년도			2015학년도		
			모집인원(명)	지원인원(명)	경쟁률	모집인원(명)	지원인원(명)	경쟁률	모집인원(명)	지원인원(명)	경쟁률
수시	일반학생(교과)	의예과	20	531	26.55	25	553	22.1	25	440	17.6
	지역인재(교과)		20	153	7.65	15	202	13.5	–	–	–
	일반학생(종합)		5	226	45.2	5	67	13.4	5	67	13.4
	지역인재(종합)		5	75	15.0	10	100	10.0	10	100	10.0
정시	일반학생(수능)	의예과	43	855	19.88	59	881	14.9	59	881	14.9

🎯 전형 요소별 특징

① 학생부 반영 방법

시기	전형명	모집단위	반영 교과	학년별 반영 비율(%)			요소별 반영 비율(%)		교과 성적 활용 지표
				1학년	2학년	3학년	교과	비교과	
수시	일반학생(교과), 지역인재(교과)	의예과	• 국, 수, 영, 사, 과 전 과목	100			100	–	석차등급, 이수단위

② 수능 반영 방법

• 수시 최저학력기준

전형명	모집단위	반영 방법		반영 영역				한국사 충족 기준	비고
		영역 수	등급 조건	국어	수학	영어	탐구		
일반학생(교과)	의예과	4	등급 합 6	O	가/나	O	사/과②	필수 응시	• 수(가), 과탐 응시하지 않은 경우, 각각 0.5등급씩 하향 조정 반영
지역인재(교과)	의예과	4	등급 합 6	O	가/나	O	사/과①		

- 정시

전형명	모집단위	반영 지표	수능 지정 과목 및 반영 비율				한국사 반영 방법
			국어	수학(가/나)	영어	사탐/과탐②	
일반학생 (수능)	의예과	백분위	20	30	30	20	필수 응시

주[1]_ 수(가) 10%, 과탐(2과목 평균) 10% 가산

〈영어 성적 등급별 점수〉

등급	1	2	3	4	5	6	7	8	9
점수	96	92	85	73	56	36	19	7	0

③ 대학별고사

- 구술·면접고사

전형명	모집단위	면접일	평가 내용
일반학생(종합), 지역인재(종합)	의예과	11/26(일)	• 전공적합성(학업능력, 전공적성), 인성(나눔과 배려·공동체의식, 자기주도성), 발전가능성 등의 역량을 종합적·정성적으로 평가(지원자가 제출한 서류 내용 확인)

 # 한림대학교 강원도 춘천시 한림대학길 1

모집 인원 및 선발 방법

시기	전형 유형	전형명	학과명	모집인원 (명)	학년 제한	전형 방법	수능 최저 학력기준
수시	학생부 (종합)	학교생활우수자	의예과	15	2012년 2월 이후	• 1단계: 서류 100(6배수) • 2단계: 1단계 성적 70+ 면접 30	○
		지역인재	의예과	12	2012년 2월 이후		
정시	수능	일반전형(나군)	의예과	49	없음	• 수능 100	X

전형별 경쟁률

시기	전형명	학과명	2017학년도			2016학년도			2015학년도		
			모집인 원(명)	지원인 원(명)	경쟁률	모집인 원(명)	지원인 원(명)	경쟁률	모집인 원(명)	지원인 원(명)	경쟁률
수시	학교생활우수자	의예과	10	310	31.0	10	338	33.8	11	283	25.7
	지역인재	의예과	12	131	10.92	12	119	9.9	4	28	7.0
정시	일반전형	의예과	54	276	5.11	54	320	5.9	63	325	5.2

주[1]_ 2015, 2016 학교생활우수자 전형 경쟁률은 전공역량우수자 전형 경쟁률임

전형 요소별 특징

① 학생부 반영 방법

시기	전형명	모집단위	반영 교과	학년별 반영 비율(%)			요소별 반영 비율(%)		교과 성적 활용 지표
				1학년	2학년	3학년	교과	비교과	
수시	학교생활우수자 지역인재	의예과	국, 수, 영, 과	종합평가(학생부, 자기소개서)					석차등급

② 수능 반영 방법

• 수시 최저학력기준

전형명	모집단위	반영 방법		반영 영역				한국사 충족 기준	비고
		영역 수	등급 조건	국어	수학	영어	탐구		
학교생활우수자, 지역인재	의예과	3	등급 합 4	○	가	○	과②	3등급	

• 정시

전형명	모집단위	반영 지표	수능 지정 과목 및 반영 비율				한국사 반영 방법
			국어	수학(가)	영어	과탐②	
일반전형	의예과	표+백	20	40	10	30	3등급 이내

〈영어 성적 등급별 점수〉

등급	1	2	3	4	5	6	7	8	9
점수	100	90	80	70	60	50	40	30	20

③ 대학별고사

• 면접고사

전형명	모집단위	면접일	출제 경향
학교생활우수자, 지역인재	의예과	11/25(토)	• 평가 방식: MMI(Multiple Mini-Interview) 면접 • 면접 인원: 실별 면접위원 2명: 수험생 1명 ※ 3개의 면접실 운영 • 면접 시간: 총 30분 내외(각 실별 10분) • 반영 점수: 면접위원 총 6명의 평균값 반영

연세대학교(원주) 강원도 원주시 연세대길

모집 인원 및 선발 방법

시기	전형유형	전형명	학과명	모집 인원(명)	학년 제한	전형 방법	수능 최저 학력기준
수시	학생부 (교과)	학생부 교과	의예과	17	삼수생	• 1단계: 교과 100(일정 배수) • 2단계: 교과 70+면접 30	○
	학생부 (종합)	학교생활 우수자		17	삼수생	• 서류 100	○
		강원인재 일반		14			
		사회공헌 배려자		2			
	논술	일반논술		28	없음	• 논술 70+교과 20+비교과 10	○
	실기	특기인재		3	삼수생 (검정고시, 해외고 출신자는 2015년 4월 이후)	• 1단계: 서류 100(일정 배수) • 2단계: 서류 70+면접 30	X
정시	수능	일반전형 (가군)		12	없음	• 수능 100	X

전형별 경쟁률

시기	전형명	학과명	2016학년도 모집 인원(명)	2016학년도 지원 인원(명)	2016학년도 경쟁률	2016학년도 모집 인원(명)	2016학년도 지원 인원(명)	2016학년도 경쟁률	2015학년도 모집 인원(명)	2015학년도 지원 인원(명)	2015학년도 경쟁률
수시	학생부교과	의예과	15	193	12.87	22	494	22.5	25	206	8.2
	학교생활우수자		20	355	17.75	10	141	14.1	8	45	5.6
	강원인재일반		14	121	8.64	18	100	5.6	18	57	3.2

시기	전형명	모집단위								
수시	사회공헌배려자	의예과	2	35	17.5	2	25	12.5	2	27	13.5
	일반논술		28	3,496	124.86	24	2,813	117.2	26	2,270	87.3
	특기인재		3	30	10.0	3	36	12.0	3	30	10.0
정시	일반전형		12	87	7.25	26	147	5.7	42	177	4.2

전형 요소별 특징

① 학생부 반영 방법

시기	전형명	모집단위	반영 교과	학년별 반영 비율(%)			요소별 반영 비율(%)		교과 성적 활용 지표
				1학년	2학년	3학년	교과	비교과	
수시	학생부교과	의예과	국, 수, 영, 사, 과 전 과목		100		100	–	원점수, 평균, 표준편차, 석차등급
	일반논술		수학, 과학 전 과목				66.6	33.3 (출결, 봉사)	

② 수능 반영 방법

- 수시 최저학력기준

전형명	모집단위	반영 방법		반영 영역				한국사 충족 기준	비고
		영역 수	등급 조건	국어	수학	영어	탐구		
학생부교과, 학교생활우수자, 강원인재일반, 사회공헌배려자	의예과	3	등급 합 4	O	가	2등급	과②	4등급	
일반논술		3	1등급	O	가	2등급	과②	4등급	

주[1]_ 과탐 4개 과목(물리, 화학, 생명과학, 지구과학) 중 과목명이 다른 2개의 과목에 응시해야 함(같은 과목 I, II는 안됨)

• 정시

| 전형명 | 모집단위 | 반영 지표 | 수능 지정 과목 및 반영 비율 | | | | 한국사 반영 방법 |
			국어	수학(가)	영어	과탐②	
일반전형	의예과	표+백	22.2	33.3	11.1	33.3	• 4등급까지 10점 가산. • 5등급부터 0.2점씩 차등 감점

주[1]_ 국어, 수학, 영어는 표준점수를 반영하며 탐구는 백분위를 활용한 변환표준점수를 반영함

주[2]_ 과탐은 4개 과목 중 서로 다른 2개 과목(I, II 구분 없음)에 응시해야 함

〈영어 성적 등급별 점수〉

등급	1	2	3	4	5	6	7	8	9
점수	100	95	87.5	75	60	40	25	12.5	5

③ 대학별고사

• 논술고사

전형명	모집단위	면접일	시간	출제 경향
일반논술	의예과	11/24(금)	150분	• 수학 1문제[60점] 　– 수학I, 수학II, 미적분I, 미적분II, 확률과 통계, 기하와 벡터 • 과학 1문제[40점] 　– 물리, 화학, 생명과학 중 1과목 선택 　– 과학II 수준까지 출제될 수 있으며, 과학II 수준의 개념은 제시문에서 기본 개념을 설명함

• 구술·면접고사

전형명	모집단위	면접일	평가 내용
학생부교과	의예과	10/21(토)	• 인성 및 가치관을 중심으로 계열별 역량 평가
특기인재		10/28(토)	• 대학수학에 필요한 수학/과학적 사고능력 및 인성가치관을 평가

 **인제대학교** 경상남도 김해시 인제로 197

🎯 모집 인원 및 선발 방법

시기	전형유형	전형명	학과명	모집인원 (명)	학년 제한	전형 방법	수능 최저 학력기준
수시	학생부 (교과)	의예·간호	의예과	34	없음	• 1단계: 교과 80+서류 20(5배수) • 2단계: 1단계 성적 80+면접 20	X
		지역인재	의예과	28		• 1단계: 교과 80+서류 20(3배수) • 2단계: 1단계 성적 80+면접 20	
정시	수능	일반학생 (가군)	의예과	30		• 수능 96.1+면접 3.9	

주[1]_ 의예·간호, 지역인재 전형은 3학년 1학기까지 과학교과의 이수단위를 20단위 이상 이수한 자만 지원 가능

🎯 전형별 경쟁률

시기	전형명	학과명	2017학년도			2016학년도			2015학년도		
			모집 인원 (명)	지원 인원 (명)	경쟁률	모집 인원 (명)	지원 인원 (명)	경쟁률	모집 인원 (명)	지원 인원 (명)	경쟁률
수시	의예·간호	의예과	35	392	11.20	25	465	18.6	25	405	16.2
	지역인재	의예과	28	232	8.29	28	281	10.0	27	373	13.8
정시	일반학생	의예과	30	115	3.83	31	136	4.4	30	105	3.5

주[1]_ 의예·간호 전형의 2015, 2016학년도 경쟁률은 인문계고교출신자 전형 경쟁률임

◎ 전형 요소별 특징

① 학생부 반영 방법

시기	전형명	모집단위	반영 교과	학년별 반영 비율(%)			요소별 반영 비율(%)		교과 성적 활용 지표
				1학년	2학년	3학년	교과	비교과	
수시	의예·간호, 지역인재	의예과	국, 수, 영, 사, 과 전 과목	100			100	–	석차등급, 이수단위

② 수능 반영 방법

- 정시

전형명	모집단위	반영 지표	수능 지정 과목 및 반영 비율				한국사 반영 방법
			국어	수학(가)	영어	과탐②	
일반학생	의예과	표준점수	25	25	25	25	필수 응시

〈영어 성적 등급별 점수〉

등급	1	2	3	4	5	6	7	8	9
점수	135	130	123	114	103	94	87	82	79

③ 대학별고사

- 구술·면접고사

전형명	모집단위	면접일	평가 내용
의예·간호	의예과	11/26(목)~11/26(일)	• 6개의 방에서 차례로 진행하는 다중미니면접방식으로 각 면접에서 수험생은 면접 시작 2분 전에 제시문과 질문을 읽고 자기의 생각을 정리한 후, 8분간 대화를 통해 면접관에게 자신의 의사를 전달함. 좋은 의사로 성장할 수 있는 학생을 선발하기 위함
지역인재		10/20(금)~10/22(일)	• 각 면접의 면접관은 2인 이상이고 면접 중에 수험생에 맞추어 탐사질문을 하며, 탐사질문을 포함한 모든 질문과 면접결과를 채점하는 평가표는 표준화 및 구조화되어 있음

모집 인원 및 선발 방법

시기	전형유형	전형명	학과명	모집인원 (명)	학년 제한	전형 방법	수능 최저 학력기준
수시	학생부 (교과)	교과일반	의학과	12	없음	• 교과 100	○
	학생부 (종합)	강원인재	의학과	9	없음	• 1단계: 서류 100(3배수) • 2단계: 서류 60+면접 40	
		CKU리더	의학과	8			
정시	수능	수능전형 (가군)	의학과	10	없음	• 수능 100	X
		일반전형 (가군)	의학과	10	없음	• 수능 60+교과 40	

전형별 경쟁률

시기	전형명	학과명	2017학년도			2016학년도			2015학년도		
			모집인원 (명)	지원인원 (명)	경쟁률	모집인원 (명)	지원인원 (명)	경쟁률	모집인원 (명)	지원인원 (명)	경쟁률
수시	교과일반	의학과	13	692	53.23	17	273	16.1	9	123	13.7
	강원인재	의학과	7	87	12.43	7	79	11.3	5	29	5.8
	CKU리더	의학과	5	109	21.80	8	75	9.4	5	67	13.4
정시	수능전형	의학과	13	68	5.23	14	103	7.4	29	127	4.4
	일반전형	의학과	8	54	6.75	13	57	4.4	9	62	6.9

주[1]_ 교과일반 전형의 2015, 2016 경쟁률은 학업우수자 전형, CKU리더의 2015, 2016 경쟁률은 CKU인재 전형임

◎ 전형 요소별 특징

① 학생부 반영 방법

시기	전형명	모집단위	반영 교과	학년별 반영 비율(%)			요소별 반영 비율(%)		교과 성적 활용 지표
				1학년	2학년	3학년	교과	비교과	
수시	교과일반	의학과	국, 수, 영, 과 전 과목	30	40	30	100	–	석차등급, 이수단위
정시	일반	의학과	국, 수, 영, 과 전 과목	30	30	40	100	–	석차등급, 이수단위

② 수능 반영 방법

• 수시 최저학력기준

전형명	모집단위	반영 방법		반영 영역				한국사 충족 기준	비고
		영역 수	등급 조건	국어	수학	영어	탐구		
교과일반	의학과	2	등급 합 3	O	가	1등급	과②	–	
CKU리더, 강원인재	의학과	2	등급 합 4	O	가	1등급	과②	–	

• 정시

전형명	모집단위	반영 지표	수능 지정 과목 및 반영 비율				한국사 반영 방법
			국어	수학(가)	영어	과탐②	
수능, 일반	의학과	백분위	20	40	10	30	• 1~4등급 10점, 5등급부터는 0.4점씩 감점

③ 대학별고사

• 구술·면접고사

전형명	모집단위	면접일	평가 내용
강원인재, CKU리더	의학과	10/28(토)~10/29(일)	• 면접 형식: 개인면접으로 면접관 3인 이상 대 지원자 1인으로 진행 • 면접 시간: 15분 이상 • 반영 점수: 면접관(3인 이상)의 평균값

 **전남대학교** 광주광역시 북구 용봉로 77

모집 인원 및 선발 방법

시기	전형 유형	전형명	학과명	모집 인원 (명)	학년 제한	전형 방법	수능 최저 학력기준
수시	학생부 (교과)	일반전형	의예과	62	없음	• 학생부 80+서류 20	○
	학생부 (종합)	창의인재 종합	의예과	38		• 1단계: 학생부 40+서류 60(4배수) • 2단계: 1단계 성적 80+면접 20	
정시	수능	일반학생 (가군)	의예과	25		• 수능 100	X

전형별 경쟁률

시기	전형명	학과명	2017학년도			2016학년도			2015학년도		
			모집인원(명)	지원인원(명)	경쟁률	모집인원(명)	지원인원(명)	경쟁률	모집인원(명)	지원인원(명)	경쟁률
수시	일반전형	의예과	40	337	8.43	51	388	7.6	25	191	7.6
	창의인재종합	의예과	30	258	8.60	–	–	–	26	188	7.2
정시	일반학생	의예과	56	223	3.98	27	113	4.2	66	212	3.2

주[1]_ 2015학년도, 2017학년도 창의인재종합 전형 경쟁률은 지역인재 전형의 경쟁률임

🎯 전형 요소별 특징

① 학생부 반영 방법

시기	전형명	모집단위	반영 교과	학년별 반영 비율(%)			요소별 반영 비율(%)		교과 성적 활용 지표
				1학년	2학년	3학년	교과	비교과	
수시	일반전형, 창의인재종합	의예과	국, 수, 영, 과 전 과목	100			90	출결 10	석차등급, 이수단위

② 수능 반영 방법

- 수시 최저학력기준

전형명	모집단위	반영 방법		반영 영역				한국사 충족 기준	비고
		영역 수	등급 조건	국어	수학	영어	탐구		
일반전형	의예과	4	등급 합 5	○	가	○	과①	응시 여부 확인	수학(가), 과탐(2과목) 필수 응시
창의인재종합	의예과	4	등급 합 6	○	가	○	과①		

- 정시

전형명	모집단위	반영 지표	수능 지정 과목 및 반영 비율				한국사 반영 방법
			국어	수학(가)	영어	과탐②	
일반학생, 지역인재	의예과	표준점수	30	40	15	15	• 1~5등급 10점 가산, 6등급 부터 1점씩 하락

〈영어 성적 등급별 점수〉

등급	1	2	3	4	5	6	7	8	9
점수	200	190	180	170	160	150	140	130	0

③ 대학별고사

- 구술·면접고사

전형명	모집단위	면접일	평가 내용
창의인재종합	의예과	11/29(수)	• 학업수행역량 50%, 인성역량 50% • 3인의 면접위원이 면접질문지를 토대로 평가요소에 따라 약 15분간 실시 • 평가자 2인 이상에게 부적격 판정을 받으면 불합격 처리

단국대학교(천안) 충청남도 천안시 동남구 단대로 119

모집 인원 및 선발 방법

시기	전형유형	전형명	학과명	모집인원(명)	학년 제한	전형 방법	수능 최저학력기준
수시	학생부(종합)	DKU인재	의예과	10	2016년 2월 이후	교과, 비교과, 서류 100	○
정시	수능	일반학생(다군)	의예과	30	없음	수능 100	X

전형별 경쟁률

시기	전형명	학과명	2017학년도			2016학년도			2015학년도		
			모집인원(명)	지원인원(명)	경쟁률	모집인원(명)	지원인원(명)	경쟁률	모집인원(명)	지원인원(명)	경쟁률
정시	일반학생	의예과	40	479	11.98	41	511	12.5	40	805	20.1

전형 요소별 특징

① 학생부 반영 방법

시기	전형명	모집단위	반영 교과	학년별 반영 비율(%)			요소별 반영 비율(%)		교과 성적 활용 지표
				1학년	2학년	3학년	교과	비교과	
수시	DKU인재	의예과	국, 수, 영, 과 전 과목	종합평가 (학생부: 교과, 비교과, 서류: 자기소개서)					석차등급

② 수능 반영 방법

• 수시 최저학력기준

전형명	모집단위	반영 방법		반영 영역				한국사 충족 기준	비고
		영역 수	등급 조건	국어	수학	영어	탐구		
DKU인재	의예과	4	등급 합 5	○	가	○	과①	필수 응시	

• 정시

전형명	모집단위	반영 지표	수능 지정 과목 및 반영 비율				한국사 반영 방법
			국어	수학(가)	영어	과탐②	
일반학생	의예과	표+백	20	40	20	20	필수 응시

주[1]_ 과탐은 II과목 선택 시 5% 가산

〈영어 성적 등급별 점수〉

등급	1	2	3	4	5	6	7	8	9
점수	100	80	70	40	30	20	15	5	1

동국대학교(경주) 경상북도 경주시 동대로 123

모집 인원 및 선발 방법

시기	전형유형	전형명	학과명	모집인원(명)	학년 제한	전형 방법	수능 최저 학력기준
수시	학생부(교과)	교과	의예과	15	2016년 2월 이후	교과 100	○
		면접	의예과	10	2016년 2월 이후	교과 70+면접 30	○
		지역인재	의예과	5	2016년 2월 이후	교과 100	○
		농어촌(정원외)	의예과	2	없음	교과 100	○
정시	수능	일반학생(미정)	의예과	17	없음	수능 100	X

전형별 경쟁률

시기	전형명	학과명	2017학년도			2016학년도			2015학년도		
			모집인원(명)	지원인원(명)	경쟁률	모집인원(명)	지원인원(명)	경쟁률	모집인원(명)	지원인원(명)	경쟁률
정시(다군)	일반학생	의예과	–	–	–	41	511	12.46	40	805	20.13

전형 요소별 특징

① 학생부 반영방법

시기	전형명	모집단위	반영 교과	학년별 반영 비율(%)			요소별 반영 비율(%)		교과 성적 활용 지표
				1학년	2학년	3학년	교과	비교과	
수시	학생부교과	의예과	국, 수, 영, 과 전 과목	100			100	0	석차등급

② 수능 반영 방법

• 수시 최저학력기준

전형명	모집단위	반영 방법		반영 영역				한국사 충족 기준	비고
		영역 수	등급 조건	국어	수학	영어	탐구		
교과	의예과	3	등급 합 4	○	가	○	과①	–	
면접									
지역인재									
농어촌(정원외)									

• 정시

전형명	모집단위	반영 지표	수능 지정 과목 및 반영 비율				한국사 반영방법
			국어	수학(가)	영어	과탐②	
일반학생	의예과	표준점수	25	35	20	20	가산점

주[1]_ 과학탐구Ⅱ 5% 가중치

〈영어 성적 등급별 점수〉

등급	1	2	3	4	5	6	7	8	9
점수	100	95	90	85	80	75	70	65	60

〈한국사 성적 등급별 점수〉

등급	1	2	3	4	5	6	7	8	9
점수	10	9	8	7	6	5	4	3	2

③ 대학별고사

• 구술·면접고사

전형명	모집단위	면접일	평가 내용
학생부교과(면접)	의예과	11/25(토)	• 면접고사: 2인 이상의 면접관이 10분 이내의 질의응답을 통해 인성 및 사회성, 전공적합성, 성장가능성 등을 평가

계명대학교 대구광역시 달서구 달구벌대로 1095

모집 인원 및 선발 방법

시기	전형유형	전형명	학과명	모집인원 (명)	학년 제한	전형 방법	수능 최저 학력기준
수시	학생부 (교과)	교과	의예과	16	없음	• 교과 70+출결 30	○
		지역인재 교과		17			
	학생부 (종합)	잠재능력 우수자		3		• 1단계: 서류 100(4배수) • 2단계: 1단계 성적 80+면접 20	X
		지역인재 종합		4			
정시	수능	일반(다군)		36		• 수능 100	

전형별 경쟁률

시기	전형명	학과명	2017학년도			2016학년도			2015학년도		
			모집 인원(명)	지원 인원(명)	경쟁률	모집 인원(명)	지원 인원(명)	경쟁률	모집 인원(명)	지원 인원(명)	경쟁률
수시	교과	의예과	20	255	12.75	20	401	20.1	6	156	26.0
	지역인재		20	238	11.90	20	318	15.9	15	242	16.1
정시	일반		42	550	13.10	44	596	13.6	36	535	14.9

🎯 전형 요소별 특징

① 학생부 반영 방법

| 시기 | 전형명 | 모집단위 | 반영 교과 | 학년별 반영 비율(%) | | | 요소별 반영 비율(%) | | 교과 성적 활용 지표 |
				1학년	2학년	3학년	교과	비교과	
수시	교과, 지역인재교과	의예과	국, 수, 영, 과 중 상위 3개 교과 전 과목		100		100	30(출결)	석차등급

② 수능 반영 방법

- #### 수시 최저학력기준

| 전형명 | 모집단위 | 반영 방법 | | 반영 영역 | | | | 한국사 충족 기준 | 비고 |
		영역 수	등급 조건	국어	수학	영어	탐구		
교과, 지역인재교과	의예과	3	등급 합 3	○	가	○	과①	필수 응시	수가, 과탐 필수 응시

- #### 정시

| 전형명 | 모집단위 | 반영 지표 | 수능 지정 과목 및 반영 비율 | | | | 한국사 반영 방법 |
			국어	수학(가)	영어	과탐②	
일반	의예과	백분위	25	25	25	25	• 1~2등급 5점, 3~4등급 4.5점, 5~6등급 4점, 7~8등급 3.5점, 9등급 3점

〈영어 성적 등급별 점수〉

등급	1	2	3	4	5	6	7	8	9
점수	100	95	90	85	80	75	70	65	60

③ 대학별고사

- #### 구술·면접고사

전형명	모집단위	면접일	평가 내용		
잠재능력우수자	의예과	11/4(토)	• 면접 방법: 5~10분 내외로 면접관 2~3명이 수험생 개별 면접 • 평가 내용		
지역인재종합		11/25(토)			

영역	평가 내용	비고
기본	인성, 가치관	• 서류평가 결과 개별 확인 면접 (학교생활기록부, 자기소개서 서류확인 면접 및 인성평가)
학업	지원동기, 학업계획	
서류검증	전공적합성, 자기주도성	
종합평가	면접태도, 발표력, 발전가능성 등 종합평가	

대구가톨릭대학교 경상북도 경산시 하양읍 하양로 13-13

🎯 모집 인원 및 선발 방법

시기	전형유형	전형명	학과명	모집인원 (명)	학년 제한	전형 방법	수능 최저 학력기준
수시	학생부 (교과)	지역인재	의예과	15	없음	• 1단계: 교과 80+출결 20(7배수) • 2단계: 1단계 성적 70+면접 30	○
정시	수능	일반전형 (다군)		25		• 수능 100	X

🎯 전형별 경쟁률

시기	전형명	학과명	2017학년도			2016학년도			2015학년도		
			모집 인원 (명)	지원 인원 (명)	경쟁률	모집 인원 (명)	지원 인원 (명)	경쟁률	모집 인원 (명)	지원 인원 (명)	경쟁률
수시	지역인재	의예과	10	178	17.8	15	207	13.8	8	156	19.5
정시	일반전형		33	731	22.15	27	536	19.9	24	483	20.1

🎯 전형 요소별 특징

① 학생부 반영 방법

시기	전형명	모집단위	반영 교과	학년별 반영 비율(%)			요소별 반영 비율(%)		교과 성적 활용 지표
				1학년	2학년	3학년	교과	비교과	
수시	지역인재	의예과	국, 영, 수, 과 전 과목	100			80	20(출결)	석차등급

② 수능 반영 방법

• 수시 최저학력기준

전형명	모집단위	반영 방법		반영 영역				한국사 충족 기준	비고
		영역 수	등급 조건	국어	수학	영어	탐구		
지역인재	의예과	4	등급 합 5	○	가	○	과①	5등급	

• 정시

전형명	모집단위	반영 지표	수능 지정 과목 및 반영 비율				한국사 반영 방법
			국어	수학(가)	영어	과탐①	
일반전형	의예과	표준	20	40	15	25	필수 응시

〈영어 성적 등급별 점수〉

등급	1	2	3	4	5	6	7	8	9
점수	200	180	160	140	120	100	80	60	40

③ 대학별고사

* 면접고사

전형명	모집단위	면접일	평가 내용
지역인재	의예과	11/18(토)	• 상황판단 제시문, 영어 제시문을 읽고 답변

주[1]_ 2017학년도 수시모집요강 기준임

부산광역시 사하구 낙동대로 550번길 37

🎯 모집 인원 및 선발 방법

시기	전형유형	전형명	학과명	모집인원 (명)	학년 제한	전형 방법	수능 최저 학력기준
수시	학생부 (교과)	지역균형인재	의예과	20	없음	• 1단계: 교과 100(5배수) • 2단계: 1단계 성적 80+면접 20	○
정시	수능	일반학생 (가군)		14		• 수능 100	X
		지역균형인재 (가군)		15			

🎯 전형별 경쟁률

시기	전형명	학과명	2017학년도			2016학년도			2015학년도		
			모집인원(명)	지원인원(명)	경쟁률	모집인원(명)	지원인원(명)	경쟁률	모집인원(명)	지원인원(명)	경쟁률
수시	지역균형인재	의예과	14	340	24.29	11	169	15.4	7	104	14.9
정시	일반학생	의예과	20	101	5.05	17	92	5.4	23	108	4.7
	지역균형	의예과	23	78	3.39	–	–	–	–	–	–

주[1]_ 정시 지역균형인재는 2016학년도에 신설된 전형으로 과거 경쟁률이 없음

🎯 전형 요소별 특징

① 학생부 반영 방법

시기	전형명	모집단위	반영 교과	학년별 반영 비율(%)			요소별 반영 비율(%)		교과 성적 활용 지표
				1학년	2학년	3학년	교과	비교과	
수시	지역균형인재	의예과	국, 수, 영, 과 전 과목	30	70		100	–	석차등급

② 수능 반영 방법

• 수시 최저학력기준

전형명	모집단위	반영 방법		반영 영역				한국사 충족 기준	비고
		영역 수	등급 조건	국어	수학	영어	탐구		
지역균형인재	의예과	3	등급 합 4	○	가	–	과①	–	영어 영역 2등급 이내

• 정시

전형명	모집단위	반영 지표	수능 지정 과목 및 반영 비율				한국사 반영 방법
			국어	수학(가)	영어	과탐②	
일반학생, 지역균형인재	의예과	표준점수	25	25	25	25	• 5등급까지 1점 가산, 6등급부터 0.1점씩 가산점 감점

주[1]_ 화학II, 생명과학II 중 1개 과목 이상 반영 시 표준점수에 3점을 가산

〈영어 성적 등급별 점수〉

등급	1	2	3	4	5	6	7	8	9
점수	200	197	192	185	176	165	152	137	120

③ 대학별고사

• 구술·면접고사

전형명	모집단위	면접일	평가 내용
지역균형 인재	의예과	11/25(토)	• 평가 영역: 의사로서 갖추어야 할 '인성'을 종합적으로 평가 • 면접관 2인, 6개의 고사실을 차례대로 진행하는 다중미니면접방식 • 각 고사실에서 면접 시작 2분전에 제시문과 질문을 읽고 5분간 면접관과 대화를 통해 자신의 생각 전달

영남대학교
경상북도 경산시 대학로 280

모집 인원 및 선발 방법

시기	전형유형	전형명	학과명	모집인원 (명)	학년 제한	전형 방법	수능 최저 학력기준
수시	학생부 (교과)	일반학생	의예과	11	없음	• 학생부 100	○
		면접	의예과	8	없음	• 1단계: 학생부 100(10배수) • 2단계: 1단계 성적 60+면접 40	○
		지역인재	의예과	20	없음	• 학생부 100	○
정시	수능	수능(나군)	의예과	38	없음	• 수능 100	X

🎯 전형별 경쟁률

시기	전형명	학과명	2017학년도			2016학년도			2015학년도		
			모집 인원 (명)	지원 인원 (명)	경쟁률	모집 인원 (명)	지원 인원 (명)	경쟁률	모집 인원 (명)	지원 인원 (명)	경쟁률
수시	일반학생	의예과	10	336	33.60	11	106	9.6	11	102	9.3
	면접	의예과	8	135	16.88	신설			신설		
	지역인재	의예과	20	324	16.20	11	279	25.4	11	201	18.3
정시	수능	의예과	38	275	7.24	38	267	7.0	39	193	4.9

🎯 전형 요소별 특징

① 학생부 반영 방법

시기	전형명	모집단위	반영 교과	학년별 반영 비율(%)			요소별 반영 비율(%)		교과 성적 활용 지표
				1학년	2학년	3학년	교과	비교과	
수시	일반학생, 면접, 지역인재	의예과	• 1학년: 국, 수, 영, 사, 과 전 과목 • 2~3학년: 수, 영, 과 전 과목	100			85	15 (출결 10, 봉사 5)	석차등급

주[1]_ 2017학년도 수시모집 요강 기준임

② 수능 반영 방법

• 수시 최저학력기준

전형명	모집단위	반영 방법		반영 영역				한국사 충족 기준	비고
		영역 수	등급 조건	국어	수학	영어	탐구		
일반학생, 면접, 지역인재	의예과	4	등급 합 5	○	가	○	과①	4등급	

- 정시

전형명	모집단위	반영 지표	수능 지정 과목 및 반영 비율				한국사 반영 방법
			국어	수학(가)	영어	과탐②	
수능	의예과	표준	25	35	10	30	• 1등급 10점, 2등급부터는 0.2점씩 감점

〈영어 성적 등급별 점수〉

등급	1	2	3	4	5	6	7	8	9
점수	100	95	90	85	80	75	70	65	60

③ 대학별고사

- 면접고사

전형명	모집단위	면접일	평가 내용
면접	의예과	10/21(토)	• 구술로 인성 등을 평가

전북대학교
전라북도 전주시 덕진구 백제대로 567

모집 인원 및 선발 방법

시기	전형 유형	전형명	학과명	모집 인원(명)	학년 제한	전형 방법	수능 최저 학력기준
수시	학생부 (교과)	일반학생	의예과	7	없음	• 교과 90+출결 10	○
		지역인재	의예과	39			

수시	학생부 (종합)	큰사람	의예과	3	없음	• 1단계: 서류 100(4배수) • 2단계: 1단계 성적 70+면접 30	○
정시	수능	일반학생 (가군)	의예과	28		• 수능 100	X

◎ 전형별 경쟁률

시기	전형명	학과명	2017학년도			2016학년도			2015학년도		
			모집 인원(명)	지원 인원(명)	경쟁률	모집 인원(명)	지원 인원(명)	경쟁률	모집 인원(명)	지원 인원(명)	경쟁률
수시	일반학생	의예과	10	368	36.80	10	109	10.9	4	27	6.8
	지역인재	의예과	39	403	10.33	39	260	6.7	35	234	6.7
정시	일반학생	의예과	29	138	4.76	44	193	4.4	62	269	4.3

◎ 전형 요소별 특징

① 학생부 반영 방법

시기	전형명	모집단위	반영 교과	학년별 반영 비율(%)			요소별 반영 비율(%)		교과 성적 활용 지표
				1학년	2학년	3학년	교과	비교과	
수시	일반학생, 지역인재	의예과	국, 수, 영, 과 전 과목+한국사	100			90	10	석차등급, 이수단위

② 수능 반영 방법

• 수시 최저학력기준

전형명	모집단위	반영 방법		반영 영역				한국사 충족 기준	비고
		영역 수	등급 조건	국어	수학	영어	탐구		
일반학생	의예과	3	등급 합 4						수학 필수 반영
지역인재	의예과	3	등급 합 5	○	가	○	과②	필수 응시	수학 필수 반영
큰사람	의예과	3	등급 합 6						수학 필수 반영

- 정시

전형명	모집단위	반영 지표	수능 지정 과목 및 반영 비율				한국사 반영 방법
			국어	수학(가)	영어	과탐②	
일반학생	의예과	표준점수	30	40	가산점	30	• 총점에서 가산(1~5등급 5점, 6등급부터 1점씩 하락)

〈영어 성적 등급별 점수〉

등급	1	2	3	4	5	6	7	8	9
점수	30	27	24	18	12	9	6	3	0

③ 대학별고사

- 구술·면접고사

전형명	모집단위	면접일	평가 내용
큰사람	의학과	11/23(목)	• 수험생 1인당 전임·교수·교수위촉입학사정관 등이 3인 1조로 편성, 지원자별 개인면접을 15분 내외 실시함 • 평가 영역: 인성·가치관(50%), 잠재능력 및 발전가능성(50%)

경상대학교

경상남도 진주시 진주대로 501

모집 인원 및 선발 방법

시기	전형 유형	전형명	학과명	모집인원 (명)	학년 제한	전형 방법	수능 최저 학력기준
수시	학생부 (교과)	교과성적 우수자	의예과	6	2013년 2월 이후	• 교과 100	O
		지역인재		16	2013년 2월 이후	• 교과 100	O
	학생부 (종합)	개척인재		2	2013년 2월 이후	• 1단계: 서류 100(3배수) • 2단계: 1단계 성적 50+면접 50	X
		기회균형 선발		1	재수생	• 1단계: 서류 100(5배수) • 2단계: 1단계 성적 50+면접 50	X
정시	수능	일반(가군)		20	없음	• 수능 100	X
		지역인재 (가군)		8	없음	• 수능 100	X

전형별 경쟁률

시기	전형명	학과명	2017학년도 모집인원 (명)	2017학년도 지원인원 (명)	2017학년도 경쟁률	2016학년도 모집인원 (명)	2016학년도 지원인원 (명)	2016학년도 경쟁률	2015학년도 모집인원 (명)	2015학년도 지원인원 (명)	2015학년도 경쟁률
수시	교과성적우수자	의예과	6	102	17.0	6	146	24.3	6	111	18.5
	지역인재		11	173	15.73	8	165	20.6	8	153	19.1
	개척인재		2	52	26.0	1	35	35.0	1	25	25.0
	기회균형선발		1	13	13.0	1	17	17.0	1	14	14.0
정시	일반		25	111	4.44	29	149	5.1	29	128	4.4
	지역인재		9	33	3.67	8	38	4.8	10	35	3.5

전형 요소별 특징

① 학생부 반영 방법

시기	전형명	모집 단위	반영 교과	학년별 반영 비율(%)			요소별 반영비율(%)		교과 성적 활용 지표
				1학년	2학년	3학년	교과	비교과	
수시	교과성적 우수자, 지역인재	의예과	• 1학년: 국, 수, 영, 사, 과 전 과목 • 2~3학년: 국, 수, 영, 과 전 과목	100			100	–	석차등급

② 수능 반영 방법

• 수시 최저학력기준

전형명	모집단위	반영 방법		반영 영역				한국사 충족 기준	비고
		영역 수	등급 조건	국어	수학	영어	탐구		
교과성적우수자, 지역인재	의예과	3	등급 합 4	○	가(필)	○	과②	필수 응시	

• 정시

전형명	모집단위	반영 지표	수능 지정 과목 및 반영 비율				한국사 반영 방법
			국어	수학(가)	영어	과탐②	
일반, 지역인재	의예과	표준점수	20	30	30	20	필수 응시

주[1]_ 영어는 등급별 차등 대학자체변환점수표 활용

③ 대학별고사

• 구술·면접고사

전형명	모집단위	면접일	평가 내용
개척인재	의예과	11/22(수)	• 평가 영역 – 전공적합성(전공분야 학업을 위한 고교과정 기반 학업 적성 및 기본 소양)

			– 발전가능성(교과, 비교과 경험을 통하여 미래인재로 성장할 가능성)
			– 자기주도성(자기주도적 활동과 진로목표를 이루기 위한 자기개발 노력)
			– 인성(바람직한 공동체 의식과 배려, 나눔, 협력, 갈등관리의 실천)
			• 평가 방법
			– 전임·교수·위촉사정관·전공교수 등이 3인 1조로 편성
			– 지원자별 개인면접을 15분 내외 실시
			– 지원전공에 대한 특성과 이해정도에 관한 질문
			– 1단계 평가 결과를 면접 상황에서 확인 피면접자의 질의·응답 결과를 영역별
			– 평가기준에 따라 정성적 종합평가

주[1]_ 평가 내용은 2017학년도 수시모집 기준임

고신대학교   부산광역시 영도구 와치로 194

🎯 모집 인원 및 선발 방법

시기	전형유형	전형명	학과명	모집인원 (명)	학년 제한	전형 방법	수능 최저 학력기준
수시	학생부 (교과)	일반고	의예과	35	없음	• 1단계: 학생부 100(6배수) • 2단계: 학생부 90+면접 10	O
		지역인재		15			
정시	수능	일반전형 (다군)		26		• 수능 100	X

◎ 전형별 경쟁률

시기	전형명	학과명	2017학년도			2016학년도			2015학년도		
			모집인원(명)	지원인원(명)	경쟁률	모집인원(명)	지원인원(명)	경쟁률	모집인원(명)	지원인원(명)	경쟁률
수시	일반고	의예과	40	376	9.4	30	394	13.1	30	389	13.0
	지역인재		10	123	12.3	10	149	14.9	10	138	13.8
정시	일반전형		27	426	15.78	36	645	17.9	56	948	16.9

◎ 전형 요소별 특징

① 학생부

- 반영 방법

시기	전형명	모집단위	반영 교과	학년별 반영 비율(%)			요소별 반영 비율(%)		교과 성적 활용 지표
				1학년	2학년	3학년	교과	비교과	
수시	일반고	의예과	국, 수, 영, 사, 과 전 과목	100			100	–	석차등급
	지역인재								

② 수능 반영 방법

- 수시 최저학력기준

전형명	모집단위	반영 방법		반영 영역				한국사 충족 기준	비고
		영역 수	등급 조건	국어	수학	영어	탐구		
일반고, 지역인재	의예과	3	등급 합 3	O	나	O		–	
		3	등급 합 5	O	가(필)	필	과②	–	

- 정시

전형명	모집단위	반영 지표	수능 지정 과목 및 반영 비율				한국사 반영 방법
			국어	수학(가)	영어	과탐②	
일반전형	의예과	표준	30	40	1등급	30	–

③ 대학별고사

• 면접고사

전형명	모집단위	면접일	평가 내용
일반고 지역인재	의예과	11. 25(토)	• 인성/학업적성(추후 입학처 홈페이지에 공지 예정)

원광대학교 전라북도 익산시 익산대로 460

📍 모집 인원 및 선발 방법

시기	전형 유형	전형명		학과명	모집 인원 (명)	학년 제한	전형 방법	수능 최저 학력기준
수시	학생부 (종합)		일반	의예과	10	없음	• 1단계: 서류 100(4배수) • 2단계: 1단계 성적 70+면접 30	○
		지역 인재	전북	의예과	22			
			광주/전남	의예과	7			
정시	수능	일반(나군)		의예과	37		• 수능 100	X

주[1]_ 모집 인원은 2017학년도 수시모집요강 기준 인원임

📍 전형별 경쟁률

시기	전형명	학과명	2017학년도			2016학년도			2015학년도		
			모집 인원 (명)	지원 인원 (명)	경쟁률	모집 인원 (명)	지원 인원 (명)	경쟁률	모집 인원 (명)	지원 인원 (명)	경쟁률
수시	일반	의예과	10	237	23.70	10	270	27.0	10	103	10.3

수시	지역 인재	전북	의예과	22	242	11.0	22	253	11.5	22	133	6.0
		광주/전남	의예과	7	147	21.0	7	109	15.6	7	75	10.7
정시		일반	의예과	37	326	8.81	39	414	10.6	58	427	7.4

◎ 전형 요소별 특징

① 학생부 반영 방법

| 시기 | 전형명 | 모집단위 | 반영 교과 | 학년별 반영 비율(%) | | | 요소별 반영 비율(%) | | 교과 성적
활용 지표 |
				1학년	2학년	3학년	교과	비교과	
수시	학생부종합	의예과	수, 영, 과 전 과목	종합평가(학교생활기록부, 자기소개서)					석차등급
	지역인재								

② 수능 반영 방법

• 수시 최저학력기준

| 전형명 | 모집단위 | 반영 방법 | | 반영 영역 | | | | 한국사
충족 기준 | 비고 |
		영역 수	등급 조건	국어	수학	영어	탐구		
일반	의예과	3	등급 합 5	O	가	1등급	과①		
지역인재 (전북, 광주/전남)	의예과	3	등급 합 5	O	가	1등급	과①	–	

• 정시

| 전형명 | 모집단위 | 반영 지표 | 수능 지정 과목 및 반영 비율 | | | | 한국사 반영 방법 |
			국어	수학	영어	탐구②	
일반학생	의예과	표준점수	28.57	(가) 28.57	14.29	(과탐) 28.57	• 총점에 가산 • 1~5등급 5점, 6등급부터 1점씩 하락

주[1]_ 수(가) 응시자 취득점수의 10% 가산점 부여

<영어 성적 등급별 점수>

등급	1	2	3	4	5	6	7	8	9
점수	100	95	90	80	70	60	55	50	45

③ 대학별고사

• 면접고사

전형명	모집단위	면접일	평가 내용
일반	의학과	11/21(화)	• 2인 1조로 구성된 면접위원이 학교생활기록부와 자기소개서에 기재된 내용에 기초하여 질문하고 수험생이 답변하는 방식으로 진행함 (두 개의 면접실 운영) • 평가 영역: 발전가능성, 인성 및 가치관, 의사소통능력 ※ 제출된 서류는 확인하는 면접이므로 별도의 제시형 문제와 기출문제 없음
지역인재		11/23(목)	

을지대학교(대전) 대전광역시 중구 계룡로 771번지 77

모집 인원 및 선발 방법

시기	전형유형	전형명	학과명	모집인원(명)	학년 제한	전형 방법	수능 최저 학력기준
수시	학생부 (교과)	교과성적우수자	의예과	10	없음	교과 100	○
		지역인재	의예과	10	없음	교과 100	
정시	수능	일반전형(나군)	의예과	20	없음	수능 90+교과 10	X

시기	전형명	학과명	2017학년도			2016학년도			2015학년도		
			모집인원(명)	지원인원(명)	경쟁률	모집인원(명)	지원인원(명)	경쟁률	모집인원(명)	지원인원(명)	경쟁률
수시	교과성적우수자	의예과	10	725	72.50	10	256	25.6	10	92	9.2
	지역인재	의예과	8	177	22.13	8	167	20.9	8	84	10.5
정시	일반전형	의예과	23	176	7.65	22	191	8.7	30	202	6.7

전형 요소별 특징

① 학생부 반영 방법

시기	전형명	모집단위	반영 교과	학년별 반영 비율(%)			요소별 반영 비율(%)		교과 성적 활용 지표
				1학년	2학년	3학년	교과	비교과	
수시, 정시	교과성적우수자, 지역인재, 일반전형	의예과	국, 수, 영, 사, 과 전 과목	100			100	–	석차등급

② 수능 반영 방법

• 수시 최저학력기준

전형명	모집단위	반영 방법		반영 영역				한국사 충족 기준	비고
		영역 수	등급 조건	국어	수학	영어	탐구		
교과성적우수자	의예과	4	등급 합 5	○	가	○	과①	–	
지역인재	의예과	4	등급 합 6	○	가	○	과①		

• 정시

전형명	모집단위	반영 지표	수능 지정 과목 및 반영 비율				한국사 반영 방법
			국어	수학(가)	영어	과탐②	
일반전형	의예과	백분위	30	30	10	30	• 1~4등급 5점, 5등급부터는 1점씩 감점

<영어 성적 등급별 점수>

등급	1	2	3	4	5	6	7	8	9
점수	100	80	70	60	50	0	0	0	0

③ 대학별고사

• 면접고사

전형명	모집단위	평가 내용
교과성적우수자 지역인재	의학과	면접고사 없음

충남대학교 대전광역시 유성구 대학로 99

모집 인원 및 선발 방법

시기	전형유형	전형명	학과명	모집인원 (명)	학년 제한	전형 방법	수능 최저 학력기준
수시	학생부 (교과)	교과-일반	의예과	24	없음	• 교과 90+비교과 10	○
	학생부 (종합)	PRISM인재	의예과	19	고3	• 1단계: 서류 100(2배수) • 2단계: 1단계 성적 60+면접 40	○
정시	수능	일반전형(가군)	의예과	10	없음	• 수능 100	X
		지역인재(가군)	의예과	24	없음	• 수능 100	

◎ 전형별 경쟁률

시기	전형명	학과명	2017학년도			2016학년도			2015학년도		
			모집인원(명)	지원인원(명)	경쟁률	모집인원(명)	지원인원(명)	경쟁률	모집인원(명)	지원인원(명)	경쟁률
수시	교과–일반	의예과	24	432	18.0	24	541	22.5	24	404	16.8
	PRISM인재	의예과	19	227	11.95	19	244	12.8	19	280	14.7
정시	일반전형	의예과	20	120	6.0	22	160	7.3	21	86	4.1
	지역인재	의예과	24	75	3.13	24	69	2.9	24	90	3.8

◎ 전형 요소별 특징

① 학생부 반영 방법

시기	전형명	모집단위	반영 교과	학년별 반영 비율(%)			요소별 반영 비율(%)		교과 성적 활용 지표
				1학년	2학년	3학년	교과	비교과	
수시	교과–일반	의예과	국, 수, 영, 사, 과+ 제2외/한, 기술/가정 전 과목(총 7과목)	30	70		90	10 (출결 5, 봉사 5)	석차등급

② 수능 반영 방법

• 수시 최저학력기준

전형명	모집단위	반영 방법		반영 영역				한국사 충족 기준	비고
		영역 수	등급 조건	국어	수학	영어	탐구		
교과–일반	의예과	3	등급 합 4	○	가(필)	○	과②	필수 응시	
PRISM인재	의예과	3	등급 합 5	○	가(필)	○	과②	필수 응시	

- 정시

전형명	모집단위	반영 지표	수능 지정 과목 및 반영 비율				한국사 반영 방법
			국어	수학(가)	영어	과탐②	
일반전형, 지역인재	의예과	표준	25	45	가산점	30	• 1~3등급 1.0점, • 4~6등급 0.5점, 7~9등급 0점

〈영어 성적 등급별 점수〉

등급	1	2	3	4	5	6	7	8	9
점수	0	−3	−6	−10	−13	−16	−20	−23	−26

③ 대학별고사

- 면접고사

전형명	모집단위	면접일	출제 경향
PRISM인재	의예과	11/21(화)	• 입학사정관이 지원자의 제출서류를 참고하여 평가항목에 의거하여 구술 평가 • 총점 100점(최저 0점, 최고 100점)

충북대학교 충청북도 청주시 서원구 충대로 1

◎ 모집 인원 및 선발 방법

시기	전형 유형	전형명	학과명	모집인원 (명)	학년 제한	전형 방법	수능 최저 학력기준
수시	학생부 (교과)	학생부교과	의예과	2	없음	· 교과 100	○
	학생부 (종합)	지역인재	의예과	16	재수생	· 1단계: 서류 100(3배수) · 2단계: 1단계 성적 80+면접 20	X
정시	수능	일반전형 (가군)	의예과	31	없음	· 수능 100	X

◎ 전형별 경쟁률

시기	전형명	학과명	2017학년도			2016학년도			2015학년도		
			모집 인원 (명)	지원 인원 (명)	경쟁률	모집 인원 (명)	지원 인원 (명)	경쟁률	모집 인원 (명)	지원 인원 (명)	경쟁률
수시	학생부교과	의예과	2	41	20.5	2	41	20.5	2	27	13.5
	지역인재	의예과	17	70	4.1	17	70	4.1	11	55	5.0
정시	일반전형	의예과	16	121	7.6	16	121	7.6	20	83	4.2

◎ 전형 요소별 특징

① 학생부 반영 방법

시기	전형명	모집 단위	반영 교과	학년별 반영 비율(%)			요소별 반영 비율(%)		교과 성적 활용 지표
				1학년	2학년	3학년	교과	비교과	
수시	학생부교과, 지역인재	의예과	· 1학년: 국, 수, 영, 사, 과 전 과목 · 2, 3학년: 국, 수, 영, 과 전 과목	20	80		100	–	석차등급, 이수단위

② 수능 반영 방법

• 수시 최저학력기준

전형명	모집단위	반영 방법		반영 영역				한국사 충족 기준	비고
		영역 수	등급 조건	국어	수학	영어	탐구		
학생부교과	의예과	3	등급 합 4	○	가	○	과②	필수 응시	

• 정시

전형명	모집단위	반영 지표	수능 지정 과목 및 반영 비율				한국사 반영 방법
			국어	수학(가)	영어	과탐②	
일반전형	의예과	백분위	20	30	30	20	필수 응시

〈영어 성적 등급별 점수〉

등급	1	2	3	4	5	6	7	8	9
점수	10	9.5	9	8.5	8	7	6	4	0

③ 대학별고사

• 구술·면접고사

전형명	모집단위	면접일	평가 내용
지역인재	의예과	11/25(토)~11/26(일) 2일간 실시	• 지원자 1명에 대해 다수의 면접위원이 각 평가항목에 대해 문답평가

평가 영역	평가항목
전문성	지원 분야에 대한 열정·지적노력
인성	배려·협동심·성실성·봉사정신
적극성	자기주도성·추진력

 **건양대학교** 충청남도 논산시 대학로 121

모집 인원 및 선발 방법

시기	전형 유형	전형명	학과명	모집인원 (명)	학년 제한	전형 방법	수능 최저 학력기준
수시	학생부 (교과)	일반학생 [면접]	의학과	15	없음	• 1단계: 교과 100(3배수) • 2단계: 1단계 성적 80+면접 20	○
		지역인재 [면접]		16	없음	• 1단계: 교과 100(3배수) • 2단계: 1단계 성적 80+면접 20	○
정시	수능	일반학생 [수능] (가군)		9	없음	• 수능 100	X
		지역인재 [수능] (가군)		9	없음	• 수능 100	X

전형별 경쟁률

시기	전형명	학과명	2017학년도			2016학년도			2015학년도		
			모집 인원 (명)	지원 인원 (명)	경쟁률	모집 인원 (명)	지원 인원 (명)	경쟁률	모집 인원 (명)	지원 인원 (명)	경쟁률
수시	일반학생 [면접]	의학과	15	299	19.93	15	691	46	15	232	15.5
	지역인재 [면접]		16	157	9.81	15	294	19.6	15	241	16.1
정시	일반학생 [수능]		10	92	9.20	9	89	9.9	19	86	4.5
	지역인재 [수능]		9	49	5.44	10	50	5.0	10	42	4.2

🎯 전형 요소별 특징

① 학생부 반영 방법

시기	전형명	모집단위	반영 교과	학년별 반영 비율(%)			요소별 반영 비율(%)		교과 성적 활용 지표
				1학년	2학년	3학년	교과	비교과	
수시	일반학생 [면접]	의학과	국. 수. 영 전과목+과학 학년/학기 구분 없이 최고 8개 과목		100		100	–	석차등급, 이수단위
	지역인재 [면접]						100	–	석차등급, 이수단위

② 수능 반영 방법

• 수시 최저학력기준

전형명	모집단위	반영 방법		반영 영역				한국사 충족 기준	비고
		영역 수	등급 조건	국어	수학	영어	탐구		
일반학생 [면접]	의학과	3	등급 합 4	–	가	○	과②	–	
지역인재 [면접]		3	등급 합 5	–	가	○	과②	–	

• 정시

전형명	모집단위	반영 지표	수능 지정 과목 및 반영 비율				한국사 반영 방법
			국어	수학(가)	영어	과탐②	
일반학생[수능]	의학과	백분위	20	40	10	30	필수 응시
지역인재[수능]			20	40	10	30	필수 응시

〈영어 성적 등급별 점수〉

등급	1	2	3	4	5	6	7	8	9
점수	100	98	96	94	92	90	88	86	84

③ 대학별고사

• 구술·면접고사

전형명	모집단위	면접일	평가 내용
일반학생[면접] 지역인재[면접]	의학과	12/9(토)	• 평가 영역 및 반영비율: 인성(30%), 전공적합성(30%), 발전가능성(40%) • 평가방법: 3~6명의 면접위원이 수험생 1~3명을 면접함

조선대학교   광주광역시 동구 팔문대로 309

모집 인원 및 선발 방법

시기	전형유형	전형명	학과명	모집인원 (명)	학년 제한	전형 방법	수능 최저 학력기준
수시	학생부 (교과)	일반	의예과	26	없음	교과 80+비교과 20(출결)	○
		지역인재	의예과	26	없음	교과 80+비교과 20(출결)	○
정시	수능	일반(가군)	의예과	18	없음	수능 100	X
		지역인재 (가군)	의예과	18	없음	수능 100	X

전형별 경쟁률

시기	전형명	학과명	2017학년도 모집인원(명)	2017학년도 지원인원(명)	2017학년도 경쟁률	2016학년도 모집인원(명)	2016학년도 지원인원(명)	2016학년도 경쟁률	2015학년도 모집인원(명)	2015학년도 지원인원(명)	2015학년도 경쟁률
수시	일반	의예과	26	656	25.23	22	644	29.3	22	265	12.0
	지역인재	의예과	26	237	9.11	22	219	10.0	22	229	10.4

정시	일반	의예과	17	112	6.59	22	157	7.1	29	117	4.0
	지역인재	의예과	20	61	3.05	22	90	4.1	22	73	3.3

🎯 전형 요소별 특징

① 학생부 반영 방법

시기	전형명	모집단위	반영 교과	학년별 반영 비율(%)			요소별 반영 비율(%)		교과 성적 활용 지표
				1학년	2학년	3학년	교과	비교과	
수시	일반	의예과	국, 수, 영, 사, 과 전 과목	100			80	20(출결)	석차등급, 이수단위

② 수능 반영 방법

• 수시 최저학력기준

전형명	모집 단위	반영 방법		반영 영역				한국사 충족 기준	비고
		영역 수	등급 조건	국어	수학	영어	탐구		
일반, 지역인재	의예과	4	등급 합 6	O	가	O	과②	필수 응시	

• 정시

전형명	모집 단위	반영 지표	수능 지정 과목 및 반영 비율				한국사 반영 방법
			국어	수학(가)	영어	과탐②	
일반, 지역인재	의예과	백분위	21.4	32.1	28.6	17.9	• 1~3등급 10점, 4~6등급 9점, 7~9 등급 8점

〈영어 성적 등급별 점수〉

등급	1	2	3	4	5	6	7	8	9
점수	200	170	140	110	90	80	70	60	50

③ 대학별고사

• 면접고사

전형명	모집단위	평가 내용
일반 지역인재	의학과	면접고사 없음

2018 자기소개서 대학별 자율문항

대학	자율 문항
가천대	• 지원동기와 지원 분야의 진로계획을 위해 고등학교 재학기간 중 어떤 노력과 준비를 해 왔는지 기술해 주시기 바랍니다(1,000자 이내).
가톨릭관동대	• 지원동기와 본인이 이루고 싶은 꿈을 기술하고, 그 꿈을 이루기 위한 입학 후 학업계획 및 향후 진로계획을 기술해 주시기 바랍니다(1,000자 이내).
가톨릭대	• 지원동기 및 대학 입학 후의 학업계획을 중심으로 향후 진로계획에 대해 기술해 주시기 바랍니다(1,000자 이내).
건양대	• 지원동기와 향후 진로 계획에 대해 기술하세요(1,000자 이내).
경북대	• 지원하게 된 동기와 입학 후 학업 및 진로계획에 대해 기술해 주시기 바랍니다(1,000자 이내).
경상대	• 지원동기와 입학 후 진로계획에 대해 기술해 주시기 바랍니다(1,000자 이내).
경희대	• 해당 모집단위에 지원하게 된 동기와 이를 준비하기 위해 노력한 과정이나, 지원자의 교육환경(가정, 학교, 지역 등)이 성장에 미친 영향 등을 경험을 바탕으로 구체적으로 기술하시오(1,500자 이내).
중앙대	• 해당 모집단위에 지원하게 된 동기와 이를 준비하기 위해 노력한 과정이나, 지원자의 교육환경(가정, 학교, 지역 등)이 성장에 미친 영향 등을 경험을 바탕으로 구체적으로 기술하시오(1,500자 이내).
연세대	• 해당 모집단위에 지원하게 된 동기와 이를 준비하기 위해 노력한 과정이나, 지원자의 교육환경(가정, 학교, 지역 등)이 성장에 미친 영향 등을 경험을 바탕으로 구체적으로 기술하시오(1,500자 이내).
계명대	• 자율문항 없음.
고려대	• 해당 모집단위 지원 동기를 포함하여 고려대학교가 지원자를 선발해야 하는 이유를 기술해 주시기 바랍니다(1,000자 이내).
고신대	• 자율문항 없음.

단국대(천안)	• 지원학과와 관련하여 자신이 가지고 있는 학업능력이나 끼(재능), 관심, 열정 등에 대하여 기술해 주시기 바랍니다(1,000자 이내).
대구가톨릭대	• 자기소개서 없음.
동국대	• 자신의 노력과 역량을 바탕으로 해당 전공(학부, 학과)에 대한 지원동기 및 진로계획을 구체적으로 기술해 주시기 바랍니다(1,000자 이내). (교내활동을 중심으로 작성하되, 학교장의 허락을 받고 참여한 교외활동은 포함할 수 있습니다.)
동아대	• 자율문항 없음.
부산대	• 지원학과를 선택하게 된 지원동기, 입학 후 학업계획, 졸업 후 진로계획을 모두 기술해 주시기 바랍니다(1,500자 이내).
서울대	• 고등학교 재학 기간(또는 최근 3년간) 읽었던 책 중 자신에게 가장 큰 영향을 준 책을 3권 이내로 선정하고 그 이유를 기술하여 주십시오. ▶ 선정 이유'는 각 도서별로 띄어쓰기를 포함하여 500자 이내로 작성 ▶ 선정 이유'는 단순한 내용 요약이나 감상이 아니라 읽게 된 계기, 책에 대한 평가, 자신에게 준 영향을 중심으로 기술
성균관대	• 다음 중 하나를 선택하여 기술해 주시기 바랍니다(1000자 이내). 　– 본인의 성장환경 및 경험이 자신에게 미친 영향 　– 지원동기 및 진로를 위해 노력한 부분 　– 본인에게 영향을 미친 유·무형의 콘텐츠(인물, 책, 영화, 음악, 사진, 공연 등)
순천향대	• 자신의 진로목표를 중심으로 지원동기와 학업계획을 기술해 주시기 바랍니다(띄어쓰기 포함 1,000자 이내).
아주대	• 지원 전공을 선택한 이유와 자신의 목표를 이루기 위해 고등학교 재학 중 도전한 경험에 대해 구체적으로 기술해 주시기 바랍니다(1,000자 이내).
연세대(원주)	• 해당 모집단위에 지원하게 된 동기와 이를 준비하기 위해 노력한 과정과 장래의 꿈과 포부에 대해 구체적으로 기술해 주시기 바랍니다(1,000자 이내).
영남대	• 지원동기와 입학 후 학업 및 진로계획에 대해 기술해 주시기 바랍니다(1,000자 이내).
울산대	• 학생부종합전형 없음.
원광대	• 자율문항 없음.
을지대	• 자기소개서 없음.
이화여대	• 고교추천전형 자기소개서 없음. 미래인재전형 자율문항 없음.
인제대	• 자율문항 없음
인하대	• 희망전공에 지원한 동기와 준비과정을 기술해 주시기 바랍니다(1,000자 이내).
전남대	• 자기소개서 없음

전북대	• 지원동기와 향후 진로계획을 기술해 주시기 바랍니다(1,000자 이내).
조선대	• 자기소개서 없음.
충남대	• 자신의 지원동기 및 학업계획에 대해 자유롭게 기술해 주시기 바랍니다(1,000자 이내).
충북대	• 지원동기와 대학 입학 후 학업계획, 향후 진로계획에 대해 기술해 주시기 바랍니다 (1,000자 이내). • 학생부종합ㅣ전형, 지역인재전형은 자율문항 없음.
한림대	• 해당 모집단위에 지원하게 된 동기와 이를 준비하기 위해 노력한 과정을 기술하고 대학 입학 후 학업계획을 기술하시오(띄어쓰기 및 문장부호 포함 1,000자 이내).
한양대	• 자기소개서 없음.

2019 수시·정시 전형

2019학년도 의예과 전형별 분류

대학	학생부교과	학생부종합	논술 위주	특기자	정시			모집 정원
	전형(인원)	전형(인원)	전형(인원)	전형(인원)	가	나	다	
서울대	–	지역균형(30)	–	–	30	–	–	140
		일반(75)						
		*기회균형(3)			*2			
연세대	–	면접형(10)	일반(34)	과학공학인재 (27)	–	25	–	112
		활동우수형(13)						
		기회균형(1)						
		*농어촌(1)/*한마음(1)						
가톨릭대	–	학교장추천(40)	논술(21)	–	–	30	–	93
		가톨릭추천(2)						
성균관대	–	글로벌인재(25)	–	–	–	15	–	40
울산대	–	학생부종합(10)	논술(16)	–	–	10	–	40
		지역인재(4)						
고려대	고교추천I(16)	고교추천II(32)	–	자연계열특기자 (10)	–	13	–	108
		일반(35)						
		*농어촌(2)						
가천대	학생부우수자(5)	가천의예(20)	–	–	–	15	–	40
경희대	–	네오르네상스(55)	논술우수자 (22)	–	33	–	–	110

대학								
아주대	–	ACE(15) *농어촌(1)	논술우수자(15)	–	10	–	–	41
이화여대	–	미래인재(10)	논술(10)	과학특기자(5)	45((자연) 6(인문)	–	–	76
중앙대	–	다빈치형인재(8) 탐구형인재(8)	논술(40)	–	30	–	–	86
한양대	–	일반(31) 고른기회(2)	논술(9)	–	–	68	–	110
인하대	학생부교과(15)	인하미래인재(15) *농어촌(2)	논술(10)	–	–	–	9	51
경북대	지역인재(10)	일반학생(15) 지역인재(30)	논술(AAT)(20)	–	35	–	–	110
부산대	학생부교과(15)	일반(10) 지역(40)	논술(35)	–	25	–	–	125
순천향대	일반학생(21) 지역인재(21) –	일반학생(6) 지역인재(6) *농어촌(2)/*기초생활(2)	–	–	–	–	39	97
한림대	–	학교생활우수자(16) 지역인재(13) *농어촌(2)	–	–	–	47	–	78
연세대(원주)	–	면접형(17) 학교생활우수자(17) 강원인재(14) 기회균형(3) *농어촌(1)/*한마음(1)	일반논술(27)	특기인재(3)	11	–	–	94
인제대	지역인재(28) 의예·간호(35) *농어촌(4)	–	–	–	29	–	–	96

대학								
가톨릭 관동대	교과(6) *농어촌(2) 자연 *기회균형(2) 자연	CKU리더(9) 고른기회(8)	–	–	13(수능) – 자연 3(수능) – 인문	–	–	43
전남대	일반전형(50)	지역인재(38)	–	–	37	–	–	125
단국대 (천안)	–	DKU인재(10) *농어촌	–	–	–	–	30 1	41
동국대 (경주)	학생부교과(15) 면접(교과)(10) 지역인재(교과)(5) *농어촌(2)	–	–	–	–	–	17	49
계명대	교과전형(17) 지역인재교과(17)	잠재능력우수자(3) 지역인재종합(4) *농어촌(3)	–	–	–	–	35	79
대구 가톨릭대	지역인재(15) *농어촌학생(2)	–	–	–	–	–	25	42
동아대	지역균형인재(20)	–	–	–	14(일반) 15(지역)	–	–	49
영남대	일반(11) 면접(8) 지역인재(20)	–	–	–	–	37	–	76
전북대	일반학생(29) 지역인재(40)	큰사람(3)	–	–	19(수능) 19(지역)	–	–	110
경상대	교과성적우수자(12) 지역인재(8)	개척인재(3) 지역인재(5) 기초생활(1)/*농어촌(2)	–	–	12(일반) 12(지역)	–	–	55
고신대	일반고(30) 지역인재(20)	–	–	–	–	–	26	76

대학								합계
원광대	–	학생부종합(20) 지역인재–전북(22) 지역인재–광주/전남(7) *농어촌(3)/*기균(2)	–	–	–	27	–	81
을지대 (대전)	교과성적우수(10) 지역인재(12) *농어촌(2)/*을지사랑(1)	–	–	–	–	18	–	43
충남대	일반(24) 지역인재(23) *농어촌(2)/*저소득(1)	PRISM인재(19)	–	–	14(일반) 30(지역)	–	–	113
충북대	학생부교과(8) 지역인재(6)	학생부종합Ⅰ(6) *농어촌(1)	–	–	19(일반) 10(지역)	–	–	50
건양대	일반학생–면접(12) 지역인재–면접(13)	*농어촌(2)	–	–	12(일반) 12(지역)	–	–	51
조선대	일반(42) 지역인재(27)	– *농어촌(2)	–	–	34(일반) 22(지역)	–	–	127
합계	694	819	259	45	553	305	165	2,857

*표시는 정원 외 기준임.

※ 재외국민 및 외국인 전형을 제외한 인원임.

※ 2019 전형 미정 대학 아주대(정시 다군⋯▶가군으로 변경), 동국대, 원광대는 2018 기준임.

※ 2019학년도 기본계획을 기준으로 작성하여 변경될 수 있으며, 반드시 최종 확정되는 모집요강을 확인하시기 바랍니다.

※ 적색 표시는 2018학년도 기준 인원 변동이 있는 대학임.

의대 서류
준비하기

학교생활기록부 관리의 핵심

새로 바뀐 교육부 학교생활기록부 작성 가이드 핵심정리

항목	현행	개선 사항 표준 가이드라인
수상 경력	교외상 입력불가, 교내상은 상 명칭, 등급, 수상연월일, 참가대상(인원) 등 기재	• 불필요한 부문('구분'란) 삭제, 교내대회 적정 가이드라인 마련 검토 • 학교별로 사전 등록된 교내상만을 기재하며, 수상 사실은 수상 경력 란에만 기재
진로 희망 사항	학생 학부모의 '진로희망' 구분 기재, 구체적 직업을 '특기 또는 흥미'란에 기재	• 폭넓고 유연한 진로체험과 진로탐색 등을 위해 **학생 중심**의 '진로희망'과 '희망사유' 입력 • 진로희망'은 학생의 진로설계 및 변경 등을 고려하여 관심 분야나 희망 직업을 기재하고, '희망사유'에는 충분한 상담과 관찰을 통해 진로 희망 사유 기재
창의적 체험 활동	4개 영역(자율, 동아리, 봉사, 진로활동)을 누가기록을 바탕으로 기재	• 학생활동 사항 기록을 구체적 활동의 상시 관찰을 통한 누가 기록을 바탕으로 기재 • 학생의 영역별 활동에 대해 교사가 상시 관찰 및 평가한 누가기록을 바탕으로 구체적 활동 사실과 학생의 활동 태도 및 노력에 의한 행동 변화와 성장 등을 기재

교과 학습 발달 상황	학생의 교과목별, 개인별 특기사항과 방과후활동 등을 기재	▶	• 학습 결과 중심에서 수업 참여 태도와 교과(목)별 성취기준에 따른 학습의 과정 및 성취도 등을 중심으로 기록 • 학생의 수업 참여 태도와 노력, 교과별 성취기준에 따른 학습목표 성취를 위한 자기주도적 학습에 의한 변화와 성장 정도를 중심으로 기재하며, **방과후 학교 활동 내용은 강좌명(주요내용)과 이수시간만을 기재**
자율 탐구 활동	교과학습발달상황이나 창의적 체험활동의 '동아리'영역에 정해진 지침 없이 입력	▶	• 교육과정 내에서 사교육 개입 없이 학교 내에서 학생들이 주도적으로 수행한 과제 연구만 기재 • **정규 교육과정 이수 과정**에서 사교육 개입 없이 학교 내에서 학생 주도로 수행된 **연구 주제 및 참여 인원, 소요 시간만을 기재**
독서 활동	과목 또는 영역별 학생의 독서 성향과 읽은 책 및 저자 기록	▶	• 독서 성향 등은 기재하지 않고, **읽은 책의 제목과 저자만 교과 담당교사 또는 담임교사가 확인하여 기재** • 독서 과정의 관찰·확인이 어려운 독서 성향 등은 기재하지 않고, 읽은 책의 제목과 저자만 기재하여 독서활동 기록의 신뢰도 제고
행동 특성 및 종합 의견	누가기록을 바탕으로 포괄적 추상적 표현의 칭찬 일색 중심으로 기록	▶	• 학생의 변화와 성장 등을 누가기록을 바탕으로 구체적인 표현을 통해 종합적으로 기록 • 학생의 학습, 행동 및 인성 등의 학교생활에 대한 상시 관찰·평가한 누가기록을 바탕으로 다양한 분야에서의 구체적인 변화와 성장 등을 종합적으로 기록

학교생활기록부 영역별 입력 가능 최대 글자수(2017년 기준)

영역	세부항목	최대 글자수 (한글기준)	기록 담당
1. 인적사항	학생 성명	20자	담임교사
	학부모 성명	15자	담임교사

	주소	300자	담임교사
1. 인적사항	특기사항	500자	담임교사
2. 학적사항	특기사항	500자	담임교사
3. 출결상황	특기사항	500자	담임교사
4. 수상경력	수상명	100자	담임교사
	참가대상(참가인원)	25자	담임교사
5. 자격증 및 인증 취득상황	명칭 또는 종류	100자	담임교사
6. 진로희망사항*	희망사유	200자	담임교사
7. 창의적 체험활동상황*	자율활동 특기사항	1,000자	담임교사
	동아리활동 특기사항	500자	동아리담당교사
	봉사활동 특기사항	500자	담임교사
	진로활동 특기사항	1,000자	담임교사
	봉사활동실적 활동내용	250자	담임교사
8. 교과학습발달상황*	일반과목 세부능력 및 특기사항	과목별 500자	과목담당교사
	개인별 세부능력 및 특기사항	500자	담임교사
	예체능과목 특기사항	과목별 500자	과목담당교사
	개인별 특기사항	250자	담임교사
9. 독서활동*	공통	500자	담임교사
	과목별	250자	과목담당교사
10. 행동특성 및 종합의견*	행동특성 및 종합의견	1,000자	담임교사

* 최대 글자수 기준은 학년 단위임

※ 교육정보시스템에서 입력 글자의 단위는 Byte이며, 한글 1자는 3Byte, 영문숫자 1자는 1Byte, 엔터는 2Byte임

◎ 탐구활동 보고서의 학교생활기록부 기재 가이드

① R&E 기재방식 변화

자율 탐구 활동	교과학습발달상황이나 창의적 체험활동의 '동아리'영역에 정해진 지침 없이 입력	▶ • 교육과정 내에서 사교육 개입 없이 학교 내에서 학생들이 주도적으로 수행한 과제 연구만 기재 • 정규 교육과정 이수 과정에서 사교육 개입 없이 학교 내에서 학생 주도로 수행된 연구 주제 및 참여 인원, 소요 시간만을 기재

기존 안	신규 안
• 학술소논문작성활동(2016. 03. 10~2016. 07. 10)에 '옥시 가습기 살균제의 유해성과 피해자 구제방안에 대한 고찰'을 주제로 한 소논문에서 인체에 유해한 화학물질과 이에 대한 신체적 반응을 정리하여 제시함으로써 학생들에게 화학제품 사용의 문제점을 인식하고자 함.(중략)	▶ • 학술소논문작성활동(2016. 03. 10~2016. 07. 10) (10시간, 5명)에 '옥시 가습기 살균제의 유해성과 피해자 구제방안에 대한 고찰'을 주제로 한 소논문 작성

② R&E 기재방식 변화에 따른 대응안 : **진로 분야에 대한 연구활동 조사**

영역	연구내용 및 성과	학자 및 수상내역
물질	• 세계 최초로 위암을 억제하는 유전자 발견	• 올해의 과학자상(2002) 배석철(충북대 교수)
식물	• 담뱃잎에서 당뇨병치료에 쓰이는 인슐린을 추출하는 데 성공. 국내 유전공학발전에 기여한 공로	• 올해의 과학자상(1990) 홍주봉(한국과학기술연구원 유전공학연구소 식물학 전공)
동물	• 거든(Gurdon) 교수는 소화기에서 추출한 샘플로 개구리를 복제했고, 야마나카 교수는 유전자를 변환시켜 세포를 다시 프로그래밍	• 노벨생리의학상(2012) 존 거든, 신야 야마나카

인간	• 1969년 신장이식수술, 1980년 간암절제수술, 1988년 간이식수술 등을 각각 국내 최초로 성공시켰으며, 7월에는 장기이식중 가장 어려운 생체 부분간이식수술에도 성공하여 이식외과학(移植外科學)의 발전에 기여한 공로	• 올해의 과학자상(1992) 김수태(서울대 의대 일반외과교수)
기계	• 인체 내 손상된 조직·장기를 재생할 수 있는 3D 프린팅 기술을 개발해 기존의 생물·의학 기반의 조직공학 및 재생의학을 기계공학 기반으로 전환시키는 데 크게 기여	• 이달의 기술자상(2016) 조동우(포항공과대 기계공학과 교수)

독서활동의 학교생활기록부 기재 가이드

① 독서활동 기재 방식의 변화

독서 활동	과목 또는 영역별 학생의 독서 성향과 읽은 책 및 저자 기록	▶	• 독서 성향 등은 기재하지 않고, **읽은 책의 제목과 저자만 교과 담당교사 또는 담임교사가 확인하여 기재** • 독서 과정의 관찰·확인이 어려운 독서 성향 등은 기재하지 않고, 읽은 책의 제목과 저자만 기재하여 독서활동 기록의 신뢰도 제고
	기존 안		**신규 안**
	• (1학기) 『하리하라의 과학 블로그』(이은희)'를 읽고 'GMO를 허용할 것인가'란 주제로 열린 독서토론 대회에서 자신의 입장을 명쾌하게 밝힘. 사고가 분석적이고 논리적이며 언변이 뛰어나서 독서 토론회에서 두각을 나타냄. • 『앨빈 토플러 청소년 부의 미래』라는 경제 서적을 통해 제4의 물결로 불리는 미래사회에서의 새로운 부의 원천인 지식의 중요성에 대해 인식하고 경제에 대한 개념을 형성함과 동시에 미래 사회에 대비하는 태도를 갖게 됨.	▶	• 『하리하라의 과학 블로그』(이은희), 『앨빈 토플러 청소년 부의 미래』

② 독서기재 방식의 변화에 따른 대응 안 : 학교생활기록부의 여러 영역
에 독서내용 및 느낀 점을 기재

기재 영역	예시
동아리활동	• (융복합동아리) 탐구보고서 작성을 위한 역량을 기르기 위해 『논문작성법』(백제헌)을 읽으며 논문 주제 잡기 및 실험 설계 그리고 양적·질적 연구기법을 배워 수준 높은 보고서를 제작하는 데 도움을 받음.
자율활동	• 밤샘 독서프로그램(2016. 04. 23~2016. 04. 24)에 자기계발에 대한 의지를 기르기 위해 『성공하는 사람들의 7가지 습관』을 읽고 분임토의에 참석하여 성공을 위한 바른 생활 태도에 대하여 토의함.
진로활동	• 진로도서 『화학에서 인생을 배우다』(황영애)를 읽고, 주기율표의 원리와 화학자의 삶에 자세 그리고 독성물질분석연구원이라는 꿈을 담은 독후감을 써서 급우들 앞에서 발표함.
세부능력 및 특기사항	• (생활과윤리) 수행평가에서 『과학혁명의 구조』(토마스 쿤)를 읽고 과학법칙이 발견되는 다양한 과학적 사례 및 과학 법칙 자체가 상대적으로 인식될 수 있다는 사실을 이해하고 이를 정리하여 제출함.
행동특성 및 종합의견	• 교과 시간에 소개해준 『텔로미어』(마이클 포셀)를 읽은 후부터 생물교과에 관심을 가지고 학습에 매진한 결과, 단기간에 과학교과에서 우수한 성적을 거두는 동시에 항노화 분야에 연구원으로 진로를 확고히 했다고 평가됨.

※ 대학 평가자들이 직접 밝히는 '학교생활기록부종합전형에 도움이 되는 독서
선택 노하우

학교	평가	비고
서울대 (다양성)	1) "어떤 책을 왜 읽었는지가 중요하다", "학생의 독서활동상황을 통해 학생이 소중하게 생각하는 것이 무엇인지, 학생이 입학한 뒤 대학 공부를 잘 해낼 수 있는지를 두루 살펴본다." 2) "읽는 책이 반드시 학생의 진로와 연관될 필요는 없다", "다양한 방면의 책을 읽어본 뒤 '계기'에 집중해 자신의 생각과 함께 자기소개서에 표현하면 된다."	(공통) "독서활동은 지적역량, 진정성, 전공적합성을 드러내는 수단"

		서울대는 자기소개서 4번 문항 아래에 '책을 읽게 된 계기, 책에 대한 평가, 자신에게 준 영향을 중심으로 기술하라'고 주문한다. '계기'를 강조하는 것은 학생의 지적 호기심을 살펴보려는 것.
성균관대 (연결성)	권영신 성균관대 선임입학사정관은, "'학생이 특정 활동을 정말 진정성 있게 했구나'라는 평가자의 생각은 독서기록을 통해 나오는 경우가 많다며, 학생이 **책을 읽고 느낀 점이 자신의 동아리활동, 봉사활동 등을 어떻게 풍부하게 만들어주었는지**를 자기소개서에 구체적으로 쓴다면 학생의 진정성이 돋보일 수 있다"고 말했다.	
이화여대 (전공)	안정희 이화여대 입학사정관실장은 "자신의 역량을 드러낼 때 독서가 충실하게 돼 있다면 분명히 가점을 받을 만한 요인이 된다"면서 "**책 한 권을 읽은 뒤 관련된 또 다른 책도 읽으면서 전문 수준의 책까지 섭렵한 학생의 경우** '이 학생이 이 분야에 정말 남다른 관심이 있구나'라는 생각이 들 수밖에 없다"고 말했다.	

자기소개서 작성의 핵심

@ **자기소개서 공통문항 소개 및 작성 가이드**

> ## 〈대교협 자기소개서 공통문항〉
>
> 1. 고교 재학 기간 중 학업에 기울인 노력과 학습 경험에 대해 배우고 느낀 점을 중심으로 기술하시오.
> 2. 고교 재학 기간 중 본인이 의미를 두고 노력했던 교내 활동을 배우고 느낀 점을 중심으로 3개 이내로 기술하시오.
> 3. 학교생활 중 배려, 나눔, 협력, 갈등 관리 등을 실천한 사례를 들고 그 과정을 통해 느낀 점을 기술하시오.

① **1번 문항**

입학사정관이 확인하고 싶은 것은 '학업에 대한 새로운 시각'이다. 특정과목에 대한 자신만의 접근법, 본인 학습법에서 발견한 문제점과 이를 해결한 과정을 상세히 나타내 보이면 좋다. 지원자의 학업에 대한 목표의식과 노력을 엿볼 수 있는 항목이다. 본인의 자기주도적 학습 태도 및 수업 참여도 등 학업에 기울인 노력 및 비교과 영역을 통해 발휘된 학습 역량에 대해 기술해야 한다.

이때 학업과정에서 느낀 자신의 약점과 극복계기, 특정 사건을 통해 변화된 자신의 모습과 느낀 점의 서술은 좋으나, 과정과 결과의 연계가 없는 단순 나열, 지나치게 감정적인 표현만 서술하는 것은 좋지 않다.

② 2번 문항

본인이 속한 공동체 또는 본인 생활에서 의미 있게 생각하는 내용을 3개 이내로 작성해야 한다. 지원자의 지적 탐구역량 및 성실성, 자기주도성·창의성, 공동체의식을 볼 수 있는 항목으로, 본인의 교내 활동 중 기억에 남는 것을 중심으로 스스로 노력한 점과 본인의 열정을 보여야 한다. 별다른 연결 고리가 없는 활동 세 가지를 기술할 경우에는 명확한 단락 구분이 필요하다. 각 내용 앞에 일련번호를 붙이는 것도 방법이다.

2번 문항은 학교생활기록부의 거의 모든 부분이 기술내용으로 활용될 수 있다. 본인이 의미를 두고 노력했던 활동 중 3개 이내의 소재를 선정할 때, (1) 전공학업능력과 연관되는 학업 역량 부분을 먼저 쓰도록 해야 한다. (2) 다음으로 사고의 깊이와 지식의 확장을 가져온 경험을 적는 것이 좋다. 전공학업능력은 수상경력이나 우수교과에서 찾을 수 있고, 그 외 동아리 활동, 진로활동, 독서활동 등에서도 전공과 관련된 학업역량 소재를 찾을 수 있다. 그리고 사고의 깊이와 지식의 확장과 관련된 소재는 독서활동, 탐구대회, 소논문, 과제연구, R&E 등에서 찾을 수 있다. 마지막으로 (3) 다양성과 관련된 활동은 학급회장, 학교 축제나 체육대회, 백일장 참여, 봉사 등에서 찾을 수 있다.

③ 3번 문항

본인의 학교생활에서 경험한 내용을 토대로 기술하라는 것이다. 지원자의 성실성, 자기주도성, 창의성, 공동체의식을 볼 수 있는 항목으로, 본인이 고교생활 중 공동체생활에서 어떤 역할을 하고 나눔과 배려, 협력, 책임감, 성실성, 리더십 등을 어떻게 발휘했는지 구체적으로 적어야 한다.

3번의 경우 많은 학생이 친구들 사이에서 있었던 갈등을 해결하는 과정에서 무엇을 했는가를 적는 경우가 많은데, 그것보다는 희망전공 관련 학업을 하면서 자신이 어떻게 협력을 이끌어내고, 소정의 결과물을 만들기 위해 어떻게 헌신했는가를 드러내는 것이 좋다. 이때 도움을 준 사례보다는 그 과정을 통해 어떻게 성장했는지를 적는 것이 중요하다. 또한 리더십을 기술할 때도 리더로서의 경험이 곧 리더가 갖추어야 할 역량은 아니므로, 본인이 생각하는 리더의 역량을 기술하고 이와 비교하는 내용이 들어가면 좋다. 3번 항목의 경우 독특한 경험, 경험 후에 달라진 자신의 생각과 행동을 서술할 때 의미가 있다.

자기소개서 공통문항 작성 사례

1. 고교 재학 기간 중 학업에 기울인 노력과 학습 경험에 대해 배우고 느낀 점을 중심으로 기술하시오.

> 의사가 되고 싶었던 꿈이 강했던 제게 과학은 복병이었습니다. 고등학교 생활과 앞으로의 진로에 반드시 필요한 부분이기에 시간투자를 집중적으로 했습니다. 하지만 유기적 연관 고리에 의해 딱딱 떨어지는 사고의 흐름을 추구했던 제게 생명과학은 공부하기 힘든 과목이었습니다. 흐름을 파악하기 위해 많이 부딪히는 식

을 택했습니다. 하나의 의문에 대해 교과 선생님, 동아리 선생님, 인터넷 강의선생님께 질문하여 관점의 폭을 넓혔습니다. 처음에는 제가 생각하는 사고방식과 과학적 사고방식이 맞지 않아 애를 먹었습니다. 병원체에 감염되는 것과 병에 걸린다는 것의 구분점이 필요했던 제게 생물 선생님께서는 넓은 맥락에서 볼 수 있는 유연한 사고를 기르라고 조언해 주셨습니다. 한 관점을 고집하기보다는 다양한 접근 방법을 익히면서 자연스레 생명과학의 탐구절차를 익힐 수 있었고 이를 시험해보고 싶은 생각이 들었습니다.

때마침 지하철3호선에 전자기장이 생태계에 미칠 영향에 대한 논란에 호기심을 느껴, EMP의 노출이 생명체에 미치는 영향을 탐구주제로 잡을 수 있었습니다. 전자기장세트와 알파파, 구피, 귀뚜라미, 꿀벌을 구입하고 각 생물체에 맞는 실험을 준비했습니다. 간단한 작업일 줄 알았던 제 예상과는 달리 실험 결과의 객관성을 얻기 위해 고려해야 할 변수가 많았습니다. 알파파 측정을 위해, 페트리접시에 직접 배양하고 매 쉬는 시간마다 물을 주는 정성을 할애해야 했고 구피와 벌꿀, 귀뚜라미는 끼니마다 먹이를 줘야 했습니다. 2시간 간격으로 전자기장을 켜주고 꺼주는 것도 저희의 몫이었습니다. 조작변인인 자기장의 세기는 생물체에 의미 있는 자극이 될 값을 찾기 위해 대학교의 여러 교수님들께 이메일을 통해 자문을 구했습니다. 모든 것을 스스로 생각하고 실천에 옮겨야 했기 때문에 답답하기도 했지만 궁금한 부분을 자유롭게 실험하고 토론하며 논문을 완성할 수 있었습니다. 이러한 탐구과정은 기초의학자라는 제 꿈에 동기를 부여해주었고, 앞으로의 연구를 진행해나가는 데 밑거름이 될 것입니다.

➡ 1번 문항은 지원자의 학업 수행능력을 알아보기 위한 문항이라고 볼 수 있다. 생명과학 부분을 자신만의 방법으로 노력하여 생명과학 부분의 성적이 1학년 때보다 2학년 때 향상되었음을 알 수 있다.(원점수 1학년: 98 / 92 ▶ 2학년: 100 / 100) 이러한 점을 미루어 보아 자신의 단점을 잘 알고 이를 극복하기 위해 스스로 노력하였음을 자기소개서에 드러내었

고, 그 노력의 결과 즉 증빙자료를 성적향상으로 보여주었다.

또한 의과대학에 진학하여 공부할 때 필요한 소양인 연구 활동을 스스로 계획하고, 실행하고 탐구해가는 과정을 자기소개서에 잘 풀어가고 있으며, 이에 대한 증빙자료를 학교생활기록부의 곳곳에 보여주고 있다.(행동특성 및 종합의견: EMP의 노출이 생물체에 미치는 영향에 대한 논문 작성을 위해 관련 대학교 교수를 직접 찾아 메일로 질의응답을 하여 원하는 정보를 얻어냄.)

2. 고교 재학 기간 중 본인이 의미를 두고 노력했던 교내 활동을 배우고 느낀 점을 중심으로 3개 이내로 기술하시오.

2번 문항은 일반적으로 두 가지 방법 중 하나를 선택하여 기술하게 된다.

① A-A'-A"형

이것은 특정 주제로 묶인 소재로 자기소개서를 작성하는 방법이다.

'지식은 나눌수록 배가 된다'는 말이 있듯이 제가 공부한 내용을 다른 친구들에게 알려줄 때 제 얼굴에 미소가 자연스레 밴다는 것을 알 수 있었습니다. 논문발표, 부스활동, 실험대회 개최활동을 하며 지식을 나누는 방법을 배울 수 있었고, 한걸음 더 성장한 제 자신을 볼 수 있었습니다.

1학년 때 음악청취가 학습능력에 미치는 영향이라는 논문을 교내 학술상 대회에서 발표하면서 저는 실험과정에서 봉착한 난관과 그 어려움을 해결하기 위해 도입한 변수를 순서대로 설명해 나가는 것에 몰두했습니다. 논문의 모든 내용을 전달하기 위해 제 머릿속 모든 말을 늘어놓다 보니 의미전달력이 떨어졌고 발표 시간을 초과해 좋은 점수를 얻지 못했습니다. 언제나 다다익선이라고 생각한 제 고질병은 발표할 기회가 있을 때마다 자질구레한 말까지 늘어놓게 만들었고 이는 제가 알고 있는 지식을 전달하는 데 문제를 일으켰습니다.

알고 있는 것과 설명해 주는 것이 다르다는 것을 절감한 저는 많은 친구에게 지식을 나눌 수 있었던 지역아동대상 과학부스 활동을 통해 약점을 보완할 수 있는 기회를 얻었습니다. 마분지와 인지질 이중층을 표현할 이쑤시개, 막 단백질을 표현하기 위한 아이클레이를 이용해 부스에 온 친구들에게 직접 세포막 모형 만드는 것을 도와주고 기능을 설명해주는 것이 제 역할이었습니다. 그 과정에서 만난 한 친구는 아직도 제 기억 속에 남아 있습니다. 어머니 손을 잡고 부스에 온 그 친구는 제 나이 또래와 비슷해 보였습니다. 여느 참가자와 다름없이 성심 성의껏 제가 아는 지식을 모두 설명해주었는데 그 친구가 받아들이는 모습은 어딘가 달라보였습니다. (하략)

➡ '지식은 나눌수록 배가 된다'라는 표현에서 알 수 있듯이 학생이 지식나눔을 실천한 사례로 1,500자를 기술하는 경우이다.

② A-B-C형

이것은 독립된 내용의 소재로 2번 문항을 구성하는 경우이다. 이때에는 학생의 다양한 활동과 능력을 보여줄 때 활용하게 된다.

1) 1학년 초 과학탐구토론대회에서 '소외된 사람들을 위한 기술, 적정기술'을 주제로 소외된 사람들의 상황과 도울 수 있는 방법을 생각해 보는 시간을 가졌습니다. 혜택을 받지 못하는 사람을 위한 새로운 적정기술을 고안해 발표하는 대회였습니다. 처음 과학탐구토론 주제를 봤을 때 단지 적정기술이 무엇인지 궁금해서 검색을 했습니다. 그런데 갓난아이를 씻기지도 못해 병에 걸려 죽는 암담한 상황을 보았고, 그 사람들을 위해 무언가 도와주고 싶다는 생각에 과학탐구토론대회에 참가하게 됐습니다. 생활용수 공급을 위해 펌프로 물을 투명한 통에 받아 고형물을 침전시키고, 다음 통으로 옮겨 햇빛을 이용해 살균하고 필터를 이용해 마지막으로 정화를 하는 방식의 장치를 고안해 대회에 참여했습니다. 자신이 고안한 장치를 발표하고 토론하면서, 소외된 사람들을 돕는 것은 단지 관심을 갖는 것이 아니라, 그들의 상황을 고려하고 상황에 맞추려 노력하는 것으로 이뤄질 수 있다는 생

각을 했습니다.

2) 2학년 때 기량이 특출하지는 않았는데 팀플레이, 시야가 좋다는 평가를 받아 토요 스포츠 클럽에서 포인트 가드로 활동했습니다. 이를 바탕으로 3학년 때 체육대회 농구 경기에 반 대표로 포인트 가드를 맡았습니다. 처음에는 상대방의 팀플레이에 밀려 8점 차로 뒤진 상태로 전반을 마쳤습니다. 안 되겠다 싶어 수비 전략을 3점 라인 안쪽에서의 1:1마크로 바꿔 성공률이 낮은 장거리 슛을 유도했고, 공격할 때에는 두 사람을 상대방 3점 라인 안에서 움직이게 하고 밖에서 공을 돌리며 상대 진영을 무너뜨려 빈틈을 만드는 전략을 사용했습니다. 그 결과 후반을 진행하는 동안 1골 차이까지 따라잡을 수 있었습니다. 경기는 이기지 못해 아쉬웠지만, 팀에서 맡았던 가드 역할을 잘해냈다는 것이 뿌듯했고, 이를 계기로 팀으로 일을 할 때 자기가 맡은 일을 더욱 충실히 하게 되었고 전략의 중요성을 알게 되어 다른 일이나 공부를 할 때에도 미리 체계적으로 계획하고 그때의 상황에 맞게 전략을 수정해 나가는 태도를 가지게 되었습니다.

3) 2학년 2학기에 인문반에서 자연반으로 전과한 친구가 있었습니다. 저는 그 친구의 독특한 생각들을 눈여겨봤습니다. 그래서 친구에게 실험을 함께 하자고 했습니다. 주제를 정할 때, 친구가 바닥재를 이용한 무좀 치료나 나뭇잎을 이용한 구취 제거 등 참신한 소재를 내놓았습니다. 친구는 평소 궁금하고 해 보고 싶던 주제를 내고 있었습니다. 실험을 처음 하는 그 친구로부터 어떤 것에 얽매이지 않고 자유롭게 생각하는 자세를 배웠습니다. 실험과정에서 친구가 잘 모르는 실험 기구들을 가르쳐 주고, 이론이나 실험에 대해 물어보면 최대한 자세히 설명해 주려 노력했고, 친구는 알려준 내용을 잘 이해하여 스스로 배지를 만들었고 함께 배양한 균의 변화 과정을 기록하며 논문 작성을 효율적으로 할 수 있었습니다. 이 경험을 계기로 그 친구는 이과 공부에 흥미가 붙어 공부도 더 열심히 하게 되었고 저는 문과였지만 창의적 소재를 제공하는 친구를 보며 연구할 때 시각을 조금 넓혀야겠다는 생각을 하게 되었습니다.

결론적으로, 두 유형의 기술 중 자신의 활동에 맞는 것을 선택하면 된다. 즉 어느 것이 더 유리하다 또는 불리하다고 판단할 수는 없다.

3. 학교생활 중 배려, 나눔, 협력, 갈등 관리 등을 실천한 사례를 들고 그 과정을 통해 느낀 점을 기술하시오.

2학년 때 상담프로그램에 참여한 후, 배운 것을 실습하는 차원에서 친구들과 상담을 하다가 몇 차례의 시행착오를 거쳐 공감하는 상담자의 자세를 배우게 되었습니다. 솔리언 또래상담 프로그램은 학급 속 선생님으로서 누구든지 고민이 있는 친구들에게 다가가 말을 건네고 고민을 들어주는 방법을 익히는 과정이었습니다. 과정 이수 후 저는 말 수가 줄어든 친구나 은연중 힘들다고 표현하는 친구들과 자연스레 대화를 할 수 있었습니다. 진지하게 듣는 자세, 말에 적절히 반응하는 몸짓, 신뢰감을 주는 방법을 체득해가며 소중한 고민들을 공유할 수 있었고 진심을 통할 수 있었습니다.

이에 저는 제 공감능력이 모든 친구들에게 적용 가능할 것이라는 착각에 빠졌습니다. 공부 방법을 몰라 효율이 오르지 않는 것 같다는 친구의 고민에도 제 얘기를 꺼내기 바빴습니다. 저는 친구의 얼굴이 만족스럽지 못한 것을 볼 수 있었고 제 생각이 짧았음을 알 수 있었습니다. 이론적 지식에 의거해 충고하는 내용에만 치중했을 뿐 사람마다 가지는 다른 마음을 이해하고 받아들이지 못했습니다. 어느 순간 형성된 상황의 고정관념에 빠져 부수적 해결책만 나열하고 있는 제 모습을 발견할 수 있었습니다. 실수했다 싶어 가급적 제 말을 줄이고 친구의 이야기를 계속 들었습니다. 친구가 먼저 제 계획표를 보고 싶다는 얘기가 나오고 나서야 보여주었고 스스로 방법을 찾을 수 있도록 기다려주었습니다. 함께 계획표 작성을 하며 친구 사이가 더욱 가까워질 수 있었고 제 자신을 반성하는 계기가 되었습니다. 제 방법만을 강요하는 것이 아니라 친구의 이야기를 주의 깊게 들어주는 것 자체가 힘이 된다는 것을 알 수 있었습니다.

의사의 길도 마찬가지일 것입니다. 대화를 통해 환자의 진심을 알고 증상을 토대로 병명을 추론할 때 소소한 부분에 귀 기울여 듣는 자세가 필요하다고 생각합니다. 고민을 나누면서 저는 친구와 떨어져 혼자만의 길에서 노는 것을 발견할 수

➡ 3번 문항은 지원자의 인성을 확인하는 문항으로 위 학생은 또래 상담활동의 사례를 이야기하고 있는 데 다른 학생의 자기소개서와는 달리 단순히 자신의 인성적인 면을 강조한 것으로 끝나지 않고 자신의 향후 진로와 연관시켜서 자신이 부족한 면을 알아보고 향후 자신이 길러야 하는 소양에 대해서 기술함으로써 좋은 인상을 주고 있다.

◎ 주요 대학별 자기소개서 선택 문항 작성 가이드

일부 대학에서는 자기소개서 4번 문항을 통해 지원자의 특성을 보다 상세하게 알고 싶어 한다. 그런데 자율문항의 표현을 살펴보면, 표현이 다를 뿐 지원자가 서술해야 하는 내용은 유사한 경우가 있다. 아래는 의과대학이 있는 주요 대학의 자율문항을 정리한 표이다.

대학	자율 문항
가천대	• 지원동기와 지원 분야의 진로계획을 위해 고등학교 재학기간 중 어떤 노력과 준비를 해왔는지 기술해 주시기 바랍니다.(1,000자 이내)
가톨릭대	• 지원동기 및 대학 입학 후의 학업계획을 중심으로 향후 진로계획에 대해 기술해 주시기 바랍니다.(1,000자 이내)
경희/중앙/연세/	• 해당 모집단위에 지원하게 된 동기와 이를 준비하기 위해 노력한 과정이나, 지원자의 교육환경(가정, 학교, 지역 등)이 성장에 미친 영향 등을 경험을 바탕으로 구체적으로 기술하시오.(1,500자 이내)
고려대	• 해당 모집단위 지원 동기를 포함하여 고려대학교가 지원자를 선발해야 하는 이유를 기술해 주시기 바랍니다.(1,000자 이내)

단국대	• 지원학과와 관련하여 자신이 가지고 있는 학업능력이나 끼(재능), 관심, 열정 등에 대하여 기술해 주시기 바랍니다. (1,000자 이내)
동국대	• 자신의 노력과 역량을 바탕으로 해당 전공(학부, 학과)에 대한 지원동기 및 진로계획을 구체적으로 기술해 주시기 바랍니다.(1,000자 이내) (※ 교내활동을 중심으로 작성하되, 학교장의 허락을 받고 참여한 교외활동은 포함할 수 있습니다.)
서울대	• 고등학교 재학 기간(또는 최근 3년간) 읽었던 책 중 자신에게 가장 큰 영향을 준 책을 3권 이내로 선정하고 그 이유를 기술하여 주십시오. – '선정 이유'는 각 도서별로 띄어쓰기를 포함하여 500자 이내로 작성 – '선정 이유'는 단순한 내용 요약이나 감상이 아니라 읽게 된 계기, 책에 대한 평가, 자신에게 준 영향을 중심으로 기술
성균관대	• 다음 중 하나를 선택하여 기술해 주시기 바랍니다.(1,000자 이내) – 본인의 성장환경 및 경험이 자신에게 미친 영향 – 지원동기 및 진로를 위해 노력한 부분 – 본인에게 영향을 미친 유·무형의 콘텐츠(인물, 책, 영화, 음악, 사진, 공연 등)
을지대	• 본인이 지원한 학과의 지원동기와 진로계획을 적고, 이를 위해 고교 재학기간 동안 어떻게 노력해 왔는지 교내활동을 중심으로 기술하세요. 단, 교외활동 중 학교장의 허락을 받고 참여한 활동은 포함됩니다.(1,000자 이내)
인하대	• 희망전공에 지원한 동기와 준비과정을 기술해 주시기 바랍니다.(1,000자 이내)

첫 번째로 표에 나타난 문항 중 '과거활동' 위주로 기술하는 문항은 다음과 같다.

1. 해당 모집단위에 지원하게 된 **동기**와 이를 준비하기 위해 **노력한 과정**이나, 지원자의 교육환경(가정, 학교, 지역 등)이 성장에 미친 영향 등을 경험을 바탕으로 구체적으로 기술하시오.(1,500자 이내)

2. 지원학과와 관련하여 자신이 가지고 있는 **학업능력**이나 **끼**(재능), 관심, 열정 등에 대하여 기술해 주시기 바랍니다.(1,000자 이내)

3. 희망전공에 지원한 **동기**와 **준비과정**을 기술해 주시기 바랍니다. (1,000자 이내)

위 세 가지 유형의 자율문항은 글자수에서 차이가 날 뿐 실제로는 같은 내용을 묻고 있다. 따라서 위와 같은 자율문항을 가진 대학을 준비할 때에는 다음과 같은 포인트에 유의해서 4번 문항을 작성하자.

> ### Point
>
> 1. 의과대학의 지원동기가 분명하거나, 구체적으로 드러나도록 작성한다.
> 2. 전공적합적인 활동과 전공적합성이 낮지만 학업역량을 드러내는 활동으로 구분하여 정리한다. 그런 다음, 공통문항에서는 학업역량을 드러내는 활동을 기술하고, 4번 문항에서는 전공적합적인 활동을 기술해야 한다.
> 3. 자율문항 중 1,500자 쓰기의 경우에는 교내활동 자체가 많아야 한다. 따라서 학교 프로그램이 뒷받침되어야 한다. 만약 전공적합적 활동이 많지 않을 때에는 공통문항에 쓰지 못했던 활동들을 모아서 쓰는 것도 좋다.

전공적합형

동기 및 지원자의 노력이 의대에 특성화되어 있음.

(1) 다양한 매체를 통해 대한민국에서 흉부외과를 지원하는 의사의 수가 줄어들고 있다는 것을 알고, 몇 년 뒤에는 국민들이 치료를 받기 위해 해외로 나가야 하는 시대가 올지도 모른다고 생각하게 되었습니다. 그래서 훌륭한 흉부외과 교수가 되어 의대생들의 흉부외과 기피 현상을 막고, 새로운 수술법을 연구하여 대한민국흉부외과의 수준을 한 단계 더 높이겠다는 목표를 가지게 되었습니다. 이를 실현하기 위하여 ○○대학교 의예과에 지원하게 되었습니다.

저는 제 꿈의 구체적인 밑그림을, 흉부외과 의사들의 삶을 그린 책과 인터넷 등을 통해 그려 나갔습니다. 특히 '나는 자랑스런 흉부외과 의사다', '꿈은 박동한다' 등을 읽고, 흉부외과 의사들이 의료 전선에서 생명을 위해 본인을 희생한다는 것을 알게 되었습니다. 그리고 (2) 실질적이고 살아있는 정보를 얻기 위해 제 롤모델인 ○○대 의대 송명근 교수님을 찾아뵙기도 했습니다. 무작정 메일을 보내 만나줄 것을 간청했고, 교수님은 바쁘신 와중에도 기꺼이 세 시간을 내 주셨습니다. 교수님과의 세 시간은 제 꿈에 대한 확신을 가지게 해 준 소중한 시간이었습니다. 흉부외과에 대한 의학 지식을 쌓아 나가는 데에도 노력을 기울였습니다. 기초적인 의학 지식을 쌓기 위해 의사들이 운영하는 블로그를 방문하여 글을 읽었고, (3) 더 나아가 보다 전문적인 논문을 읽기 위해 kmbase(한국 의학논문 데이터베이스)와 대한흉부외과 학회지를 꼼꼼히 살펴보았습니다. 그 과정에서 평소 가장 관심을 가지고 있던 심부전증과 인공판막에 대하여 자세히 알 수 있었는데, 심부전증의 경우 늘어난 심장의 부피를 줄이는 방법이 있다는 것을 알았지만 심장이식 수술이 현재로선 최선의 치료법이라는 것을 알 수 있었습니다. 인공판막의 경우 조직판막과 기계판막 모두 장단점이 있다는 것을 알았고, 그래서 앞으로 (4) 흉부외과 교수가 되어 기계판막을 더욱 발전시켜 와파린을 먹지 않아도 혈전이 생기지 않아 가임기 여성에게도 사용할 수 있는 기계판막을 만들어 나가겠다는 목표를 가지게 되었습니다.

(1): 지원동기가 공익적이라는 특징을 가진다.
(2): 학과 지원을 위한 노력이 전문적일 수 있는 계기가 된다.
(3)-(4): 학과 지원을 위한 노력이 구체적이기 때문에 꼼꼼한 면접준비가 필요하다. 이러한 학생들은 일단 서류를 통과시켜 본 뒤, 실제 역량을 확인한다.

경험다양형

지원자의 노력이 다양한 활동으로 표현됨.

(1) 소아정신과 분야의 전문의란 목표를 가지고 의예과에 지원하게 되었습니다. 아동에게 관심을 갖게 된 계기는 복지센터 교육봉사를 하면서 생겼습니다. 중학교 때부터 가정폭력을 당한 아이들이 일시적으로 머무르는 아동복지센터에서 봉사활동을 했습니다. 처음에는 불쌍하다고만 생각했지만, 계속 활동을 하면서 가정폭력을 당한 아이들도 재미있는 활동에 즐거워하는 똑같은 아이들이라는 것을 알게 되었고 **(2) 제 자신의 선입견을 고치며 애정이 생겼습니다.** 지금까지는 양초 만들기, 가면 만들기 등 단순한 만들기 활동이었지만 아이들에게 학교 행사처럼 즐거운 행사를 만들어 주고 싶어 초등학교 때 했던 활동을 생각해냈습니다. 바자회나 운동회 같이 축제 날 부스를 돌아다니던 것을 좋아했던 것이 생각났습니다. 봉사자들이 운영하는 요리 부스를 만들었는데, 처음 기획했던 거라 준비가 많이 미흡해서 성공적이진 않았습니다. 하지만 **(3) 그 실패를 교훈 삼아 다른 프로그램을 준비할 때 주의했고, 학교처럼 운동회를 구상해서 모든 아이들이 즐거워하는 행사를 만들었습니다.**

동영상을 통해, 노벨 생리 의학상 수상자인 랜디 셰크먼 박사의 강연을 신청해 들으면서 지칠 줄 모르는 지적 열정을 경험할 수 있었습니다. 이에 자극을 받아 상대적으로 **(4) 실력이 부족했던 수학과목에 집중**하였습니다. 다른 친구들에 비해 적은 문제를 풀어서 그런 것이라 생각하고 많은 문제를 풀었지만 어느 정도 올렸을 뿐 그 이상은 되지 않았습니다. 문제를 풀고 방법을 확인하면서 제가 비효율적인 방법으로 푸는 문제들이 많다는 사실을 깨달았습니다. 그 방법들을 고치려고 했지만 다시 생각해보면 두 가지 풀이를 습득할 수 있는 기회였기에, 생각을 달리했습니다. 문제를 풀고 나면 그 방법 외에 다른 방법은 없는지 한 번 더 고민해보는 방법을 구상했는데, 결과는 성공적이었습니다. 문제 해결력 겨루기 부문에 서 모르는 문제가 나왔을 때 그냥 포기하던 1,2학년 때와 달리 여러 가지 풀이가 있을 거라 믿고 끝까지 도전했고, 그 끈기로 처음으로 **(5) 수학 경시 대회에서 상**을 받을 수 있었습니다.

⑴: 지원동기가 개인적인 체험인 봉사활동에서 시작된다.
⑵-⑶: 비교과 활동 과정에서 자신의 선입견이나 부족한 점을 먼저 언급한 뒤, 그것을 극
복해 나가는 '역경극복형'으로 기술하였다.
⑷-⑸: 자신의 학업역량을 '역경극복형'으로 기술하였다.

　　두 번째로 표에 나타난 자율문항 중 '미래계획'에 대해 기술하는 문항
은 아래와 같다.

　　1. **지원동기** 및 대학 입학 후의 **학업계획**을 중심으로 향후 **진로계획**에
대해 기술해 주시기 바랍니다.(1,000자 이내).

　　위 문항은 입학 후에 어떠한 일을 하고 싶은지에 대해서 적는 문항이다.
이 경우에는 지원동기와 입학 후의 계획 사이에 연관성이 있어야 한다.

Point

1. 지원동기와 입학 후 계획의 연관성을 높이기 위해서는 **'해결하고 싶은 문제'**를
제시해야 한다.
2. 노벨생리의학상 등 사회적으로 저명한 성과물을 살펴보면서 여기에서 제시한
'해결해야 하는 문제'를 제시하고 이것을 연구하겠다는 것도 타당하다.
3. 지원하는 **대학의 추진사업이나 정부의 의료정책**에 대한 정보가 있으면 보다
풍부한 자기소개서를 쓸 수 있다.

교내 진로특강에서 KAIST 김은준 교수님의 '시냅스와 뇌질환'이라는 주제의 강의가 가장 기억에 남습니다. 강의를 통해 시냅스로부터 시작하는 뇌신경회로에 대해 학교에서 배우던 내용보다 훨씬 심도 있는 생물적 지식을 배웠습니다. 특히 기억의 과정에 대한 설명을 들으면서 참 신기하다고 생각했고, 머릿속에서 '왜 창피했던 일들은 이유도 없이 불쑥 기억이 날까?', '기억·인지 장애는 왜 일어날까?'라는 의문이 끊임없이 떠올랐습니다. 그 후 뇌에 대해서 계속 알아보고 싶어 인터넷을 통해 관련된 자료를 찾아보았습니다. 하지만 **(1) 뇌기능에 대한 연구가 아직 완벽히 이루어지지 않았고 앞으로 알아내야 할 분야들이 무척이나 많음을 또한 알게 되었습니다.** 그래서 앞으로 뇌에 대한 지식의 범주를 넓히고, 뇌에 대해 연구하고자 본과에 지원하였습니다.

본교에 입학한 후에는, 다양한 기초학과 임상학 공부를 통해 의학도로서의 기본 소양과 실력을 기름은 물론, 신경과학과 신경외과학, 생리학, 인지과학에 중점을 두고 공부하여 기억이 어떤 방식으로 뇌에 저장되었기에 수많은 기억을 우리는 구별하여 인식하는지 알아갈 것이며, 나아가 대학원에 진학하여 뇌의 어떤 부분의 문제가 기억장애나 인지장애를 나타나게 하는지에 대해서 연구할 것입니다. 대학교 생활을 하면서 학과 공부에만 충실할 것이 아니라, 봉사 동아리 '○○○○' 활동을 통해 사랑과 봉사정신, 공동체 정신을 함양하여 의사로서의 사회적 책임감과 자세를 배울 것입니다. 그리고 의과대학 야구부 '○○○○'에 참여하여 평소에 좋아하던 야구를 통해 건강한 정신과 삶을 가질 뿐만 아니라, 야구에서의 협력과 협동정신을 배움으로써 지도자의 자질을 갖춘 인재가 될 것입니다. 학위를 마친 후에는 본교 부설의 뇌연구소에서 근무하고 싶습니다. 나아가 최종적으로는 **(2) 한국뇌연구소에 근무하여 해외 전문가들과의 교류와 연구를 통해 인류 미지의 문제로 남아있는 뇌 연구에 힘쓰고, 인류의 삶의 질을 향상시킬 뇌의학의 발전에 기여하고 싶습니다.**

(1): 교내 진로특강을 들으면서 뇌과학에 흥미를 갖게 되었고, 자기주도적 학습으로 인해서 뇌분야의 연구를 해보겠다는 지원동기를 가지게 되었다.

(2): 기초의학 연구원으로 진로설정을 하여, 입학 후의 진로계획의 방향성을 제시하고 있다.

동생이 열이 심할 때, 또 친구가 손이 부러졌을 때 응급실에 가봤던 경험이 있습니다. 일상에서의 사고로 실려 온 응급환자를 치료하는 모습이 응급의료의 전부인 줄 알고 있었으나, (1) 수행평가를 준비하면서 오늘날 재난의 규모에 비해 응급의료인의 수가 부족하다는 기사를 보았습니다. 이에 호기심을 가지고 조사를 진행하면서 응급의료는 작은 사고부터 국가적 재난에 이르는 모든 사고에 관여한다는 사실을 알게 되었습니다. 봉사활동을 통해 만났던 장애를 가진 사람들의 일부는 응급처치만 잘 되었어도 정상인으로 지냈을 수도 있었다는 것도 새삼 깨닫게 되었습니다. 이후 응급의료의 중요성에 대한 인식과 개인적인 관심도 커져 환경문제와 기후변화로 인한 국가별 재난을 주제로 한 학술제와 형식적일 수도 있는 응급처치 교육 등에 적극적으로 참여하며 응급의료인에 대한 꿈을 생각했습니다.

사고가 빈발하면서 응급의학의 중요성은 나날이 커지는 데 반해 그 환경은 열악하고 사람들의 응급의학에 대한 인식은 많이 부족한 것이 현 실정입니다. 그렇기에 저는 진정한 의료인은 생명을 직접 다룰 뿐만 아니라 사회와도 끊임없이 소통해야 한다고 생각합니다. 저는 사회적인 의사가 되기 위해 의예과에 진학한 후 전공과목과 함께 사회학을 공부할 것입니다. 또 사회와 사람에 대한 관심을 넓히기 위해 정기적인 봉사활동을 하려 합니다.

저는 응급의학의 열악한 환경을 근본적으로 고치기 위해서는 사람들의 인식을 바꾸어야 한다고 생각합니다. 따라서 여러 과정을 거쳐 (2) 전문의가 된 뒤엔 의료홍보와 의료정책 결정에 참여할 것이며, 거창하지는 않더라도 이런 인식의 변화를 위한 글을 쓰고 싶습니다. 응급의학 전문의로서 마주하는 일들과 느끼는 감정, 열악한 환경에 대한 아쉬움을 글로 풀어내면, 기사나 뉴스보다도 조금 더 많은 사람이 응급의학에 대해 알고 제 생각에 공감해줄 것이라 생각합니다. 비록 효과는 미미할지도 모르지만, 지속적인 노력으로 조금씩 변화를 만들어나가며 언젠가는 의료정책에도 영향을 주는, 그런 사회적인 의료인이 되고 싶습니다.

⑴: 수행평가를 통해 사회적으로 응급의료인의 수가 부족하다는 사실을 인식하고 이에 기반하여 자신의 지원동기를 세우고 있다.

⑵: 응급의료인으로서 다양한 활동을 하고 싶다는 포부를 밝혔다. 이로써 입학 후 진로계획의 방향을 제시하고 있다.

③ 의료정책 : 자료 예시

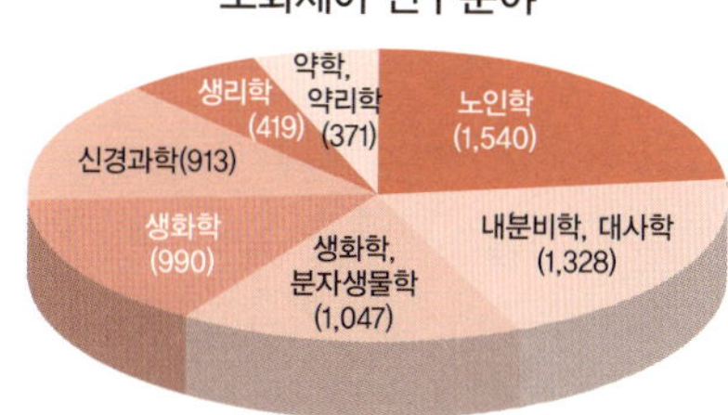

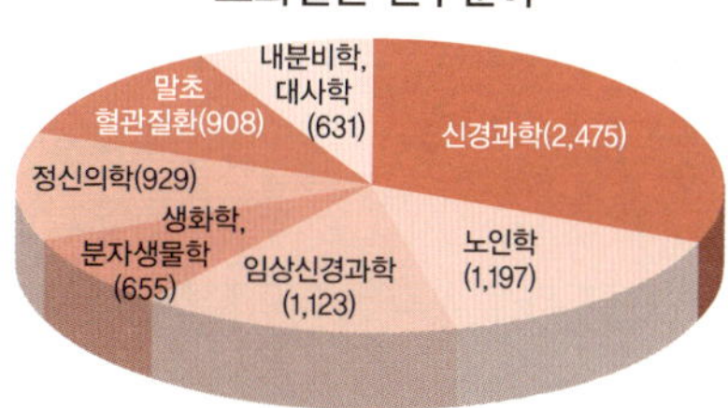

위의 도표에서 보듯이, 노화와 관련된 연구 분야가 세분화되어 있다. 예를 들어, 노화제어 분야에서는 내분비학이나 대사학과 같이 내과 위주의 연구활동이 노화제어 연구에 들어가게 된다. 따라서 자신이 관심 있는 주제가 다양한 의료 분야에서 연구될 수 있음을 알고 이에 대한 사전 조사를 통해, 미래계획형 4번 항목을 꼼꼼히 작성하는 것이 요구된다.

〈노화 제어 연구의 최신 동향〉

과거 진시황이 찾았다던 불로초는 아직 발견되지 않은 것 같고, 온 인류의 염원인 장수의 묘약도 발명되지 않은 것 같다. 영생불사를 제공하는 불로초와 장수의 묘약이 쉽게 얻어지지 않을 것이라는 것은 생명의 신비를 떠나서 인체의 노화 기전에 유전적인 요소와 후천적인 요소 등 아주 다양한 요소들에 의해 영향을 받기 때문에 어떤 천연물이나 약물로 노화를 제어한다는 것은 이론적으로나 실제적으로 불가능하다. 따라서 현재의 수준에서 접근할 수 있는 노화 제어 전략은 "복합적 방법(multi-pronged approach)" 만이 가능할 것이라는 것이 많은 노화학자의 일치된 견해이다. 현재 사용되고 있는 여러 가지 방법들을 종합하여 분류해 보면, 대략 다음과 같은 ① 영양 섭취 조절, ② 호르몬 보충요법, ③ 운동, ④ 항산화제, ⑤ 혈관노화조절, ⑥ 면역 기능 유지 등으로 나눌 수 있다.

세 번째로 표에 나타난 문항 중 '특수한 요구'에 따라 기술하는 문항은 아래와 같다.

🎯 문항분석 : 특수문항

1. 고등학교 재학 기간(또는 최근 3년간) 읽었던 책 중 자신에게 가장 큰 영향을 준 책을 3권 이내로 선정하고 그 이유를 기술하여 주십시오.
   - '선정 이유'는 각 도서별로 띄어쓰기를 포함하여 500자 이내로 작성
   - '선정 이유'는 단순한 내용 요약이나 감상이 아니라 읽게 된 계기, 책에 대한 평가, 자신에게 준 영향을 중심으로 기술

2. 다음 중 하나를 선택하여 기술해 주시기 바랍니다(1,000자 이내).

– 본인의 성장환경 및 경험이 자신에게 미친 영향

– 지원동기 및 진로를 위해 노력한 부분

– 본인에게 영향을 미친 유·무형의 콘텐츠(인물, 책, 영화, 음악, 사진, 공연 등)

위 두 문항에서 겹치는 부분은 2.에서 본인에게 영향을 미친 콘텐츠 중에 '책'을 선택했을 때이다. 따라서 서울대와 성균관대를 동시에 지원할 때에는 서울대에 맞는 독서활동 500자 스토리와 독서활동+연계활동이 있는 1,000자 스토리를 구성하는 것이 요구된다.

> **Point**
>
> 1. 3권의 선정기준은 정해진 것이 없다. 전체 자기소개서 내용을 보았을 때, 강조하고 싶은 점이나 보완하고 싶은 점을 적는 것으로 활용하자.
> 2. 서울대 자기소개서 작성 기준에 맞게 기술하자. 선정 이유를 적지 않거나, 책에 대한 평가를 적지 않은 경우가 있다. 즉 서평쓰기 형식을 반영해야 한다.
> 3. 자신에게 준 영향은 1) 인지적 영향, 2) 실천적 영향으로 나눌 수 있다. 인지적 영향은 사고방식의 변화이고, 실천적 영향은 행동이 변화된 것이다. 이 둘 다를 한 권의 책을 통해 경험할 수도 있다.

『Three cups of tea』 저자/역자 : 그레그모텐슨 출판사 : penguin	일에만 매진하던 모텐슨에게 촌장은 일을 빨리 마무리 지으려고 하는 것보다 마을 사람들과 소통하며 일을 해나가는 게 더 중요하다 말합니다. 학교에서 영어 연극을 선보였을 때 빨리 일을 끝내고 싶었던 저희 팀은 각자 맡은 부분을 따로 작성해오기로 했습니다. 대본을 완성했을 때, 대본은 서로 다른 5개의 어투로 이루어져 있었고, 인물의 성격이나 상황 또한 다르다는 것을 금세 알 수 있었습니다. 소통의 부재가 불러온 결과였습니다. 결국 그날 저희는 함께 모여 서로 연극의 흐름과 캐릭터에 대해 논의했고 의견을 나누며 나아진 대본을 보며 더 완벽해지고 싶은 마음에 노래와 춤까지 더해 완벽한 영어 뮤지컬을 선보일 수 있었습니다. 모두 원하는 것이 다르기에 소통 없는 일처리는 중구난방인 결과를 낳습니다. 이와 같이 의사가 환자와 충분한 소통 없이 진료한다면, 환자에게 병원은 안 좋은 경험으로 남게 됩니다. 환자의 말에 귀 기울여 환자와 소통하며 진료하는 좋은 기억을 남기는 의사가 되고 싶습니다.

➡ 책을 읽게 된 계기, 책에 대한 평가가 불명확하다. 계기는 영어연극을 하기 위해 읽었다는 것을 추론할 수 있지만 서평은 알 수 없다. 그러나 책이 자신에게 끼친 영향은 드러나 있다.

『누가 내 치즈를 옮겼을까』 저자 : 스펜서 존슨 출판사 : 진명출판사	(1) 담임선생님의 추천으로 1학년 2학기 때에 읽게 된, "변화"에 대한 "반응"의 중요성을 역설하는 (2) 이 책에 '새 치즈를 찾아 맛있게 먹을 수 있다는 것을 깨달은 순간, 행동의 방향을 바꾸라'라는 구절이 있습니다. 저만의 치즈란 것이 무엇인지, 어려움을 극복하고 치즈를 찾아내 얻을 수 있는 경험과 성취가 무엇인지 아는 이상, 제게 해결 방법은 '행동의 방향을 바꾸라', 즉 적극적으로 변화에 대처하라는 것이었습니다. 과학고등학교 진학 실패로 인한 소극적 태도, Camp Rising Sun의 낯선 환경에서 겪었던 향수병과 낯가림 등의 문제에 부딪혔던 것이 생각났습니다. 문제의 해결방법은 그 문제에 대한 당당한 직면과 해결을 위한 노력뿐이었고, 저는 적극적인 태도로 (중략) 그 해결과

➡ (1)은 읽게 된 계기, (2)는 책에 대한 평가를 포함한 부분, (2)+(3)은 자신에게 끼친 영향을 나타내고 있다.

『지루한 사람과 어울리지 마라』 저자 : 제임스 왓슨 출판사 : 이레출판사	(1) 의대에 다니는 선배의 소개로 노벨 생리의학상을 수상한 왓슨의 책을 2학년 겨울방학에 관심 깊게 읽게 되었습니다. (2) 자서전 형식으로 되어있지만, 중간 중간 항목으로 정리된 왓슨의 메시지들을 보며 고등학생인 제게 와 닿은 부분들이 있었습니다. 예를 들어, 다양한 분야의 공부를 하면서 창의적인 관점을 유지하고 지적 호기심을 넓게 유지할 것과, 시대를 앞선 분명한 목표를 세워 나아갈 것 등은 제게 고등학교 생활을 넘어 의학자로 활동하면서 어떤 가치관을 가져야 할지 교훈을 주었습니다. 또한 자신의 관심분야, 전공에 있어서는 최고의 전문인과 지식인, 그리고 환경이 갖춰진 곳에 가서 연구를 해야 하며, 그런 사람들과 어울리며 스스로 갖추지 못했던 것을 배우고 지식을 나누며 도움을 받으라는 뜻의 '지루한 사람과 어울리지 마라'라는 메시지도 인상 깊었습니다. 이것은 (3) ○○대학교 의과대학이라는 최고의 환경에 입문하고 싶은 제 꿈에 대한 동기부여와 입학에 대한 열망, 준비과정에도 영향을 주었습니다.

➡ (1)은 읽게 된 계기, (2)는 책에 대한 평가를 포함한 부분, (2)+(3)은 자신에게 끼친 영향을 나타내고 있다.

Part.
3

의대 면접의
이해하기

의대 인성면접의 원리

인성면접의 형식 : 비구조화, 반구조화, 구조화면접

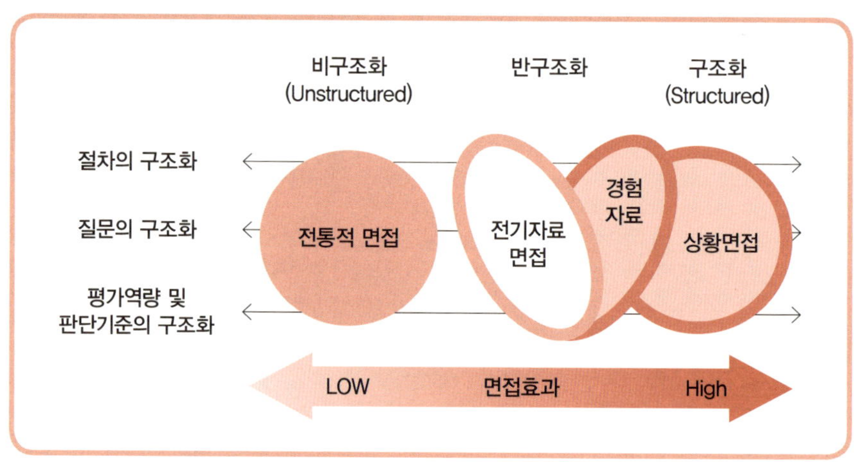

〈면접 유형과 면접 효과〉

　전통적인 면접은 면접관의 자유재량에 모든 것을 맡겨서, 면접관이 알아서 질문하고 알아서 평가하는 식의 비구조화된 면접이었다. 이러한 면접방식은 면접 질문, 판단기준, 평가척도 등에 대해 면접관들 간의 공통의 합의가 되어 있지 않아 면접의 타당성, 객관성, 공정성 등이 위협받을 수 있다. 이러한 이유에서 면접은 보다 구조화된 방식으로 발전해 왔다.

　면접의 구조화(structurization)란, 면접의 절차, 평가역량, 질문 및 판단기준이 사전에 명확히 정의되어 모든 면접관에게 공통적으로 적용되는 것을 말하며, 표준화(standardization)라 하기도 한다. 면접의 구조화가 강조되는 것은 면접의 타당성을 높여주고 면접의 객관성과 공정성에 기여하며, 면접의 개선을 가능하게 하기 때문이다.

대표적인 구조화된 면접방식에는 상황면접(Situational Interview; SI)과 경험행동면접(Behavioral Event Interview; BEI)이 있다.

- 상황면접이란, 향후 직무수행 과정에서 접할 수 있는 상황들을 제시하고 지원자가 어떻게 행동할 것인가를 묻는 면접방식이다. 모든 지원자에게 동일한 상황을 질문하면 되고, 상황이 정해져 있으므로 판단기준도 매우 구체적으로 사전에 설정할 수 있게 되기 때문이다.
- 경험행동면접은 해당 역량이 발휘된 지원자의 과거 경험들을 묻는 방식이다. 경험행동면접도 지원자들에게 과거 경험을 묻는 질문을 정해 놓을 수가 있으므로 구조화 정도가 높은 방식이지만, 지원자들의 경험이 모두 다를 수 있으므로 상대적으로 상황면접에 비해 평가기준의 구조화 정도가 낮을 수 있다.

대입면접의 경우, 상황면접과 경험행동면접이 모두 가능하다. 상황면접 질문은 학교생활에서 경험했을 법한 일을 제시하여 문제를 출제하게 된다. 이 외에 자주 사용되는 면접 방식으로 전기자료 면접(Biographical Data Interview; BDI)이 있다. 전기자료 면접이란, 개인의 이력서나 자기소개서 등을 토대로 질문하는 방식으로, 지원서 내용 중에 평가하고자 하는 역량이 잘 드러날 수 있는 지원자의 가정환경, 성장과정, 생활배경 등이 있다면 그러한 내용들을 보다 구체적으로 질문함으로써 해당 역량 수준을 파악하거나 지원자를 보다 잘 이해하기 위해 사용하는 방법이다. 이러한 면접 방식은 다른 상황면접이나 경험행동면접 시에 보조적으로 사용되는 방법이다. 전기자료 면접은 지원자들의 지원서에 적힌 내용에 따라 질문이 달라질 수 있어서 구조화 정도가 다소 떨어지게 되므로 반구조화된 면접(Semi-Structured Interview)방식이라 한다.

🎯 인성면접의 내용 : MMI와 MCAT

의대 인성면접 출제에 활용되는 것으로 MMI와 MCAT 시험이 대표적이다. 먼저, 다중미니면접(MMI·Multiple Mini-Interviews)은 2001년 캐나다의 McMaster 의과대학에서 도입된 시험이며, 의과대학 실기시험 방식인 OSCE를 차용한 것이다. 이 면접의 목적은 지원자들의 다양한 역량과 인·적성을 파악하는 데에 있다.

✏️ 문제 유형

a) 딜레마적 상황에 지원자의 윤리적 행동의도를 묻는 상황면접

b) 일정한 주제에 대해 개인의 가치관을 말하는 발표면접

c) 제시된 상황에서 지원자의 특정한 역할을 부여해 실시하는 역할 연기 면접

d) 특정한 주제에 대한 면접관과의 토론 면접

e) 일정한 주제에 대해 지원자의 의견을 글로 작성하는 기술평가 면접

두 번째 MCAT(Medical College Admission Test)는 미국대학 졸업자들이 의과대학원에 입학하기 위해 치르는 시험이다. 시험과목으로는 2012~

2013년까지 생물, 물리, 화학, 유기화학, 읽기 5개 분야를 기반으로 한, 3가지 시험을 치루고 점수가 반영되지 않는 선택과제(생화학, 사회)가 포함되어 있다. 2014년부터 생화학, 사회과학, 논리 문제 등이 추가되었다. 그리고 2016년부터는 수험생들이 건강문제를 사회문화적인 시각에서 고찰하는 능력이나 의료윤리적 판단력 등을 얼마나 인지하고 있는지를 평가하는 영역이 포함됐다.

인성면접에서 활용되는 부분은 MCAT의 평가영역인 '심리학적, 사회적, 생물학적 근거의 행동(Psychological, Social and Biological Foundations of Behavior)'이다. 샘플 문제를 보면 인종과 치료 방법에 대한 상관성을 내포한 통계를 제시하고, 그 의미를 묻는 질문이 나온다. 예를 들어, 두 그룹의 내과전문의들에게 심근경색증이 있는 50대 여성이 있는데 혈전용해요법 적용에 대한 의견을 조사했다. 단 한 그룹에게는 백인 환자의 사진을, 다른 그룹에게는 흑인 환자의 사진을 보여줬다. 내과전문의들은 백인과 흑인에 따라 혈전용해요법에 대한 부정적 편견도 달랐다. 수험생들이 이 자료를 정확히 해석할 수 있는지를 측정한다는 것이다.

그리고 '비판적 분석 및 추론 기술(Critical Analysis and Reasoning Skills)'이 활용되는 경우가 있다. 샘플 문제에서는 수감자인 환자가 털어놓는 비밀을 유지할 것인가를 묻는 질문이 등장한다. 건강 문제에 있어서 사회문화적인 요소를 이해한다는 것은 매우 중요한데 특히 환자의 건강 데이터를 놓고 믿을 만한 것인지 분석하는 것을 넘어서 환자의 이야기를 듣고 환자가 처해진 배경을 고려해 직관적인 사고를 할 수 있느냐를 묻게 된다.

◎ 대표적인 인성면접 문항

(1) 전기자료 면접(BDI)

- 자기소개서에서 봉사하는 의사가 되고 싶다고 했는데, 우리 사회에서 어떻게 봉사하고 싶은가?
- 어렸을 때부터 왜 피부과 의사가 되고 싶었는가?

(2) 상황면접 문항(SI)

- (제시문 : 늦은 시간, 혼자 집에 돌아가는 길에 네 사람이 한 사람을 골목에서 폭행하는 장면을 목격했다. 대부분의 사람들이 그것을 보고 모른 척하고 있고, 소수의 사람이 그 장면을 보고 있음.) 만약 자신이 이런 상황을 목격했다면 어떻게 행동하겠는가?
- 갑은 집안 형편이 어려워 아르바이트를 한다. 갑은 어제도 아르바이트를 하다가 과제를 하지 못했다. 갑은 교수님께 가서 어제 을이 위중한 상태였고 을을 간호하느라 과제를 하지 못했다고 거짓말을 했고 교수는 과제 기한을 연장해 주었다. 그리고 갑은 을에게 가서 "어제 아파서 내가 간호를 해주었다고 말해 달라"고 한다. 만약 당신이 을이라면 어떻게 하겠는가?

(3) MCAT유형 – 비판적 분석 및 추론기술

- 빠른 수술이 필요한 환자의 생명 연장을 위해 수술을 권유해야 하는가? 아니면 항암 신약 시험에 자원한 환자의 의견을 존중해서 몇 달 후에 다시 치료방법을 정해야 하는가?
- (영어 제시문을 읽은 후) Apoptosis(세포자멸) 현상에 대해 설명하라.

추가질문 : 세포자멸 현상이 암 발생에 미칠 수 있는 영향에 대해 추론하라.

서울대 의대 인성면접 기출문제 유형분석

(1) 일정한 주제에 대해 개인의 가치관을 말하는 발표면접

산업혁명 이후 엄청난 속도로 발전한 기술은 우리 삶의 형태와 방식을 상당히 바꾸어 놓았고, 기술 사회는 풍요로운 미래를 보장할 수 있다고 생각하게 되었다. 하지만 낙관적인 기대와 함께 우려의 목소리도 커지기 시작했다. 인도의 사상적, 정치적 지도자인 간디는 영국이 이식한 대량생산 기술들이 인도의 빈곤을 해결하는 것이 아니라, 대량생산 기술의 특혜를 받는 사람들과 그렇지 못한 사람들로 나누면서 빈곤을 더욱 고착화한다고 비판했다.

또한 하이데거 등의 철학자들은 인간 자신이 거대한 기술 시스템의 한 부분으로써 어떤 역할을 하느냐에 따라 인간 존재의 의미를 부여받게 되었다고 비판했다. 특히 최근 급성장한 로봇, 스마트폰, 인공지능, 사물인터넷 등의 기술들은 우리 삶의 거의 모든 부분에 침투하여 강력한 영향력을 발휘하게 되었고, 이로 인해 노동과 생산 그리고 인간의 관계에 대한 기본 개념이 바뀌면서 인간소외의 위기감을 느끼기 시작했다.

(2) 딜레마적 상황에 지원자의 윤리적 행동의도를 묻는 상황면접

성주와 주현이는 담임선생님께서 주관하시는 학급모임에 몇 명의 다른 학생들과 함께 참여하고 있습니다.

매주 금요일 오전 7시 30분에 모여서 정해진 주제에 대하여 한 명이 발표한 후 함께 토론하는 형식입니다. 아침 이른 시각이고 한 달에 한 번꼴로 주제 발표 준비도 해야 해서 다소 부담이 되기는 하지만, 다양한 분야를 공부하는 재미와 보람이 있어서 지난 학기부터 자발적으로 참여하고 있습니다. 그런데 지난주까지 총 20회의

(3) 특정한 주제에 대한 면접관과의 토론 면접

(4) 특정한 주제에 대한 면접관과의 토론 면접

측정한 결과 평균 80데시벨로 조사되었다. 80데시벨은 청소기나 주행 중인 자동차들이 내는 평균 소음과 맞먹는 수준이다. 혹자는 도시의 소음이 커지면서 암컷을 찾기 위한 수컷 매미의 울음소리가 더 커졌다는 주장을 한다.

(5) 일정한 주제에 대해 지원자의 의견을 글로 작성하는 기술평가 면접

　※ 아래 두 개의 글을 읽고, 준비된 원고지에 각 제시문의 주제를 각각 한 문장으로 작성하세요.(준비시간 10분을 별도로 제공)

제시문 1

수년 전 학년 초였다. 첫 자치활동이 있는 날이었다. 반장을 교무실로 불러 학급회의를 잘 이끌어 보라고 주문했다. 학급 규칙 같은 것을 정해서 우리만의 제대로 된 학급 자치를 이뤄 보는 게 어떨까 싶어서였다. 모두가 흔쾌히 응했다. 학생들은 회의를 제법 진지하게 진행했다. 나는 회의 중간에 교무실로 돌아왔다. 회의가 끝나고 반장이 결과를 알려주었다. 회의록을 살펴보니 벌금제가 중심이었다. 무단 지각 벌금 얼마, 야간 자율학습 무단 결과 벌금 얼마 등의 식이었다. 벌금제라 학생들에게 제법 효과가 있을 것 같았다. 잘 하면 많은 담임교사들의 꿈이기도 한 무지각·무조퇴·무결석의 한 해를 만들 수도 있겠다고 생각했다. [중략]
벌금제 운영의 결과는 기대와는 전혀 딴판으로 나왔다. 지각하는 학생들이 줄지 않았고, 야간 자율학습에 무단으로 빠지는 학생들도 늘어났다. 물론 다른 반과 비교하면 많은 편이 아니었지만, 벌금제를 운영하는 학급이라고 말하기가 무색할 정도였다.
미나(가명)는 그 해의 잊지 못할 학생이다. 전 학년 담임선생님의 말씀에 따르면, 미나는 평소에 수시로 지각하고 결석하는 학생이었다. 학년 초에 미나는 지각과 결석을 하지 않았다. 그러나 묵은 습관 때문이었을까. 미나는 지각하는 날이 잦아졌다. 이삼일을 계속해서 학교에 늦게 올 때도 있었다.
"미나야, 요새 무슨 일 있는 거야?" 그날도 나는 진심으로 걱정하는 마음에 미나에게 물었다. "아니요. 벌금 내면 되잖아요."

수년 전 문을 연 서울 ○○동의 '베이비박스'에 대한 찬반논란이 해를 거듭할수록 치열해지고 있다. 자신의 집 담벼락에 '베이비박스'를 설치한 이○○ 목사는 '베이비박스'를 개설한 사연을 여러 언론 인터뷰를 통해서 알렸다. 어느 추운 날 한밤중에 익명의 남성으로부터 전화를 받았는데, 대문 앞에 아기바구니를 두고 갔다는 것이었다. 황급히 나간 그는 아기바구니가 놓인 것을 발견했고, 바로 그 순간 고양이가 아기바구니 옆을 휙 지나가는 것을 목격했다는 것이다. 버려지는 아이를 추위와 고양이의 공격으로부터 보호해야겠다는 생각에 '베이비박스'를 설치했다고 한다.

'베이비박스'는 버려지는 아기의 생명과 안전을 생각하는 선의와 사람으로부터 우러나온 결과물임에 틀림이 없다. 더 나아가 이○○ 목사는, 서울 변두리의 한적한 골목에 자리 잡고 있는 이 '베이비박스'가 전국적인 지명도를 획득하면서 밀려들기 시작한 어린 생명들을 밤낮을 가리지 않고 온 정성을 다해 돌보고 있다. 한밤중 벨이 울리면 잠옷 바람으로 달려 내려가 아이를 안아내는 이○○ 목사의 모습은 이제 더 이상 낯설지 않다. 때로는 미숙아, 탯줄도 갈무리되지 않은 아기, 장애아동도 있다. 버려진 아이들을 돌보는 일 그 자체의 선함에 대해서 시시비비하는 일은 옳지 않다.

그러나 불행하게도 찬반논란이 가열되고 있는 것이 현실이다. 한 쪽에서는 이 일은 긴급한 일일 뿐 아니라 선하고 아름다운 일이니 전국적으로 10개소 이상 확산해서 설치할 필요가 있다고 말한다. 다른 한 쪽에서는 '베이비박스'의 출현은 우리 사회의 아동양육시스템이 병들고 고장 났다는 사실을 드러내어 주는 일일뿐 아니라 '베이비박스' 그 자체가 아동유기를 조장할 수 있으므로, 우리 사회의 아동양육시스템을 전방위적으로 재구성하는 일이 필요하다고 주장한다.

둘 다 틀린 이야기가 아니다. '베이비박스'를 운영하는 교회 측에서는 아동들이 '베이비박스'에 들어오는 즉시 관할 구청에 신고해야 하고 ○○구청에서는 '베이비박스'로 공무원을 보내 이 아동들을 거기에서 데리고 나와 서울에 산재한 아동보육원으로 재배치한다. 국내외를 막론하고 '베이비박스'의 이○○ 목사가 이 모든 아이들을 돌보는 것으로 알려져 있는데, 실제로는 '베이비박스'가 이 아동들의 양육에 책임을 지지는 않는다. 그럼에도 불구하고 '베이비박스'에 대한 언론보도는 '베이비박스'의 존재를 전 세계적인 수준의 아동구호체계로 각인시켰다. 미국에서는 이 '베이비박스'를 후원하는 재단이 설립되었고, '베이비박스'가 존재하지 않았으면 이 아이들은 죽었을 것이라는 주장을 담은 다큐멘터리가 제작되었다. 하지만 '베이비박스'가 세계적 수준의 인지도 상승과 후원금의 쇄도라고 하는 엄청난 선의와 사랑의 혜택을 누리는 동안, '베이비박스'에 유기되었던 아동들은 그 아동의 친모나 가족의 기대와는 달리, 난방도 제대로 안 되고 수돗물이 없어 지하수로 우유를 타 먹이는 열악한 아동보육시설로 보내지고 있다.

대학별 인성면접 기출문제

 **가톨릭대학교**

**01** 다음 지문을 읽고 2분 이내로 설명하시오.

인간은 한 가족의 구성원으로 태어나 성장하며 사회에 적응해 나가고, 때가 되면 '직업'을 찾습니다. 직업은 다양한 의미를 지니는데 영어권에서는 occupation, profession, vocation, job 등의 말로 표현됩니다. 직업에 대한 이러한 다양한 표현은, 직업이 사회 상황과 개인의 인생관에 따라 얼마나 풍부하게 이해될 수 있는가 하는 점을 보여줍니다.

1. 지원자가 생각하는 직업의 의미는 무엇입니까?

2. 직업의 의미와 관련하여, 지원자는 '의사'라는 직분이 어떤 의미를 지니고 있다고 생각합니까?

<평가방향>

문제 1

① 생계를 위한 의미 ② 생계와 자기계발 ③ 생계, 자기계발, 사회적 책무 ④ 생계, 자기계발, 사회적 책무, 타인과의 연대 의식

문제 2

① 안정된 생계를 위한 의미 ② 안정된 생계와 전문가로서의 자기계발 ③ 안정된 생계와 전문가로서의 자기계발, 사회 기여하는 의사 ④ 안정된 생계, 자기계발, 사회 기여하는 의사, 측은지심을 지닌 의사의 연대 의식

Q 02 학생 A는 장애원에서 소통이 잘 안 되는 다운증후군환자를 5년간 봉사활동을 해왔다. 학생 B는 영어를 잘하는 장점을 살리고 영어공부도 할 목적으로 구호단체에서 편지를 영어로 번역하는 봉사를 하였다.

1. 지원자는 어떤 유형의 봉사를 하였는지 말해보고 봉사하면서 보람이나 느낀 점을 말해 보세요.(봉사하면서 힘든 점, 왜 하는지 등 갈등한 적이 없는가?)

2. 하지 않았던 봉사활동에 대하여 지원자의 생각은 어떠한지요?

3. 봉사활동을 하면서 의대지원에 어떤 영향을 끼쳤는지요?

4. 앞으로 기회가 된다면 어떤 봉사를 하고 싶은지요?

리더십−〈지원자 개별 질문〉

동아리, 캠프 등의 활동에서

1. 친구들하고 만족할 만한 결과를 얻은 경험이 있는지요?

2. 그 과정에서 회원들하고 갈등이나 문제가 발생하여 해결한 경험이 있는지요?

3. 지원자가 수행한 발표, 소논문 중에서 내용에 대해 설명해 보세요.

 **경희대학교**

Q01 의사가 되면 아픈 사람을 치료할 수 있는 자격을 갖게 되며 병원에 근무하는 경우가 대부분이다. 대학병원에서 진료하는 의사 중에 같은 과에 근무하는 두 분의 의학지식이 뛰어난 의사가 있다. 한 분은 검증되고 안전한 치료법을 위주로 위험성을 최소화하는 치료를 하는 '안정형 의사'이고, 다른 분은 검증 과정에 있으며 치료효과가 높은 신약 등 새로운 치료법을 도입하려고 노력하는 '도전형 의사'이다. 본인이라면 어떤 의사가 되고 싶은가? 선택한 이유는?

〈안정형 의사〉

[탁월함] 아래의 [매우 우수]에 더하여 추가질문에 대해 논리적으로 명료하고 타당하게 답변하는 경우

추가질문 답변 예시

- 검증이 안 된 새로운 치료법은 앞으로 안정화되어 치료에 널리 도입될지 아니면 문제점이 발생해 사라질지는 모르는 치료임.
- 새로운 치료법을 도입해야만 치료효과를 기대할 수 있는 위중한 병들도 있지만 치료과정이나 치료 후에 생길 부작용 등 위험성을 고려한다면 검증된 치료법들이 환자를 위한 최선의 치료법임.

[매우 우수] 아래의 내용과 유사한 답변을 논리적으로 설득력 있게 제시할 경우

- 환자에게 새로 개발된 신약을 투여하고 부작용이 생긴다면 그 피해는 환자가 다 받게 됨.
- 질병에 대한 치료법은 계속 개발되고 세월이 지나면 안전하고 검증된 치료법이 확립됨.
- 검증된 치료법을 위주로 부작용과 위험성을 최소화하는 진료를 하는 의사가 환자에게 좋은 의사임.

[우수] 위의 [매우 우수]에 비해 답변의 근거로 제시하는 논거의 내용이 논리성과 설득력에서 다소 떨어지는 경우

[보통] 논거의 내용이 단편적이거나 주관적 느낌이나 편견만으로 답변하는 경우

[다소 미흡] 문제를 제대로 이해하지 못하거나, 답변이 질문과 맞지 않는 경우

〈도전형 의사〉

[탁월함] 아래의 [매우우수]에 더하여 추가질문에 대해 논리적으로 명료하고 타당하게 답변하는 경우

추가질문 답변 예시

- 새로 개발된 약이 없었다면 틀림없이 사망했을 환자가 모험적인 신약 시험을 통해 생존하는 사례도 많음.
- 의사와 환자의 치료에 대한 선택의 문제이지 부작용을 우려해서 새로운 치료법 사용을 늦추는 것이 꼭 환자에게 이로운 것이 아님.

[매우 우수] 아래의 내용과 유사한 답변을 논리적으로 설득력 있게 제시할 경우

- 새로운 치료법일수록 과거의 치료법보다는 치료효과도 높고 안전한 치료법일 가능성이 높음.
- 많은 환자를 통한 검증이 덜 되어 있을 뿐 신약개발 과정 또는 치료법의 개발과정에서 수행하는 임상시험에서 통과된 치료법을 사용하는 것임.
- 혁신적인 치료법에는 임상시험이 필요하고 환자가 대상이 되어야 함.
- 위험성을 감수하고라도 환자에게 꼭 필요한 치료이기 때문에 권유하고 치료에 이용하는 것임.

[우수] 위의 [매우 우수]에 비해 답변의 근거로 제시하는 논거의 내용이 논리

성과 설득력에서 다소 떨어지는 경우

[보통] 논거의 내용이 단편적이거나 주관적 느낌이나 편견만으로 답변하는 경우

[다소 미흡] 문제를 제대로 이해하지 못하거나, 답변이 질문과 맞지 않는 경우

Q 02 환자는 올해 58세의 어느 회사 부장으로, 업무상 담배와 술을 많이 하고 있었다. 몇 주 전 종합건강검진에서 시행한 가슴방사선 검사에서 덩어리가 발견되었고, 컴퓨터단층촬영(CT)과 조직검사에서 악성 종양으로 확진되었다. 의사는 환자에게 종양이 시간이 지남에 따라 커질 가능성이 높아 빠른 수술이 필요하다고 말했다. 또 수술 후에는 신경손상으로 인해 목소리가 잘 안 나오고 호흡장애가 생길 가능성이 높다고 하였다. 그리고 수술이 잘 되면, 환자에게 수명은 어느 정도 연장할 수 있다고 하였다.

이 수술 며칠 전에 환자는 의사를 찾아가서 "선생님, 수술을 몇 달만 연기하고 싶어요"라고 하였다. 이유를 물어보니 '임상시험이 진행 중이며 효과가 있을 것으로 기대되지만 부작용의 위험성도 있다고 알려진 항암 신약시험에 자원해서 치료를 해보고 다시 오겠으니 그때 종양이 더 자랐는지 아닌지 확인해 달라'고 하였다. 의사가 보기에 환자는 언어장애와 호흡곤란과 같은 수술 후 장애로 삶의 질이 떨어지는 것을 매우 우려하고 있는 것 같았다.

빠른 수술이 필요한 암환자의 생명연장을 위해 '수술을 권유'해야 하는가? 아니면 항암 신약시험에 자원한 '환자의 의견을 존중'해서 몇 달 후에 다시 치료방법을 정해야 하는가?

〈수술 권유〉

[탁월함] 아래의 [매우우수]에 더하여 추가질문에 대해 논리적으로 명료하고 타당하게 답변하는 경우

추가질문 답변 예시

- 생명 연장이 삶의 질을 비교했을 때 더 중요하다는 판단하에 의사가 진료하는 것임.
- 수술 후 환자의 고통을 줄여주도록 의사가 노력하고 환자가 정신적 안정을 찾도록 도와주는 노력이 필요함.

[매우 우수] 아래의 내용과 유사한 답변을 논리적으로 설득력 있게 제시할 경우

- 종양이 암으로 확진되었으므로 치료시기가 빠를수록 환자의 암이 퍼지지 않고 잘 치료될 수 있음.
- 치료가 늦어지면 암의 전이, 환자 영양과 전신 건강상태 악화 등으로 치료하기 어려워질 수 있음.
- 수술 후에 장애나 후유증이 생길 가능성은 어느 수술이나 가지고 있고, 생명을 오래 유지하는 것이 중요함.
- 현재까지 수술을 대신할 정도의 치료효과를 가진 항암 신약은 거의 없으므로 최적의 치료를 권유하는 것이 의사의 의무임.

[우수] 위의 [매우 우수]에 비해 답변의 근거로 제시하는 논거의 내용이 논리성과 설득력에서 다소 떨어지는 경우

[보통] 논거의 내용이 단편적이거나 주관적 느낌이나 편견만으로 답변하는 경우

[다소 미흡] 문제를 제대로 이해하지 못하거나, 답변이 질문과 맞지 않는 경우

〈환자 의견 존중〉

[탁월함] 아래의 [매우우수]에 더하여 추가질문에 대해 논리적으로 명료하고 타당하게 답변하는 경우

추가질문 답변 예시

- 환자 본인이 판단한 결정이므로 책임도 환자 본인이 지는 것임.
- 환자가 수술의 후유증으로 인한 삶의 질이 떨어지는 것을 걱정하는 등 환자의 입장을 고려해 주는 것이 좋은 의사임.

[매우 우수] 아래의 내용과 유사한 답변을 논리적으로 설득력 있게 제시할 경우

- 환자가 자기 몸의 치료에 대해서는 결정권을 갖고 있음. 비록 의사의 판단과 맞지 않더라도 환자의 의사를 존중해 주는 것이 맞음.
- 항암 신약도 검증이 안 되었을 뿐 치료효과가 없다고 단정할 수 없음.
- 수술 후에 언어장애, 호흡곤란과 같은 후유증은 삶의 질을 떨어뜨리므로 최대한 이런 장애가 없도록 다른 치료법을 생각하는 환자의 의견도 존중해 주어야 함.

[우수] 위의 [매우 우수]에 비해 답변의 근거로 제시하는 논거의 내용이 논리성과 설득력에서 다소 떨어지는 경우

[보통] 논거의 내용이 단편적이거나 주관적 느낌이나 편견만으로 답변하는 경우

[**다소 미흡**] 문제를 제대로 이해하지 못하거나, 답변이 질문과 맞지 않는 경우

 인하대학교

Q 01 최근 사회적으로 셰프(요리사)가 인기 직종으로 부각되고 있다. 웨이터와 보조셰프의 급여를 비교하면 웨이터의 급여가 보조셰프보다 평균적으로 더 높은 것으로 나타난다. 왜 이러한 현상이 나타나는지 자신의 의견을 제시하시오.

✏️ 후속질문

1. 최고의 셰프가 되기까지 오랜 숙련의 시간이 걸리는 것처럼, 의사가 되는 데는 타 직종보다 더 많은 시간과 비용이 소모된다. 왜 그래야 하는지와 그럼에도 불구하고 왜 의과대학을 선택했는지 자신의 의견을 제시하시오.

2. 근무환경이 열악하다고 생각되어 병원에 개선을 요구하였으나, 병원은 받아들이지 않았다. 동료 A는 합법적으로 시한부 파업을 하자고 하고, 동료 B는 그대로 받아들이자고 한다. 본인의 의견은 어떠하며 그 이유는 무엇인가? (평가위원이 선호하는 답변이나 정해진 정답이 없음을 주지)

3. 자신과 반대되는 의견을 가진 동료 A 또는 B를 어떻게 설득할 것인가? A 또는 B가 앞에 있다고 가정하고 이야기해 보시오.

4. 자신과 반대되는 의견으로 결정되었을 경우, 자신은 어떻게 행동할 것이며 그 이유는 무엇인가?

학교 측 해설자료

문제 유형의 적절성

웨이터와 보조셰프의 급여를 비교하는 질문은 직업의 전문성에 대한 문제라 생각되는데 전공에 대한 관심과 태도를 평가하는 문항으로 적절하지 않아 보이지만, 웨이터와 보조셰프의 차이를 정확히 인식하는가에 대한 부분에서는 변별력을 가진다. 또한 의학계열을 지원하는 학생이라면 간호사와 간호조무사, 의사 등과 비교하여 생각하여 볼 수 있을 것이다.

특히 후속질문의 경우는 의과 대학을 왜 선택했는지 자신의 의견을 제시하는 첫 번째 질문은 의사로서의 적성을 평가하기 위한 문항이며, 두 번째 질문은 의사로서의 윤리의식, 세 번째 질문은 의사로서의 의사소통능력, 마지막 질문은 의사로서의 문제해결 능력을 평가하고 있다. 따라서 지원자의 전공에 대한 관심과 태도를 평가하는데 아주 적절한 문항이며, 전공에 대한 관심과 태도의 깊이를 알 수 있는 문항이다.

문제 난이도의 적절성

이 면접 문항을 의예과 지망생에게 질문하지 않고 다른 전공 학생에게 질문하였다면 직업적 소명 의식 같은 것을 파악하려는 의도였을 것이다. 하지만 의예과 지망생은 이 면접 문항을 자신의 전공과 연관해서 답변할 수 있는 유추 능력을 발휘해야 한다. 유추는 귀납추론에 해당하는 논리적 사고력으로써 고등사고능력에 해당

한다. 이러한 점을 고려한다면 이 면접 문항은 수험생의 의무윤리에 대한 지식 및 태도, 그리고 논리적 사고력 등을 함께 측정할 수 있는 매우 적절한 문항이다.

본 문항은 지원자가 직업의 전문성에 대해 정확히 이해하고 파악하지 못할 경우 답하기가 쉽지 않은 난이도가 다소 높은 문항이라 할 수 있다. 또한 사회적인 이슈에 대한 자신만의 생각을 정리하는 습관이 필요한 문항이며, 직업별로 급여에 대한 명확한 이해가 선행되어야 답변이 가능할 것이다. 진로와 직업 등과 같은 교과목에서 다룰 수 있는 문항이기에 고등학교 교육과정 수준에서 적절하게 출제된 문항이라고 생각되지만 직업의 의의와 직업생활의 여러 측면에서 직업의 전문성을 고려하지 못할 경우 답이 쉽지 않을 수도 있다.

후속질문의 경우 의대를 지원하는 학생의 수준이라면 답변이 가능한 질문이다.

Q 02 유전자 결함이 원인으로 아직 치료법이 없는 희귀중증질환 환자가 나에게 왔다. 유일한 방법으로 유전자치료를 시도해 볼 수 있으나 치료 효과가 있을 확률은 50%이고 치명적 부작용이 있을 확률도 50%이다. 치료를 하지 않았을 때 환자의 사망 가능성은 5년 내 90%이다. 이러한 상황에서 치료 여부 판단을 위해 고려하거나 확인해야 할 것들은 무엇이 있을지 설명해 보시오.

후속질문

1. 유전자치료란 무엇인지 설명해 보시오.

2. 환자에게 치료에 대해 어떤 설명을 할 것인가? 환자가 앞에 있다고 가정하고 대화해 보시오.

3. (응시자가 선택에 따라) 환자의 생각과 반대로 치료를 권하고 싶다면 또는 환자의 생각과 반대로 치료를 권하고 싶지 않다면 어떻게 설명할 것인가? 환자가 앞에 있다고 가정하고 대화를 해보시오.

4. 유전자 치료 또는 유전자 조작기술이 도움이 되는 병이나 분야는 어떤 것이 있는지 말해 보시오.(응시자의 독창적 생각을 유도)

5. 유전자 치료 또는 유전자 조작기술의 문제점이나 부작용에는 어떤 것이 있는지 말해 보시오.(응시자의 독창적 생각을 유도)

학교 측 해설자료

문제 유형의 적절성

의예과 지망생은 다른 전공과 달리 생명 현상에 대한 깊은 관심은 물론이거니와, 생명윤리에 대한 자신의 가치관과 태도를 고민하지 않을 수 없다. 수험생들은 향후 인간 생명을 다루는 의료인이 되어서 그것이 안락사든, 임신중절이든, 그리고 이번 면접 문항처럼 사망률이 높은 유전자치료든 항상적으로 직면하는 문제 상황에 놓일 것이다. 면접 문항은 수험생이 이러한 상황을 적절히 타개하고 헤쳐 나갈 수 있는 대처능력을 지니고 있는지를 알아볼 수 있는 상당히 변별력 있는 문항이다.

문제 난이도의 적절성

문항의 전반적인 내용은 생명과학과 관계한 교과목에서 출제되었지만 실질적으로 환자의 치료 여부에 대한 문항이기에 단순히 고등학교 교육과정의 학습내용보다는 지원자의 학교에서의 비교과 활동을 평가하는 문항이다. 일반적으로 의예과를 지원하기 위해 준비된 학생이라면 충분히 생각해 볼 수 있는 문항이며 어렵지 않게 답할 수 있다. 전문적인 지식보다는 자신의 생각을 근거로 논리적으로 설득력 있게 답해야 하기 때문에 적당한 난이도를 갖고 있는 문항이며 변별력도 갖추고 있다. 지원자가 자신의 생각을 논리적으로 자신감 있게 답하였다면 좋은 평가를 받을 수 있는 문항이며, 지원자가 지적인 호기심 및 인성적인 측면까지 표현하여 답하였다면 우수한 평가를 받을 수 있을 것이다.

Q 03 당신은 의사이다. A양은 여러 번의 가출 끝에 최근 마음을 바로잡고 집으로 돌아왔는데 열이 나고 피부에 반점이 나타나 당신을 찾아왔다. 검사를 해보니 후천성면역결핍증후군(AIDS)으로 진단이 되었다. A양은 가족들에게 절대 알리지 않고 치료도 하지 않기를 강력히 요청하고 더 살고 싶지 않다고 고백하고 있다.

후천성면역결핍증후군은 전염성 질환이고 완치는 될 수 없지만, 살면서 일상생활을 할 정도의 유지 치료가 가능한 병이다. 의사로서 어떤 조치를 하겠는가?(※ 1분 내외로 설명하도록 주의)

🖊 탐색 질문 예

1. A양을 위해 어떤 대화를 할 것인가?(※ 실제 A양이 앞에 있다고 가정하고 대화해 보시오.)

2. 이 사실은 반드시 가족에게 알려야 하는가?

3. A양이 치료를 계속 거부할 경우 어떻게 설득할 것인가?(※ 실제 A양이 앞에 있다고 가정하고 대화해 보시오.)

4. 가족에게 알리기 위해 당신은 어떤 일을 할 것인가?

5. A양이 끝까지 밝히기를 거부할 경우에는 어떻게 해야 하는가?

Q 04 암은 비정상적인 세포의 증식과 조직 침투 및 전이에 의해 발생하는 질환이다. 암의 발생기전과 치료방법에 대해 설명하세요.(※ 2분 내외로 설명하도록 주의)

🖍 탐색 질문 예

1. 암 환자에 대해 어떤 느낌을 가지고 있는가?(※ 직·간접 경험을 바탕으로 기술하도록 유도)

2. 당신이 의사라면 치료가 매우 어려운 암이 발견된 환자에게 그 사실을 어떻게 알려줄 것인가?(※ 실제 환자가 앞에 있다고 가정하고 대화해 보시오.)

3. 말기 암 환자가 항암치료를 거부하고 검증되지 않은 민간요법을 하려고 한다. 당신의 생각은?

4. 당신이 의사라면 위의 문제에 대한 당신의 의견을 어떻게 전달할 것인가?(※ 실제 환자가 앞에 있다고 가정하고 대화해 보시오.)

5. 알고 있는 암의 기전을 바탕으로 본인이 생각하는 새로운 치료 방법의 제안 또는 의사로서 이들을 도울 수 있는 방법을 논하시오.(※ 암 이외 본인이 원하는 다른 질병에 대한 대답도 가능함을 알려주며 동일하게 평가)

 **부산대학교**

Q01 사람과 사물, 사물과 사물이 네트워크로 연결되는 소위 사물인터넷 시대가 도래하고 있다. IT전문 시장조사기관인 IDC에 의하면, 전 세계 스마트폰 시장 규모는 2013년 214억불에서 2017년 180억불로 감소할 것으로 예상하고 있는데, 특히 우리나라의 스마트폰 시장은 이미 성숙기에 진입한 상태로, 세계에서 가장 먼저 성장률이 감소할 것으로 예상된다. 따라서 스마트폰 이후를 대비한 차세대 디바이스 분야에 대한 선제적인 대응이 필요한 상황이다. 웨어러블 디바이스는 사람의 신체에 부착하여 편리하게 사용할 수 있도록 제작된 다양한 형태의 장치들을 지칭하며 휴대성, 사용편의성, 환경적응성 측면에서 기존의 스마트폰과 같은 디바이스와는 차별화되는 탁월한 기능을 제공한다.

1. 웨어러블 디바이스가 적용되고 있는 분야를 아는 대로 설명하시오.

2. 자신이 개발하고 싶은 웨어러블 디바이스에 대해 설명하시오.

Q02 매년 우리나라에서는 3,000명 이상의 의사가 배출되고 있어 의사 수는 지속적으로 증가하고 있지만, 저출산으로 인해 인구의 증가는 미미하여 미래에는 우리나라의 인구 감소가 예상됩니다. 또한, 저수가의 의료보험시스템에 의해 도산하는 개인 병원이 점차 증가하고 있습니다.

위와 같은 상황을 고려할 때, 당신이 의사가 된 이후에 선택할 수 있는 진로에 대해 아는 대로 말해 보시오.

 위 그림은 영국의 유명 화가 Sir Luke Fildes(1843-1927)가 그린 "The Doctor"라는 1887년 작품이다.

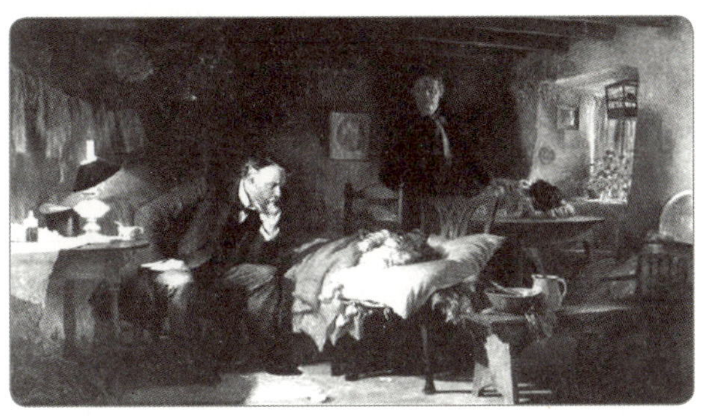

1. 스토리 : 이 그림을 통해 상상할 수 있는 자신만의 이야기를 들려주세요.

2. 메시지 : 당신의 이야기가 전하고자 하는 바는 무엇인가요?

 스티브 잡스가 아이폰을 개발하여 스마트폰 시대를 열게 되면서 현 시대에 편리함을 가져오고 개인의 삶을 혁신적으로 변화시켰다. 당신이 구할 수 있는 것 중에 한 가지를 가지고 조선시대로 갈 수 있다고 하자. 당신은 무엇을 가지고 가서 그 시대 주민들의 삶을 어떻게 변화시키고 싶은가?

 우리나라는 OECD 회원국 중 자살률 1위 국가이다. 현재 자살 예방을 위한 여러 가지 시도가 이루어지고 있다. 다음은 2014년 2월 20일 모 일간지에 실린 기사이다.

2012년 9월에 '생명의 다리' 공익광고 사업으로 마포대교 난간 위에 시민들로부터 아이디어를 공모받아 선정한 이미지와 문구를 새겨 넣었다. 한강을 관통하는 다리 중에서 투신 사건이 가장 많아 '자살대교'로 불리는 마포대교의 오명을 씻고, 자살 시도자들에게 살아갈 힘을 보태자는 취지였다. 저녁시간대 생명의 다리 난간에 사람들이 다가가면 불이 켜지면서 '밥은 먹었어?', '속상해 하지 마라'처럼 가족이나 친구가 건네는 듯한 메시지를 볼 수 있다. 하지만 캠페인이 실시되고 약 1년 뒤, 투신시도자 수는 오히려 크게 늘었다는 결과가 나왔다.... (중략) ... '수영 잘 해?', '짬뽕이 좋아?' 등 생명이 다리에 새겨진 몇몇 문구가 다소 부적절하다는 지적도 나왔다.

1. 이 다리에서 누군가가 자살을 시도하려 할 때 그 사람의 마음을 돌릴 만한 문구를 만들어 보시오.

2. 이 다리에서 문구를 새겨 넣는 것 외에 자살 예방을 위한 다른 창의적인 방안을 제시하시오.

Q06 현대 과학문명을 이루어 온 진화 과정에 나타난 인류의 특성을 다음과 같이 분류하는 시도도 있다. 다음의 인류의 분류를 참고하여 질문에 답하시오.

호모 사이언티피쿠스–탐구하는 인간 : 인간은 남들로부터 배울 뿐만 아니라 호기심과 열정을 가지고 자기 스스로 탐구할 수 있는 능력을 가진 존재로 진화했다.

호모 레플리쿠스–모방하는 인간 : 인류는 '관찰'과 '학습'이라는 행위를 통해서 모방을 할 수 있게 됨으로써 다른 동물들과는 완전히 다른 진화적 경로를 걷게 되었다.

호모 엠파티쿠스–공감하는 인간 : 인간은 다른 존재의 고통까지도 공감할 수 있는 유일한 종으로서, 이런 공감 능력을 바탕으로 인간은 자연에 대한 깊은 친화력과 이타적 행동을 할 수 있게 되었다.

호모 컨버제니쿠스-융합하는 인간 : 인간은 이질적인 것들을 섞어서 새로운 무언가를 만듦으로써 새롭고 창의적인 발전을 이룩해 왔다.

Q 07 여름에 해수욕장에 해수욕을 갔다. 바다에서 수영을 하다 바닷물을 조금 마시게 되었다. 바닷물에 부유하며 살고 있던 미생물이 바닷물과 함께 입 안으로 들어오게 되었다. 이 미생물은 어떤 환경의 변화를 접하게 될까? 바닷물과 비교하여 입 안, 위, 소장, 대장 등에서의 환경 변화에 대해 이야기해 보시오.

Q 08 만약 유전공학의 발전으로 다양한 공룡을 복제하는 데 성공하였다면 공룡 복제로 얻을 수 있는 장점은 무엇이 있을까? 또 아직 안전이나 습성이 완전히 확인되지 않은 가운데 일부 공룡이 탈출하여 인근 주택지로 들어가게 되었다. 이때 발생할 수 있는 문제는 무엇이 있을까? 사회, 경제적, 윤리적, 과학, 환경 등 다양한 면에서 이야기해 보세요.

Q 09 어떤 신종 바이러스에 노출되었을 때, 감염될 확률이 50%이고 이 가운데 10%는 사망할 수도 있다고 한다. 감염을 예방하기 위해서 백신이 개발되었는데, 백신의 효과를 확인하기 위하여 인체실험 진행을 위해서는 최소한 1000명이 필요하다. 당신은 어떻게 백신의 효과를 확인하겠는가? 백신을 접종받는 경우 0.1%의 경우 부작용으로 심각한 후유증을 앓는다고 한다. 당신은 이 백신을 접종받겠는가?

Q 10 우리나라 고등학교 교육과정은 주로 대학 입시를 위한 획일적인 교과목으로 구성되어 있다. 그러나 선진국의 경우 기본적인 교과목 이외에 예술성과 창의성을 함양하는 과목을 비롯하여 생활에 활용할 수 있는 실용적인 과목까지도 교육과정에 포함하고 있다. 응시자가 현재의 고등학교 정규 교과목이 아닌 새로운 교과목을 자유롭게 만들 수 있다면 무슨 과목을 개설하고 싶은가?

① 교과목명, ② 과목 개설의 취지, ③ 구체적 수업 내용, ④ 예상되는 기대효과 등을 포함하여 설명하시오.

Q 11 당신이 사고로 인하여 다음 세 가지 항목(①한글 ②알파벳 ③숫자) 중 두 가지 항목에 대한 인지능력만 가질 수 있다면 어떤 것을 선택하겠습니까?(인지능력이란 읽고, 쓰고, 말하고 이해하는 모든 능력을 포함함.)

1. 두 가지를 선택한 이유와 한 가지를 포기한 이유를 말해 보시오.

2. 해당 항목을 포기했을 때 어떤 어려움이 예상되며, 그 상황에 어떻게 대처할 것인지 말해 보시오.

3. 포기한 항목 대신 다른 한 분야에 천재성을 가질 수 있다면, 어떤 것을 선택할지와 그 이유를 말해 보시오.(예: 작곡가, 가수, 화가, 엔지니어, 펀드매니저, 요리사, F1드라이버, 프로게이머, 스포츠선수 등 어떤 분야라도 가능)

Q 12 3개의 세부과제로 이루어진 팀 프로젝트를 진행하는데 필요한 12명의 구성원 가운데 1명으로 본인이 선택되었습니다. 구성원들의 역할은 ①리더인 팀

장 1명, ②전체 팀장과 세부과제 리더 사이에서 전체적인 조율을 담당할 부팀장 2인, ③세부과제 별 리더 3인, ④각 세부과제별 실무를 담당할 구성원 2인으로 나뉘어져 있습니다.

이 중에서 본인은 어떤 역할을 수행하고 싶은지, 또는 어떤 역할에서 가장 자신 있는지 얘기해 보시오.

본인이 실무를 담당하는 구성원 중 1인이라고 가정해 봅시다. 프로젝트에 관련된 기발한 아이디어를 생각해내서 과제 담당 리더에게 얘기했으나, 의견이 수용되지 않았습니다. 그런데 얼마 후 전체 팀 회의에서 본인이 원래 제안한 아이디어와 거의 유사한 아이디어를 과제 담당 리더가 본인의 의견인 것처럼 발표를 하고 좋은 반응을 얻었습니다. 이런 경우, 본인은 어떠한 행동을 취할 것인지 얘기해 보시오.

1. 당신에게 한 달 동안 사용할 수 있는 돈이 10만 원이 주어진다면 어떻게 사용하고 싶은가?

2. 당신은 한 달을 시한부로 살 수 있다. 그동안 사용할 수 있는 돈이 1000만 원이 주어진다면 어떻게 사용하고 싶은가? 단, 기증이나 다른 형태로의 교환은 불가능하다.

3. 당신은 일 년을 시한부로 살 수 있다. 그동안 사용할 수 있는 돈이 10억 원이 주어진다면 어떻게 사용하고 싶은가? 단, 기증이나 다른 형태로의 교환은 불가능하다.

4. 노후를 준비하는 데 필요한 돈은 얼마쯤 될 것이라고 생각하는가? 그 이유는?

 **인제대학교**

Q 01 사례를 읽고 질문에 대해 그 이유와 함께 답하십시오.

나는 철수와 공동 과학과제를 같이 하기로 이미 약속을 한 상태이다. 이 과제는 2인 1조로 수행하는 과제이다. 그런데 오늘 갑자기 철수가 내게 전화를 하여 "자신은 민지가 부탁하여 민지와 과제를 같이 하기로 했으니, 나에게 과제를 같이 할 다른 친구를 찾아보라"고 하였다. 또, "민지는 철수와 내가 조를 같이하기로 약속한 사실을 알았지만 철수에게 부탁하였다"고 하였다.
'철수'는 왜 그랬을까요?
'민지'는 왜 그랬을까요?
응시자가 '나'라면 어떻게 하시겠습니까?

Q 02 나는 의예과 1학년 대표이다. 축제 첫날에 1학년이 일일 찻집을 열기로 하였다. 축제 전날 전화가 걸려 왔다. 발신자 번호만으로는 누구인지 알 수 없었다. 전화를 받자 상대방은 무턱대고 일일 찻집 행사를 축제의 둘째 날로 바꾸라

고 요구하였다. 목소리를 들어 보니 2학년 대표단의 일원으로 짐작되었다. 응시자가 1학년 대표라면 어떻게 하겠습니까?

한림대학교

Q01 지금까지 가장 감명 깊게 읽었던 책이 있나요?(단, 교과서에 수록된 것은 제외함.)

단계식 질문 1 : 책 제목과 주인공은 누구인가요?

단계식 질문 2 : 책의 줄거리를 간략하게 요약해 보세요.

단계식 질문 3 : 책을 읽으며 얻은 가장 중요한 교훈은 무엇인가요?

단계식 질문 4 : 이런 경험이 자신에게 미친 영향은 무엇입니까?

단계식 질문 5 : 자신이 받은 영향을 실천한 사례를 말해 보세요.

Q02 다음 상황을 숙지하고 면접관의 질문에 답변해 주시기 바랍니다.

국내에서 중동호흡기 증후군(MERS)이 급속하게 전파되어 많은 환자가 발생하였다. 정부가 전염을 막기 위해 휴교령을 내렸고, 대규모 회의나 모임을 하지 않도록 권고하였으며, 일부 의료기관을 폐쇄하는 사태까지 있었다. 그러나 이후 환자 발생률이 줄어들지 않았고 사망자도 생겼다.

1. 위 상황에서 발생된 문제점 혹은 이슈들을 나열하시오.

2. 1번에서 답한 문제점 혹은 이슈 중 가장 중요한 것은 어떤 것입니까?

3. 정부의 대처와 처리에 대한 학생의 의견은 어떻습니까?

Q03 A, B, C는 의예과 수업을 사이좋게 듣는 친구들이다. 이번 시험을 함께 준비하는데 B가 독감에 걸려서 시험공부를 제대로 못하였다. 가정형편이 어려운 B는 성적장학금을 받고 있는데 최근에 아팠기 때문에 이번 시험에서 좋은 성적이 안 나오면 장학금을 받을 수 없다. 이를 알고 있는 A는 성적이 좋은 C한테 시험 도중에 B에게 답을 알려줄 것을 부탁하였다. 그러나 C는 이러한 제안을 거절하였다. 이러한 사건 이후에 A와 B는 C와 친하게 지내지 못하고 결국 세 학생 모두 좋은 점수를 받지 못했다.

1. 문제점이 무엇인가요?

2. A, B, C 학생의 심정은 각각 어떠할지 학생의 의견을 말해 보시오.

3. 본인이 A 학생이라면 어떻게 하였을까요?

4. 본인이 C 학생이라면 어떻게 하였을까요?

Q04 A시에서 국제회의가 열릴 예정이다. 이 회의에는 에볼라 발병 6개국

관계자들이 참여할 예정이다. A시 시민들은 행사를 취소하거나, 에볼라 발병 6개국 관계자들의 입국을 불허하기를 바라고 있다. 정부는 A시 시민들의 의견을 받아들일 수는 없으나, 에볼라 감염방지를 위해 최선의 노력을 다하겠다는 방침을 세웠다.

1. 학생이 A시 시민이라면 정부의 조치는 적절하였다고 생각합니까?

2. 학생이 A시가 아닌 곳에 거주한다면 정부의 조치는 적절하였다고 생각합니까?

3. 학생이 의사의 입장이라면 정부의 조치는 적절하였다고 생각합니까?

Q 05 개발도상국인 A나라에서 시작된 정체불명의 감염병은 여러 나라로 전파되어 곳곳에서 환자가 발생하였다. 국제사회가 이 질병의 전파를 막기 위해 협력에 나섰고 한국도 이에 동참하여 A나라에 10여 명의 의료진을 파견하였다. 그러던 중 파견된 의료진 중 일부에서 환자가 발생하였고, 한국 정부는 질병의 국내 전파를 막기 위해 감염자의 귀국을 제한하고 제3국에서 치료 받도록 권고하였다.

1. 위 상황에서 발생된 문제(이슈)들을 나열하시오.

2. 1번에서 답한 문제(이슈) 중 가장 중요한 문제는 어떤 것입니까? 그리고 (가장 중요한 문제에 대하여) 어떤 조치가 필요합니까?

3. 한국 정부의 방침에 대한 학생의 생각은?

Q 06　A : 가정 형편이 어렵고 아픈 학생, B : A의 친구, C : 공부를 잘하는 학생

A, B, C는 같은 반 학생들이다. 이번에 같이 시험을 준비하는데, A가 독감에 걸려 공부를 하지 못하였다. A는 장학금 때문에 시험을 잘 봐야 하는 상황이다. 이를 알게 된 B는 A를 돕기 위해 부정행위를 계획하고 C에게도 도움을 요청하였으나, C는 이를 거절하였다. 이로 인해 A, B는 C와 서먹한 관계가 되었다. 결국 세 명의 친구는 모두 공부에 집중하지 못한 나머지, 좋지 못한 성적은 받게 된다.

1. 위 상황에서 나타나는 문제점(이슈, 옳고, 그름이 아닙니다)을 요약하세요.

2. B의 감정을 이야기해 보고, 학생이 B라면 어떻게 행동할까요?

3. C의 감정은 어떨지 이야기해 보세요.

Q 07　A : 시험 중 부정행위를 한 학생, B : C의 친구, C : 2등으로 장학금을 받지 못한 학생

A, B, C는 같은 반 학생들이다. 이번 시험에서 A가 부정행위를 하는 것을 B가 목격하였다. A는 최고점수를 받아 장학금을 받았으며, C는 2등으로 장학금을 받을 수 없었다. 성적 발표 후 B는 A를 불러 A의 부정행위를 비난하였으나, A는 B에게 자신의 어려운 가정형편을 이야기하며 자신의 부정행위 사실을 더

이상 알리지 말아 달라고 부탁한다.

1. 위 상황에서 나타나는 문제점(이슈, 옳고, 그름이 아닙니다)을 요약하세요.

2. B의 지금 감정을 이야기해 보고, 학생이 B라면 어떻게 행동할까요?

3. B에게 부탁하는 A의 감정은 어떠할까요?

 대구가톨릭대학교

 **Q01** 아래 지시문을 읽고 면접위원 질문에 답하시오.

민준은 같은 반 현수의 가정형편이 어렵다는 사실을 알고 친구 준석, 재원을 설득해서 함께 돈을 모아 수학여행비를 빌려주었다. 현수의 자존심을 생각해서 말은 빌려준다고는 했지만, 어차피 어려운 처지의 현수로부터 그 돈을 돌려받기 어렵다는 것을 알고 있었기 때문에 모두는 친구로서 거저주고 받은 것으로 알고 있었다. 그런데 어느 날 현수가 최신 유행이라는 값비싼 패딩점퍼를 입고 학교에 온 것을 보게 되었다. 친구들이 함께 모아 빌려준 돈은 갚지 않은 채 비싼 점퍼를 입고 온 현수를 보고 준석이와 재원이가 못마땅하게 생각했고, 급기야 빌려 주었던 돈을 돌려받아야 한다고 민준에게 따지기 시작한다.

1. 응시자가 민준이라면, 값비싼 패딩점퍼를 입고 온 현수를 보고 어떤 마음이 들 것 같은가요?

① 현수가 입은 점퍼가 얻어 입은 것이라면?

② 현수가 유행에 뒤처지는 옷을 입을 때 소외감을 느끼지는 않겠는지요?

2. 빌린 돈을 갚지 않은 채 값비싼 점퍼를 입고 학교에 온 현수는 어떤 마음이었을까요?

3. 성프란시스대학은 노숙자들을 상대로 인문학 과정을 열었다. 이런 과정들이 필요하다고 생각하는가요?

아래 지시문을 읽고 면접위원 질문에 답하시오.

수연이가 다니는 고등학교에서는 개교 100주년 기념 축제 때 학급 대항 음악경연대회를 개최할 예정이다. 우승하면 상금도 걸려 있다. 교장선생님께서는 상금뿐만 아니라 우승한 학급에게 높은 수행평가 점수를 주겠다고 약속하셨다. 이에 모든반에서는 우승을 목표로 벌써부터 준비하고 있다. 수연이 반에는 축제 때마다 기념 공연을 할 정도로 수준 높은 밴드가 있다. 밴드의 리더는 단독으로 출전하면 우승을 자신하고 있으며, 담임선생님도 내심 우승을 바란다. 하지만 부대표인 경수는 우승에 집착하지 말고 축제의 취지를 살려 학급 전체가 참가하는 데 의미를 두고 합창을 준비하자고 한다. 이 문제로 몇 차례 회의를 진행했으나 의견이 팽팽하여 쉽게 결정을 내리지 못하고 있다. 참가신청이 얼마 남지 않아 더 이상 미룰 수 없는 상황이기 때문에 학급 대표인 수연이는 마음이 급하다.

1. 응시자가 학급대표 수연이라면, 어느 쪽이 학급을 위해서 더 도움이 된다고 생각합니까?

① 그 이유는 무엇입니까?

② 학급대표의 입장이 아닌, 평소 응시자의 진솔한 개인의 입장은 어떻습니까?

2. 응시자는 합창(혹은 밴드)에 동의하였는데, 반대의견을 가진 친구들을 어떻게 설득하겠습니까?

– 응시자가 재학하고 있는 학교에서 이런 대회를 개최하고 학급대표로서 의사 결정해야 한다면, 처음부터 어떻게 진행하겠습니까?

3. 혹시 응시자는 리더십을 발휘하여 갈등을 해결하거나, 주어진 상황을 변화시킨 경험이 있습니까? 있으면 사례를 소개해 주세요.

 아래 지시문을 읽고 면접위원 질문에 답하시오.

Medical organizations protested loudly on the last Sunday after the drugcompany Turing pharmaceuticals raised the price of the drug 'Daraprim'by 50 times. One tablet 'Daraprim' is produced in $1.0 and sold for $13.5 before its acquisition by Turing.

During recent 62 years, the drug is used to treat toxoplasmosis, an infection that is not common but is particularly dangerous. It can be fatal when it affects babies born to mothers who have become infected or adults whose immune systems are critically compromised due to AIDS or some cancers.

Two organizations sent a joint, open letter to Turing complaining that

the sudden, steep price increase for 'Daraprim' was "unjustifiable for the medically vulnerable patient population" and also that it was "unsustainable for the health care system."
The next Monday, the chief executive officer of the Turing said: "We need to turn a profit on the drug." He defended the decision by telling that newer versions of the drug needed to be developed, and that such research was extremely expensive. He also promised: "If you cannot afford the drug, we will give it away for free."

* Medical organization 의료단체, Turing pharmaceuticals 튜링제약회사, Daraprim 다라프림, toxoplasmosis 톡소플라즈마증, the health care system 보건의료체계

1. 양측의 주장을 간략하게 정리해서 얘기해 보세요.

2. 당신은 어느 쪽의 주장에 동의합니까? 그 이유는 무엇입니까?

Q 04 최근 운전면허를 취득한 당신의 이성친구가 승용차를 가지고 운전연수를 하기 위해 당신을 찾아왔다. 당신도 운전에 능숙하지 않지만 이성 친구의 마음을 상하지 않기 위해서 동승했는데, 한적한 주택가의 골목길을 통과하다가 주차되어 있는 벤츠 승용차의 측면에 접촉 사고를 내고 말았다. 주위에 목격자는 없고, 벤츠 승용차에도 블랙박스가 설치되어 있지 않다. 비록 접촉사고라 할지라도 벤츠 승용차의 비싼 수리비를 감안할 때 아직 수입이 없는 당신의 친구나 당신의 능력으로는 책임지기가 힘들다.

이런 상황에서 당신의 이성 친구가 그냥 모른 척해주기를 부탁한다면 당신은 어떻게 대처하겠는가?

1. 당신은 친구의 부탁을 들어줄 것인가? 아니면 거절할 것인가? 당신의 결정과 그 이유를 설명해 보시오.

2. 자신의 경험을 돌이켜볼 때, 다른 사람들은 이런 상황에서 대체로 어떤 결정을 하리라고 생각하는가?

학생 자신의 결정과 학생이 생각하는 뭇 사람들의 결정이 일치할 경우에는(학생이 친구의 부탁을 들어주겠다고 하고 뭇 사람들도 그렇게 할 것이라고 대답하는 경우, 또는 학생이 친구의 부탁을 들어주지 않을 것이라고 하고 다른 사람들도 들어주지 않을 것이라고 답하는 경우), 다른 사람과 어긋나는 결정을 하고 그 결정을 지켜가기 위해서 노력한 경험이 있는지 물어주십시오.

학생 자신의 결정과 학생이 생각하는 뭇 사람들의 결정이 일치하지 않는 경우에는(학생이 친구의 부탁을 들어주지만 다른 사람은 그러지 않을 것이라고 대답하거나, 학생은 들어주지 않지만 다른 사람은 그럴 것이라고 대답하는 경우), 내 의견과 다른 사람의 의견을 조화시키기 위해서 노력한 경험이 있는지 물어주십시오.

According to People magazine, Brittany Maynard was an American woman with terminal brain cancer who decided that she would end her own life"when the time seemed right."
She was an advocate for the legalization of aid in dying. Maynard wrote in her final Facebookpost:"Goodbye to all my dear friends and family that I love."
Today is the day I have chosen to pass away with dignity in the face of my terminal illness, this terrible brain cancer that has taken so much

from me, but would have taken so much more."
It was reported that she ended her life on
Nov. 1, 2014.

1. 상기 article의 요점을 간단히 말하세요.

2. Brittany Maynard의 선택에 대해 학생의 찬반의견을 논리적으로 이야기해 보세요.

Q 05 당신은 어느 일요일 혼자서 바람 쐬러 갔다가 시골 장터에서 단감을 팔고 있는 할머니를 보았다. 할머니의 행색이 초라해서 동정심도 생기고 마침 배도 고파서 단감을 한 상자 사들고 도시의 집으로 돌아왔는데, 이틀 후에 지갑을 열어 보니 단감 값을 3천 원 덜 드리고 온 것을 알게 되었다. 이미 이틀이 지나서 시골 장터에 다시 간다 해도 그 할머니를 만날 보장이 없을 뿐더러, 시골까지 다시 내려가는 차비가 1만 원이 넘어서 3천 원을 지불하기 위해서 다시 그 길을 가야 할지 갈등도 된다.

1. 당신은 이런 경우에 어떻게 대처할 것인가? 당신의 결정과 그 이유를 설명해 보세요.

2. 자신의 경험을 돌이켜볼 때, 다른 사람들은 이런 상황에서 대체로 어떤 결정을 하리라고 생각하는가?

학생 자신의 결정과 학생이 생각하는 뭇 사람들의 결정이 일치할 경우에는, 다른 사람과 어긋나는 결정을 하고 그 결정을 지켜가기 위해서 노력한 경험이 있는지 물어주십시오.

학생 자신의 결정과 학생이 생각하는 뭇 사람들의 결정이 일치하지 않는 경우에는, 내 의견과 다른 사람의 의견을 조화시키기 위해서 노력한 경험이 있는지 물어주십시오.

Is Obesity a Disease or Not? Obesity accounts for 10% of deaths and healthcare spending in the United States. The obesity epidemic did not occur overnight. Obesity and overweight are chronic conditions. Overall there are a variety of factors that play a role in obesity. Obesity result from an energy imbalance. This involves eating too many calories and not getting enough physical activity. Genes, metabolism, behavior, environment, culture, and socioeconomic status also have a crucial effect on obesity. As the rate of obesity is getting high, the debate of whether obesity is disease or not is growing intense.

1. 상기 article의 요점을 간단히 말해 보세요.

2. 상기 article에 대해 학생의 찬반의견을 논리적으로 이야기해 보세요.

Q 06 최근 사회 복지 시설이나 해외 등지로 단기간의 일회성 봉사 활동을 떠나는 경우가 많습니다. 이런 봉사활동에 대해서 짧은 기간이지만 의미 있는 기회라고 생각하는 이들이 있는 반면, 실질적으로 도움이 못 되면서 봉사자의 자기만족만 추구하게 된다고 부작용을 우려하는 이들도 있습니다.

1. 응시자는 봉사활동에 참여한 적이 있습니까? 그런 경험이 있다면, 어떤 일을 했으며 소감이 어땠는지 간략하게 말해 보세요.

2. 응시자 본인의 경험에 비추어볼 때, 일회성 단기 봉사가 필요하다고 생각하십니까? 하지 말아야 한다고 생각하십니까? 그 이유는 무엇인지 말해 보세요.

Animal experiments are widely used to develop new medicine and to test the safety of new drug. But, many of these experiments cause pain to the animals involved or reduce their quality of life in other ways. If it is morally wrong to cause animals to suffer, then experimenting on animals produces serious moral problems.

1. 상기 article의 요점을 간단히 말해 보세요.

2. 상기 article에 대해 학생의 찬반의견을 말해 보세요.

Q 07 공동으로 해야 할 과제가 있습니다. 그런데 그 과제를 수행하는데 실제로 기여한 것이 별로 없는 친구가 마치 열심히 참여한 것처럼 다른 이들에게 말해 달라고 부탁합니다. 그 부탁을 거절하면 친구 사이가 서먹해질 것 같고, 부탁을 들어주자니 양심에 찔릴 뿐만 아니라, 상대적으로 열심히 참여한 나나 다른 친구들이 손해를 보는 것 같습니다.

1. 실제로 이와 비슷한 경험을 한 적이 있습니까? 있다면 응시자는 어떻게 반

응했는지 말해 보세요.

2. 그런 경험이 없다면, 예시된 상황을 가정했을 때 응시자는 어떻게 대처하겠습니까? 부탁을 들어줄 것인지 말 것인지, 또 그 이유는 무엇인지 말해 보세요.

Telemedicine is the use of medical information exchanged from one site to another via electronic communications to improve a patient's clinical health status.
Telemedicine includes a growing variety of applications and services using two-way video, e-mail, smart phones, wireless tools and other forms of telecommunications technology.

* Telemedicine ; 원격의료(진료)

1. 상기 article의 요점을 간단히 말해 보세요.

2. 상기 article에 대해 학생의 찬반의견을 말해 보세요.

Q01 전체의 의사결정 과정에서 자신의 생각과 다른 방향으로 결정이 이루어지는 경우가 있는데, 그런 상황에서 어떻게 행동했는지 경험을 이야기해 주십시오.

Q02 제시한 지문을 읽고 "의사는 전문가(專門家, specialist)인가 아니면 전인(全人, generalist)인가"를 주제로 3분간 발표하시오.

자료 1

김연아는 2010년 동계올림픽 여자 싱글 부문 챔피언, 2014년 동계올림픽 여자 싱글 부문 은메달리스트, 2009년, 2013년 세계 선수권 챔피언이며, 대한민국 최초의 올림픽 메달리스트, 세계선수권 대회 메달리스트이다. 또한, 2009년 4대륙 피겨 스케이팅 선수권 대회 우승, ISU 그랑프리 파이널 3회 우승을 통해 피겨 스케이팅의 여자 싱글 부문에서 4대 국제 대회(동계올림픽, 세계선수권, 4대륙 선수권, 그랑프리 파이널)의 그랜드 슬램을 사상 최초로 달성한 선수이기도 하다.

자료 2

축구감독은 팀의 승리를 위해서는 전술뿐만 아니라 선수들의 몸 상태, 심리적인 부분도 두루 알고 있어야 하고, 팀의 문제를 해결하기 위해서 구단, 코치 등 여러 부문의 도움을 요청하고 이를 조율하는 역할을 해야 한다. 대표적으로 2002년 월드컵 한국대표팀 축구감독 히딩크는 단숨에 4강까지 국가대표팀으로 진출시키며 세계적으로 명성을 드높였다.

자료 3

중요한 단계에서 지식활동을 제어할 줄 알고 지식들 간의 근본적인 연관성을 인지할 수 있는 사람으로 레오나르도 다빈치가 대표적이다. 그는 조각, 건축, 수학, 과학, 음악, 철학, 해부에 이르기까지 다양한 방면에서 활약했다.

자료 4

비보이 대회에서 우승해 전 세계 최고의 춤꾼 타이틀을 거머쥔 김**씨(홍텐)는 춤 경력만 15년이고 심사 경력도 10년이 넘었다. 김**씨는 비보이 분야에서 꾸준히 상위를 유지하고 있으며, 전 세계에서 가장 창의적이고 힘이 넘치는 비보이 중 하나로 알려져 있다. 열다섯 살 때 춤추기 시작하여, 역사상 최대 규모로 펼쳐진 '레드블 비씨 원 2013 서울 월드파이널'에서 2006년에 이어 우승을 했던 그는 비보이 역대 최고수로 등극했다.

자료 5

"전국에서 가장 살기 좋은 건강마을로 만들겠습니다." 철원군 강화읍 청량4리 망경마을의 신**이장은 마을 주민들과 힘을 합쳐 친환경농촌 마을로서의 도약은 물론 청정 자연지리적 이점을 살린 마을 발전을 위해 힘쓰고 있다. 시골 마을 이장님은 동네의 빼놓을 수 없는 명물이다. 고장 난 수도도 고치고, 꽃길도 만들고, 마을 곳곳을 돌아다니며 종횡무진하는 '만능 이장님'으로 통한다.

자료 6

대한민국 자동차 명장 1호 박**씨는 14세에 자동차 정비 일을 시작해 40여 년간 꾸준히 자동차 한 우물만 파왔고 자격증 최고 등급인 기술사를 포함하여 국가기술자격 15개를 취득하고 9건의 특허, 34권의 저서를 펴냈다. 그는 15년간 20만 명의 현장실무자를 대상으로 무료교육을 실시하며 자동차 정비업계의 독보적인 위치에 있다. 2002년 대한민국 자동차 정비명장(정비업계 1호)에 선정되고, 2005년 직업능력개발의 달을 맞아 유공정부포상에서 산업포상을 받았다.

Q 03 본인은 어려운 상황임에도 불구하고 선행을 행한 적이 있습니까? 어떠한 일을 하였습니까?

Q 04 제시한 기사 및 보도 자료를 읽고 최소한 2가지 이상의 지문을 활용하여 자신의 생각을 논리적으로 3분 동안 발표하시오.

자료 1

'생명을 중단할 자유' 또한 인간이 누려야 할 자유의 한 종류로서, 자유의 가치를 절대시하는 미국에서는 '존엄사'가 끊임없이 논쟁이 되어왔다. 지난해 말에 매사추세츠 주도 이에 대해 주민투표를 시행한 바가 있고, 찬성 49% 대 반대 51%로 무산되었다.

이 팽팽한 대립은 최근 매사추세츠 주 의회가 'An Act affirming a terminally ill patient's right to compassionate aid in dying'(말기질환 환자의 죽음 과정에서 온정적 조력에 대한 권리보장법)이라는 이름의 같은 내용을 담은 법안으로 발의하기에 이르렀다.(이 법안은 Death Wtih Dignity Legislation(존엄사 법안)으로도 알려져 있다.)

발의된 법안의 주요 내용을 살펴보면, 6개월 내에 사망이 예측되는 질병이 있는, 우울증 등의 증세가 없는, 만 18세 이상의 성인이, 담당 의사에게 스스로 투약 가능한, 고통을 최소화한 채 죽음에 이르게 하는 약물의 처방전을 자발적으로 요청할 수 있다. 의사는 이 요청을 거부할 권한이 있으며, 환자가 요청서에 서명할 때에는 환자가 어떤 강요에 의하지 않고 서명하였음을 증명하는 서명을 2명의 목격자가 함께해야 한다.(2013년 12월 11일 기사)

자료 2

품위 있는 죽음을 위한 연명의 중단 입법이 한의사 참여 문제로 발목이 잡혔다. 국회 법제사법위원회는 지난해 12월 30일 전체회의를 열고 '호스피스·완화의료 및 임종 과정에 있는 환자의 연명의료 결정에 관한 법률안'을 심의했지만 추가 논의가 필요하다는 이유로 보류시켰다.

이 법안은 임종 단계에 접어든 환자에게 연명의료 행위를 중단해도 의사나 가족이 처벌받지 않는 내용을 담고 있다. 지난해 12월 9일 국회 보건복지위원회를 통과해 법사위로 넘어갔다. 하지만 논의가 보류되면서 19대 국회에서 처리되지 못할 가능성이 커졌다.(2016년 1월 2일 기사)

자료 3

18대 국회부터 소관 상임위원회 문턱을 넘지 못했던 '웰다잉법'이 9일 보건복지위원회를 통과했다. '웰다잉법'으로 불리는 '호스피스·완화의료 및 임종 과정에 있는 환자의 연명의료 결정에 관한 법률안'은 임종을 앞둔 환자들에게 연명 치료 대신 통증 완화·상담 치료를 제공하는 호스피스 서비스를 확대하고, 연명의료에 대한 환자 개인의 결정권을 강화하는 내용을 담고 있다. 그동안 논란이 되어온 '연명치료'와 '존엄사'의 법적 근거가 마련된 셈이다. 여야가 이날 복지위에서 웰다잉법을 가결했지만, 국회 법사위원회 심사를 추가로 거쳐야 하기 때문에 법안은 이르면 12월 임시국회 본회에서 처리될 것으로 보인다. 법안은 공포 2년 후 본격적으로 시행된다.(2015년 12월 9일 기사)

자료 4

의사와 한의사의 해묵은 논쟁이 다시 불붙었다. 최근 대한한의사협회가 한의사의 의료기기 사용 규제를 철폐하기 위한 대책위원회를 구성해 활동에 들어갔다. 한의사들은 의사 측의 방해와 복지당국의 책임 회피로 의료인인 한의사가 진단의 객관화를 위해 당연히 사용해야 하는 진단기기조차 마음대로 쓰지 못하는 상황이 되풀이돼 왔다고 주장한다. 반면에 대한의사협회는 한의사의 현대 의료기기 사용은 국민의 건강을 지키기 위해 마련된 면허제도 자체를 부정하는 행위이며, 국민 건강에 직접적인 해를 끼칠 수 있다고 반박한다.(2015년 2월 4일 기사)

올해 노벨생리의학상 주인공으로 평생 중의학 발전과 연구에 매진한 중국중의과학원 투유유 교수가 선정되면서 중국 전역이 열광하고 있다. 특히 중국 언론들은 과학 분야 중국 첫 수상자인 만큼 '이번 수상은 중의학의 승리 업적'이라며 찬사를 보내고 있다. 중국의 노벨생리의학상 수상자가 중국중의과학원 교수라는 것이 알려지면서 중국의 중의학 현실과 한국의 한의학 현실에도 관심이 쏟아지고 있다.

중국 역시 한국과 비슷하게 서의(한국의 양의사)와 중의(중국의 한의사)로 나뉘어 진료를 하고 있다. 하지만 실상을 보면 많은 부분이 다르다. 중국의 경우 중국 헌법에 중의학을 육성·발전시키라는 문구가 있을 정도로 중의학에 애정을 쏟고 있다. 이를 바탕으로 중국은 중의사들이 X-ray, 초음파 등 현대의료기기를 자유로이 사용하며 중의학 과학화에 열을 올리고 있다. 또한 중의사들이 기본적인 수술을 시술하고 양약을 사용하며 통합의학에 앞장서는 등 중의학, 서의학을 넘어 의학 자체를 발전시키고 있다. 이와 관련하여 대한한의사협회는 "이번 노벨생리의학상 수상 역시 말라리아 치료에 중의학을 이용한 것으로써 한의학 역시 신종감염병 치료에 큰 역할을 할 수 있다는 것을 보여주는 대표적 사례로 자리매김할 것"이라며 의미를 부여했다.(2015년 10월 6일 보도자료)

Q 05 제시된 키워드 중 2가지를 선택하여, 연관성 있는 스토리를 5분 동안 논리적으로 발표하시오.

에볼라, 신해철, 맘모스, K-POP

7가지 테마로
의대 면접 준비하기

다중미니면접의 기본
히포크라테스 선서 분석하기

모기업에서 헬렌켈러의 상황을 설정하여, '3일만 볼 수 있다면' 무엇을 보고 싶은지 이야기하는 광고를 만들었다. 이런 간절한 마음으로 의대 면접 전에 7일이 주어진다면 어떤 내용을, 어떻게 공부하는 게 가장 도움이 될까?

7일 동안 꼭 봐야 할 상황면접 문제 주제를 선별하였다. 첫째 날 학습 내용은 '의료를 바라보는 관점'에 대한 것이다. 히포크라테스 선서를 통해서 고전적인 의료에 대한 관점과 이에 대비되는 현대적인 의료에 대한 관점을 알아보자.

 **대표 문제**

아래는 히포크라테스 선서 전문이다. 이를 읽고 자신의 견해를 밝히시오.

> 나는 의술의 신 아폴론과 아스클레피오스, 휘기에이야, 파나케이야, 그리고 모든 남신과 여신의 이름으로 나의 능력과 판단에 따라 이 선서와 이 계약을 이행할 것을 맹세합니다.
>
> 나는 이 의술을 가르쳐준 스승을 나의 부모와 동등하게 여기고 나의 삶을 스승과 동역하며, 만약 그가 경제적으로 궁핍할 때 나의 것으로 그와 나누며, 그의 자손들을 나의 형제와 동등하게 여겨 만약 그들이 의술을 배우기를 원한다면 그들에게 보수나 계약 없이 가르칠 것이며, 내 아들들과 스승의 아들들, 그리고 의료법에 따라 계약에 서약하고 선서한 학생들에게만 교범과 강의와 다른 모든 가르침을 전

하지만, 다른 이들에게는 전하지 않겠습니다.

나는 나의 능력과 판단에 따라 환자에게 혜택을 주기 위해 섭생법을 적용할 것이며, 환자들을 해악이나 부정의로부터 보호하겠습니다.

나는 어떤 요청을 받더라도 치명적인 약을 결코 주지 않을 것이며, 그 효과에 대해서도 말하지 않을 것입니다. 마찬가지로 나는 여성에게 낙태를 위한 해결책을 제공하지 않겠습니다.

나는 순수함과 경건함으로 나의 삶과 의술을 지키겠습니다.

나는 칼을 사용하지 않을 것이며, 결석으로 고통받는 환자라도 그 일에 종사하는 사람에게 맡기겠습니다.

나는 어느 집을 방문하든지 환자에게 혜택을 주기 위해 갈 것이며, 고의적인 부정의와 상해를 삼가고, 특별히 그들이 노예든 자유민이든 여자들이나 남자들이나 성적 접촉을 삼가겠습니다.

내가 환자를 치료 과정이나, 또는 심지어 치료 과정 외에 그들의 삶에 관해 보거나 들은 것은, 그것이 외부로 알려져서는 안 되는 사안이라면, 알려지지 않도록 비밀을 지키겠습니다.

이제 내가 이 선서를 지키고 어기지 않는다면, 내가 나의 삶과 의술에 대해 모든 사람들로부터 명성이 담긴 명예를 허락하시고, 만약 내가 선서를 어기고 거짓으로 맹세한다면 나에게 그 반대를 주소서.

해설

히포크라테스 선서를 읽어본 뒤의 느낌은 어떤가?

히포크라테스 선서에는 중요한 사상들이 담겨져 있다. 현대 의료학자나 의료윤리학자들이 이에 대해서 활발히 논의를 벌이고 있다.

먼저 '자신의 견해'를 밝히라는 말의 의미를 알아보자. 자신의 견해라는 것은 단순히 자신의 감정이나 생각을 서술하는 것이 아니라, 객관적인 기준을 제시하고 거기에 맞게 자신의 생각을 진술하는 것이다.

즉, '자신의 생각을, 본인이 스스로 설정한 객관적인 기준에 맞춰 진술'하라는 말이다. 이는 기본적으로 '역사적 접근'과 '논리적 접근'으로 나눠서 생각해 봐야 한다.

먼저 역사적 접근으로는 선서의 초반부에 드러나는 신에 대한 맹세와 스승과 제자와의 관계에 주목해 보자. 아폴론, 아스클레피오스와 같은 신들은 의료를 관장하는 신이다. 이들 신은 히포크라테스의 조상으로 설정되어 있다. 따라서 신화에 대한 기본적인 지식이 있다면 이 부분에 대해서 의료를 담당하는 신들에 대한 맹세로 해석할 수 있을 것이다.

다음으로 스승과 제자 사이의 관계를 보면, 당시의 사람들은 도제 형식으로 의술을 전달하였고 그들 간의 결속이 강하였다. 이는 종교적 또는(비밀) 조직적 색채를 지닌다고 볼 수 있다.

논리적 접근으로는 선서의 중후반부에 드러나는 선서 내용에 주목할 필요가 있다. 의사의 주관적 판단에 따라 환자의 이익을 위해서만 의료행위를 할 것이며, 낙태를 하지 않으며, 외과 수술을 하지 않으며, 환자와 신체적, 성적 접촉을 하지 않으며 그리고 환자의 비밀을 보호하겠다는 내용이 나온다.

여기서 꼼꼼히 살펴보면, 의사의 주관이 우선시 된다는 것은 객관적인 의료원리가 존재하지 않을 수 있다는 것을 의미한다. 그리고 환자의 이익을 위해서만 의료행위를 한다는 것은 환자가 의사의 의료행위를 거부할 수 없다는 것이 포함되며 동시에 환자의 이익 외에는 가족이나 사회 또는 국가의 이익이 무시될 수 있다는 것이다. 게다가 낙태에 대해서 반대 입장을 분명히 하고 있으며 사회적 목적을 위해서라도 환자와의 관계는 비밀에 붙여진다는 것이다. 의사와 환자 사이에 신체적 접촉의 제한은 현재에도 유지되고 있는 내용이다.

또한 외과 시술을 하지 않는다는 것은 당시의 문화적 관습으로 외과적 시술은 의료인들의 경건함을 훼손하는 것으로 간주되었기 때문에 주로 이발사들이 이런 일을 담당하였다. 이발소 외곽에 달려 있는 삼색등은 이발사들이 외과시술도 겸했다는 것을 나타낸다. 1540년에 외과의사이자 이발사를 겸했던 메야나킬이라는 사람이 빨간색은 동맥, 파랑색은 정맥, 그리고 하얀색은 붕대를 상징화하여 삼색등을 만들었다.

결론적으로, 위에 서술한 모든 내용을 언급할 수 있다면 좋겠지만, 최소한 ① 의사의 주관에 따른 시술, ② 환자의 이익만을 고려하는 의료, ③ 낙태 금지 그리고 ④ 환자의 비밀보호 원칙에 대해서는 자신의 견해를 밝혀야 한다. 이를 현대의 의료 상황과 대비하여 진술하였을 때, 좋은 평가를 받을 것이다. 현대의 의료상황에서는 ①~④의 내용들에 대해서 반론이 제기되고 있으며, 그러한 금지사항들을 허용하고 있는 분위기이다.

 **추가 문제**

아래의 내용에서 제기될 수 있는 문제는 무엇이며, 그것에 대한 자신의 생각은 무엇인가?

나는 나의 능력과 판단에 따라 환자에게 혜택을 주기 위해 섭생법을 적용할 것이며, 환자들을 해악이나 부정의로부터 보호하겠습니다.

– 히포크라테스 선서 중 일부 –

대표적으로 두 가지 문제를 끄집어내야 한다. 하나는 '온정적 간섭주의'라는 것이고 다른 하나는 '이중효과의 원리'이다.

먼저 온정적 간섭주의의 문제는 의사가 환자의 자율성을 어디까지 제한할 수 있는지가 문제시된다. 만약 환자가 의사에게 의료시술을 거부하거나 다른 방식으로 시술을 요구할 때 어떻게 할 것인가? 한편, 환자가 식물인간인 상태임에도 불구하고 의사의 의견에 따라 생명유지를 계속해야 하는가? 등의 문제가 제기될 수 있다.

그리고 이중효과의 원리란 환자를 위해 치료하는 과정에서 일어날 수 있는 해악에 대해 인정하는 것이다. 선서에 따른다면 산모를 치료하는 의사가 낙태를 해야 산모의 생명을 구할 수 있다면 의사는 낙태를 해야 하는가? 생명연장을 위해서 신체의 일부를 떼어내야 한다면 어떻게 하겠는가? 등의 질문이 제기될 수 있다.

이런 상황에서 이중효과의 원리에 따른 시술이 인정받기 위해서는 시술자체와 행위의 의도가 선해야 하고 나쁜 결과가 좋은 결과의 수단이 되어서는 안 되며, 좋은 효과가 나쁜 효과보다 앞서야 한다는 네 가지 준칙을 만족시켜야 한다고 한다.

이는 1970년대 케네디 연구소의 비첨과 차일드리스가 주장한 내용이다.

히포크라테스 선서는 외우도록 하자. 그리고 선서의 내용에 대해서 정리해 둔 내용을 참고로 하여 제기될 수 있는 예상 질문을 스스로 만들어 보고 이에 대해 답하는 연습을 해야 할 것이다.

자연계열 학생들이 특히 약한 부분은, 글을 읽고 글의 표층에 드러난 내용이 아니라 심층에 담겨 있는 내용을 끄집어내는 일이다.

이를 위해서는 역사적인 맥락이나 내용적인 맥락을 이해해야만 주어진 내용을 온전히 이해할 수 있다. 따라서 이 책에 정리된 내용뿐만 아니라, 자료조사를 통해서 히포크라테스 선서에 대한 다양한 견해를 수집정리하기를 바란다.

히포크라테스 선서에 담긴 두 가지 세계관

히포크라테스 선서에 나타난 의사 중심의 온정주의적 전통은 제2차 세계대전 이후에 도전을 받게 된다. 이제까지는 의사의 주관적 판단에 의해서 환자의 의료적 혜택만을 위해서 진료하였다면, 세계대전 이후에는 객관적 치료 방법이 개발되기 시작하는 동시에 환자의 권리가 중시되고 의사와 환자의 관계뿐만 아니라 주변적 조건 등을 고려하여 의료행위가 이루어지게 되었다.

제2차 세계대전 직후 진행된 뉘렘버그 재판을 통해 나치에 의한 비인간적인 인체실험이 폭로되었다. 이 과정에서 나치 의사들의 의료행위가 문제시되었고 의료연구 윤리에 대한 심각한 고민을 하게 되었다. 이에 대한 해결책으로 히포크라테스적인 접근과 비히포크라테스적인 접근이 고려되었다. 히포크라테스적 접근은 온정주의 전통을 따르는 것이고, 비히포크라테스적 접근은 자유주의 전통을 따르는 것이다.

구체적으로 세 가지 문제에서 두 세계관은 대립되게 된다.

의사의 권한 문제

히포크라테스적 접근에서는 의사의 주관에 의해서 치료방법이 선택되고 환자의 뜻과는 무관하게 환자의 의료이익을 최대화할 수 있는 방향으로 치료가 진행된다. 그리고 치료 방법의 선택이 의사에 의해 결정되므로 시술과정에 있어서 동료의사들의 의견이나 환자의 의견이 반영되기 어렵다.

그러나 비히포크라테스적 접근에서는 환자의 의견과 동료의사들의 의견이 반영되고 객관적 치료 기준도 요구받게 된다. 세부적으로 보면 다음의 세 가지 문제로 요약할 수 있다.

① 의료 혜택의 주관적 평가와 객관적 평가의 대립

의사의 관점에서 생각하면 의료 혜택은 주관적이 된다. 그러나 환자의 관점에서 의료 혜택이 주어진다면 객관적이 된다. 의료 혜택이란 환자에게 주어지는 의료적 이익으로 해석될 것이다.

한편, 과학적 관점에서 볼 때, 평가자와 관계없이 의료적 혜택이 보장되는 중립적인 평가도 존재한다.

주관적 평가와 객관적 평가 모두 환자에게 미치는 이익의 양이라는 결과주의에 기반하고 있다. 다만, 객관적 평가는 동료 검토, 활용 검토 질적 확신, 결과 조사, 치료 협약에 기반을 두고 치료의 결과를 고려하게 된다.

즉, 의사 개인의 결과주의적 판단이 아닌 다수에 의한 결과주의적 판단으로 변화된 것이다.

② 종합적 복지와 의료적 복지의 대립

의사는 환자의 종합적 복지 향상을 위한 치료를 하는가, 아니면 의료적 복지 향상을 위한 치료를 하는가? 히포크라테스적 접근에 따르면 의사는 환자의 종합적인 복지 향상을 위해 치료한다. 선서에서도 나타나듯이 의사는 환자들에게 가해질 수 있는 해악뿐만 아니라 부정의한 것까지 제거하는 데 노력해야 한다.

그러나 세계의료협회의 회원들은 환자들의 의료적 향상을 위해만 일하기로 서약을 했다.

이럴 경우, 합리적인 환자들은 종합적 복지 향상을 위해서는 의료적 복지 향상이란 점을 고려하여 자신의 삶의 형태를 조정해야 한다는 점을 받아들이게 된다. 즉, 비히포크라테스적 접근에서는 환자의 자율성을 보장하게 된다.

③ 의료 혜택 영역의 다양성 문제

히포크라테스 접근에서는 의사의 주관에 따라 환자에게 의료 혜택을 제공하는 것이다. 그런데 여기서 문제는 의료 혜택의 영역이 다양하다는 점이다. 즉, 죽음을 예방하고 질병을 치료하며 고통을 줄이고 환자의 복지를 향상시키는 것이 이 영역에 속한다.

문제는 이러한 다양한 목적을 모두 충족하기 어려운 경우가 발생하는 데에 있다. 예를 들어, 두 가지 이상의 병에 걸린 환자에게 치료를 하는 과정에서 어떤 목적-고통의 억제, 생명의 연장 등-에 맞출 것인지에 따라서 처방이 달라질 수 있다. 따라서 단순히 치료를 의사의 주관에 맡기기에는 문제가 있다.

의사와 환자 사이의 도덕적 문제

의사가 환자에게 의료적 이익을 주는 것이 중요하다는 결과주의적 입장이 있다. 반면에 이익과 상관없이 의사가 환자의 인격을 존중해야 한다는 의무론적 입장이 있다.

히포크라테스적 접근에서는 의사의 판단 아래 치료에 따른 결과를 고려하여 의료행위를 하게 된다.

이 과정에서 의사는 선서에 내포되어 있는 선행의 원리와 악행금지의 원리에 따라 의료 과정에 나타나는 윤리적 문제들을 해결하게 된다. 이때 선의의 거짓말, 치료과정에서 발생할 수 있는 위험성, 환자의 정보공개 문제 등의 영역에서 결과주의적 윤리와 의무론적 윤리가 부딪치게 된다.

결과주의적 윤리의 입장에서는 각 영역에서 의사가 환자의 혜택이나 해악을 고려하여 치료를 결정하게 되므로 환자의 입장은 고려하지 않게 된다.

그러면 의무론적 윤리의 입장에서 각 영역의 문제들을 간략히 살펴보자.

① 환자의 상태에 대한 알림의 문제

의무론에 있어서 진실의 의무란 것이 있다. 이것은 상호 간에 진실만을 말해야 한다는 의무이다. 18세기의 철학자 칸트는 「호혜적인 동기에서 거짓말하는 데 대한 가정된 권리들에 대하여」라는 글을 썼다. 여기서 어떤 경우에도 제한되지 않는 신성하며 절대적으로 명령하는 이성의 칙령이 있다는 점을 주장하였다. 이는 의사가 환자의 상태에 대해 거짓 없이 말해야 함을 뒷받침한다.

② 치료과정에서 발생할 수 있는 위험에 대한 동의 문제

의무론에 있어서 자율성의 원칙이란 것이 있다. 이것은 타인의 간섭보다 개인의 자율성을 우위에 둔다는 원칙으로 의료상황에서는 환자의 동의라는 것으로 나타난다. 만약 부작용이 일어날 수 있는 방사선 치료를 시행할 때, 환자에게 아무런 설명이나 동의 없이 시술한다면 문제가 발생할 수 있다. 따라서 이에 대한 해결책으로 '충분한 설명에 근거한 동의(informed consent)'가 있다. 이것은 의사나 간호사가 환자에게 치료과정에서 발생할 수 있는 위험 등에 대해서 충분히 알려주고 이에 대해 적극적으로 동의를 구해야 함을 의미한다. 그러나 미성년자 혹은 환자 스스로가 정상적인 판단을 하기 어려운 경우에 어떻게, 누구에게 동의를 구해야 하는가란 문제는 여전히 남아 있다. 이와 관련하여 '대리판단 표준'이란 보완책도 있지만 완벽하지는 못하다.

③ 환자의 정보공개 문제

의무론에 있어서 신의의 의무란 것이 있다. 이것은 계약 당사자 간에 계약의 내용을 반드시 이행하는 것을 의미한다. 의사가 환자를 치료하기 시작하면서 서로 간에 보이지 않는 계약이 성립된 것으로 볼 수 있다.

예를 들어, 의사는 환자의 치료를 위해서 노력할 것이며 치료와 관련된 사항을 외부에 공개하지 않을 의무를 진다는 것이다. 따라서 환자의 정보를 타인에게 공개하는 것이 환자에게 이익이 되는 경우라 할지라도 환자의 동의 없이는 정보를 공개해서는 안 된다.

실례로 히포크라테스 선서의 전통을 잇는 제네바 선언(1948년)에서 "나는 환자가 나에게 알려준 모든 것에 대하여 비밀을 지키겠노라."고 하여 이 부분만은 전통적인 히포크라테스 선서의 내용과 다른 입장을 취하였다.

환자의 이익과 타인 또는 사회의 이익 간의 충돌 문제

히포크라테스 선서에 따르면, 의사는 환자의 이익을 보호해야 한다. 그러나 현대에는 타인이나 사회적 이익을 고려해야 하는 경우가 빈번하게 발생한다. 예를 들어, 환자 가족들의 경제적 상황 등을 고려하여 치료를 중단해야 하는 경우, 환자의 정보를 공개하는 것이 사회적으로 유용한 경우 등을 생각해 보면 이 주제가 쉽게 이해될 것이다.

여기서는 의료자원의 분배 문제를 가지고 개인수준과 사회수준으로 나눠서 배분 원리에 대해 알아볼 것이다.

지역적으로 본다면 의료보험제도를 실시하는 나라와 그렇지 않은 나라로 볼 수 있다. 지구적으로 본다면 의료자원이 불균등하게 분포되어 있음을 쉽게 알 수 있다. 이런 상황에서 의료자원이 적절한 원리에 따라 배급된다면 전지구적 의료 문제를 해결하는 데 도움이 될 수 있을 것이다.

이런 맥락에서 최근 포괄수가제 도입은 사회적 이슈가 되었다. 여기서는 포괄수과제를 가지고 여기에 적용할 수 있는 여러 원리들에 대해서 알아보자.

① 개인수준 – 히포크라테스적 원칙의 주관적 형태

의사의 주관에 따라 환자에게 최선의 치료를 제공하는 것이다. 이는 의료

자원의 분배에 있어서 환자의 치료와 회복에 초점을 맞춰서 분배가 이루어지는 경우이다.

② 개인수준 – 히포크라테스적 원칙의 객관적 형태

담당 의사의 주관적 견해뿐만 아니라 동료 검사와 결과 연구를 통하여 효과적인 치료를 제안하는 것이다. 이 경우에는 불필요한 의료자원의 낭비를 막을 수 있다. 특히, 과도한 치료비용을 절감할 수 있다.

③ 개인수준 – 자율성의 원칙

위의 두 경우가 의사 중심의 의료자원 배분 원리였다면 이번의 경우는 환자 중심의 의료자원 배분 원리이다. 주로 환자들의 개인적 상황 때문에 치료를 거부하거나 치료를 중단할 수 있는 경우를 인정하는 것이다. 이는 일정 부분 시장원리에 따라 의료자원을 분배하는 것을 옹호한다.

④ 사회수준 – 사회적 유용성

비용–편익 분석을 고려한 사회적 공리주의자들이 주장하는 내용이다. 즉, 특정 질병에 들어가는 평균적인 절차와 비용을 고려하여 그에 맞게 의료자원을 분배하는 시스템을 세우는 것이다. 이럴 경우, 중증환자나 최하층의 시민들에게는 불리하게 작용할 수 있는 문제가 발생할 수 있다. 왜냐하면 중상층의 시민들은 개인 여건에 따라 회복이 빠르고 간소한 치료 절차만으로도 병을 나을 수 있기 때문이다. 이런 점을 고려하여 전체 국민의 평균을 낸다면 병의 종류에 따라 다르겠지만 일반적으로 쉽게 치료할 수 있는 시민의 경우에 맞춰 분배원리가 결정되기 쉽다.

⑤ 사회수준 – 정의

일반적으로 롤즈의 정의론 중 최소수혜자의 원리가 적용된다. 최소수혜자의 원리란 사회적으로 열악한 환경에 놓인 사람들에게 우선적으로 혜택이 돌아가게 하자는 원리이다. 특정 질병을 치료하는 과정에서 병의 치료에 비용이 많이 들어가거나 심각한 환자에게 비용이 집중적으로 투입되는 원리이다. 이 원리는 전체 의료자원의 균형적인 배분에 나쁜 영향을 줄 수 있다. 즉, 적은 비용으로 다수를 치료할 수 있는 경우가 있음에도 불구하고 중병에 걸린 환자들에게 우선적으로 의료자원을 배분하는 문제가 발생할 수 있다.

이제까지 히포크라테스 선서를 바탕으로 두 가지 세계관을 살펴보았다. 히포크라테스 선서에서는 주관주의, 온정주의, 결과주의적 윤리 그리고 개인윤리 차원에서 의사의 의료행위가 진행되었다는 것을 알 수 있었다. 이에 반해 최근에는 객관주의, 자율성 원리, 의무론적 윤리 그리고 사회윤리 차원에서 의사의 의료행위가 요구되고 있다. 따라서 히포크라테스 선서의 내용을 온전하게 이해하고 난 다음에는 역사적 관점에서 선서의 유용성과 한계성을 따져보는 작업이 필요하다. 실제로 면접관도 히포크라테스 선서에 담긴 내용뿐만 아니라 이 선서의 유용성과 한계성을 역사적으로 밝혀준다면 보다 높은 점수를 부여할 것이다.

끝으로 히포크라테스 선서 이후에 나타난 주요한 의료규약들을 살펴보겠다.

유형에 따른 대표적인 선서와 규약

히포크라테스 선서와 유사한 선서	비히포크라테스 선서
• 플로렌스 나이팅게일 선서 • 제네바 선언 • 러시아 의사의 선서	• 1980년의 AMA원칙 • 1985년 미국 간호사협회 규약 • 소련 의사 선서(1971) • AHA 환자들의 권리장전

제네바 선언(세계의사협회 제정, 1948년)

이제 의업에 종사할 허락을 받음에 나의 생애를 인류 봉사에 바칠 것을 엄숙히 서약하노라.

① 나의 은사에 대하여 존경과 감사를 드리겠노라.

② 나의 양심과 품위를 가지고 의술을 베풀겠노라.

③ 나는 환자의 건강과 생명을 첫째로 생각하겠노라.

④ 나는 환자가 나에게 알려준 모든 것에 대하여 비밀을 지키겠노라.

⑤ 나는 의업의 고귀한 전통과 명예를 유지하겠노라.

⑥ 나는 동업자를 형제처럼 여기겠노라.

⑦ 나는 인종, 종교, 국적, 정당관계, 또는 사회적 지위 여하를 초월하여 오직 환자에 대한 나의 의무를 지키겠노라.

⑧ 나는 인간의 생명을 그 수태된 때로부터 더 없이 존중하겠노라.

⑨ 나는 비록 위협을 당할지라도 나의 지식을 인도에 어긋나게 쓰지 않겠노라.

⑩ 나는 자유 의사로서 나의 명예를 걸고 위의 서약을 하노라.

미국의료협회 의료윤리 원칙(1980)

서문

의료직은 기본적으로 환자에게 혜택을 주기 위하여 발전된 윤리적 언명에 기여해 왔다. 이러한 전문직의 일원으로서 의사는 환자뿐만 아니라 사회에, 다른 건강 전문인과 자신에게 책임을 자각해야만 한다. 미국의료협회에 의해 채택된 아래의 원칙들은 법률이 아니라 의사에게 명예스러움의 본질을 정의내리는 행위의 기준이다.

- 의사는 동정심과 인간 존엄성에 대한 존중을 가지고 유능한 의료서비스를 제공하기 위해 헌신해야 한다.
- 의사는 환자들과 동료들에게 정직해야 하며, 성격이나 능력이 결여된 의사들이나 오만과 기만적인 의사들을 폭로하는 데 힘써야 한다.
- 의사는 법을 존중해야 하며 환자의 최상의 이익과 정반대되는 요구들을 변경시키기 위한 책임 또한 자각해야 한다.
- 의사는 환자, 동료, 그리고 나이 많은 건강 전문인의 권리를 존중해야 하며, 법의 제약 내에서 환자에게 신뢰를 주어야 한다.
- 의사는 지속적으로 공부하고, 과학적 지식을 적용하고 발전시키고, 환자, 동료들, 그리고 공공에 적절한 정보를 이용 가능하게 하며, 협의를 얻고, 드러낼 때 다른 의료 전문인들의 재능을 사용해야 한다.
- 의사는 적절한 환자진료의 공급에서 응급한 경우를 제외하고는, 누구에게 제공되는지, 누구와 결부되어야 할지에 대한 선택에 자유로워야 하며, 그리고 의료서비스를 제공하는 환경도 자유로워야 한다.
- 의사는 공동체의 향상에 공헌하게 될 행동에 참여할 책임을 자각해야 한다.

다중미니면접 실전(1)
의료윤리적 사고 형성하기

오늘은 상황면접의 단골메뉴인 의료윤리에 대해서 다룰 것이다. 대학마다 일상적 상황을 소재로 윤리적 판단을 묻거나 의료상황을 소재로 윤리적 판단을 묻는다. 특히, 의료윤리는 윤리학 분야 중 하나로 최근 거의 모든 의대에서 필수 이수 과목으로 지정해 놓고 있는 실정이다.

따라서 의대면접을 준비하는 학생이라면 기본적인 윤리적 사고원리와 생명의료윤리의 네 가지 사항을 이해하고 암기해야 할 것이다.

대표 문제

불치병에 걸린 환자에게 의사가 당신은 불치병이 아니라고 거짓말을 하는 것은 도덕적으로 옳은 일인가?

해설 - 의사 중심의 답변

한번쯤 들어봤을 법한 질문이다. 그런데 이런 질문에 대해 답변하는 내용은 다양할 수 있지만 답변 방식에 따라 평가가 달라진다. 대표적으로 공리주의적 답변(행위 공리주의와 규칙 공리주의), 칸트주의적 답변, 공동체주의적 답변 등으로 나눠볼 수 있다. 다만, 어떤 방식을 선택하느냐에 따라 평가가 달라지기보다는 자신이 선택한 방식 내에서 답변을 하되,

추가 질문에 대해서 일관성이 있게 답변을 이어가는 것이 중요하다.

먼저 불치병 환자가 겪을 심적 고통을 생각하여 거짓말을 할 수 있다고 생각한다면 행위 공리주의에 해당하는 답변이다. 즉, 행위의 결과에 따른 손익을 계산해 보고 이익이 큰 행위를 선택하는 것이다.

이에 비해, 대표문제와 같은 유사한 상황마다 거짓말을 하는 것보다는 진실을 말하는 것이 사회적으로 바람직한 일이라고 생각한다면 규칙 공리주의적 답변을 한 것이다. 규칙 공리주의는 행위 자체보다는 행위에 적용되는 규칙에 대해 평가한다. 즉, 거짓말을 하는 것이 규칙이 되는 사회보다는 진실을 말하는 것이 규칙인 사회가 더 살기 좋다는 것이다.

그런데 규칙 공리주의자들은 대표문제를 이렇게도 바라본다. 이 환자에게 거짓말을 하는 것을 예외의 경우로 받아들인다고 했을 때, 발생할 수 있는 손익은 무엇인가? 만약 불치병에 걸린 환자에게 거짓말을 하는 것을 예외로 받아들이는 것이 환자의 심리적 안정을 위해서 도움이 된다면 받아들일 것이다. 그러나 이런 관행 때문에 의사와 환자 간의 신뢰가 깨어질 수 있고 이것이 더 큰 사회적 손실을 가져올 수 있다면 규칙 공리주의에서는 환자에게 거짓말을 할 수 없다고 결론 내릴 것이다. 즉, 독자 중에 규칙 공리주의의 입장에서 답변을 했을 때, 이러한 손익 계산에 대한 추가질문이 이어질 것이다.

칸트주의적 답변은 의사는 언제나 환자에게 진실을 말해야 한다는 것이다. 행위의 동기를 따져본다면, 손익에 대해 비중을 두면 거짓말을 할 수 있지만, 사람에 대해 비중을 둔다면 언제나 그에게 진실을 말해야 할 것이다. 즉, 내가 진실을 말할 것인지 아니면 거짓을 말할 것인지를 선택하는 동기가 선해야 함을 칸트주의에서는 강조하고 있다.

결국, 환자를 자유의지를 가진 인간으로 본다면 의사는 그에게 진실만을 말해야 할 것이다. 추가질문을 한다면 환자가 진실을 알았을 경우, 심리적 타격이 올 수 있다는 사실을 알았을 때에도 사실을 말할 것인지에 대해 물을 수 있다. 즉, 공리주의 답변이 보다 적절한 순간에도 칸트주의적 답변을 지킬 것인지에 대한 문제이다. 이때 심적 안정으로 안정되었을 때 진실을 말하겠다는 답변을 제시하면 적절하다.

칸트주의적 답변 중에 로스의 조건부 의무론에 기초한 답변이 있다. 로스는 도덕적 판단 상황에서 하나의 도덕 원리를 지키느냐 마느냐로 문제를 보는 것이 아니라, 두 가지 도덕 원리의 충돌로 상황을 가정한 뒤, 이 두 가지 원리 중 더 우선시 되는 원리를 따르는 해법을 제시한다. 대표문제 상황에서 칸트주의적 접근은 '진실을 말해야 한다'는 도덕 원리를 준수하느냐 아니면 그 원리를 준수하지 않고 의사가 환자에게 거짓말을 하느냐의 문제로 보는 것이다. 그런데 로스는 이것을 두 가지 원리의 상충으로 보았다. 진실을 말해야 하는가, 아니면 해악을 끼치지 말아야 하는가? 거짓말을 하는 것은 해악 방지의 의무를 따르는 것이고, 진실을 말하는 것은 신뢰의 의무를 지키는 것이다. 일반적으로 해악 방지의 의무가 우선적으로 고려되므로 의사의 거짓말은 허용될 수 있다.

공동체주의적 답변은 특정 문화나 종교권에서 지켜야 하는 관행을 따르는 답변이다. 원래 도덕이라는 말은 관습이나 습관이라는 말에서 그 어원을 찾을 수 있다. 이처럼 자신이 속한 사회에서 일반적으로 통용되는 도덕원리에 따르는 것이다. 이슬람 국가에서는 종교적 원리가 사회전반을 지배하고 있기 때문에 대표문제의 상황에서 제시될 수 있는 답변은 거의 정해져 있다고 봐야 할 것이다.

한편, 이 문제를 온정적 간섭주의 문제로도 볼 수 있다. 즉, 의사는 환자의 자율성이나 권리를 어느 정도까지 제한할 수 있느냐의 문제이다. 과거에는 의사의 주관적 판단에 따라 진료나 의료방식을 결정했다. 이때는 의사가 환자의 자율성이나 권리를 제한했다고 볼 수 있다. 그러나 현대 사회로 오면서 상황이 바뀌게 되었다. 환자의 입장에서 본다면, 환자는 자신의 병명에 대해 알 권리가 있다.

그리고 이는 윤리의 문제가 아니라 민주사회에서는 당연히 요구할 수 있는 권리의 문제이다. 따라서 의사는 환자와의 관계를 민주질서에 따른 관계 혹은 계약의 관계로 인식해야 한다. 즉, 의사는 의료 서비스를 제공하는 입장이기 때문에 환자의 요구를 받아들여야 하는 것이다.

그런데, 이러한 접근 방식에도 다음과 같은 추가질문이 들어올 수 있다. 만약 환자의 상태가 정상적인 판단을 하기 어려운 상황이라도 진실을 말할 것인가? 의사는 환자의 요구를 어느 정도까지 수용해야 하는가? 만약 환자에게 거짓말을 하여 심리적 안정을 취하게 하는 것이 '치료 과정'에서 필요할 때도 진실을 말해야 하는가? 등의 질문이다. 이때에는 질문의 요지에 맞게 자신의 의견을 피력해야 할 것이다. 다만, 추가 질문의 의도는 의사의 간섭주의와 환자의 자율성이 충돌할 때 발생하는 문제에 초점을 맞춘 것이다. 그리고 이에 대한 해결방안으로는 '충분한 설명에 근거한 동의'라는 것이 있다. 입원 전에 동의서를 작성하거나, 대리인의 의견을 반영하거나 아니면 유언 등의 매개체를 통해서 환자에게 일정부분 동의를 얻는 절차가 있다. 따라서 환자의 자율성을 보장하거나 제한할 수 있는 제도적 장치를 활용해야 할 것이다.

추가 문제

10년 동안 식물인간 상태인 환자가 있다. 현재 인공호흡기로 연명하는 상태에서 앞으로도 계속 이러한 상태를 유지할 것인지, 아니면 다른 조치를 취할 것인지 의사의 입장에서 답하시오.

해설 – 개인적 차원의 접근

무의미한 연명치료의 문제에서 의사는 환자의 의료적 혜택을 위해서만 의료행위를 한다는 히포크라테스 선서를 따른다면 계속 인공호흡기를 사용해야 할 것이다. 그러나 환자의 가족이나 사회적 유용성을 생각한다면 문제는 달라질 수 있다. 먼저 환자의 가족을 고려한다면, 그들은 살아날 수 있다는 일말의 희망 때문에 환자를 포기하지 못하고 있을 것이다. 혹은 종교적인 이유로 계속적인 치료를 요구할지도 모른다. 한편, 그들이 지닐 수밖에 없는 심리적 그리고 경제적 고통을 감안한다면 치료의 중단이 요구될 수 있다.

칸트주의는 연명치료의 중단을 금하고 있다. 여기서는 생명의 존엄성을 유지하기 위한 최선의 노력을 다해야 할 것이다. 인공호흡기를 제거하는 것은 일종의 살인행위로 간주될 것이다. 따라서 인간생명을 보존하는 것이 인간의 의무로서 요구된다.

그런데 가족 구성원 중 다른 한 명이 생명이 위독해져서 치료를 받아야 하는 상황이 발생할 수 있다. 이때 연명치료를 중단하고 그 비용으로 이 사람을 치료할 수 있다고 한다면 어떻게 해야 하는가?

이러한 문제에 대해서 칸트주의는 답변하기 어렵다. 이렇게 환자 이외의 사람이나 요소를 고려하기 시작하면 우리는 정의의 문제로 이것을 바라보아야 한다.

공리주의는 이런 상황에서 손익계산을 통해 해결책을 제시한다. 환자의 죽음과 환자의 가족들이 느끼는 고통을 비교하여 그 중 이익이 되거나 혹은 손해가 적은 선택을 옳은 선택이라고 할 것이다. 이것을 일반화한다면 의료적 유용성과 사회적 유용성의 문제로 볼 수 있다. 즉, 사회제도적인 측면에서 볼 때, 무의미한 연명치료에 대해 의료자원을 어떻게 분배할 것인지에 대한 문제가 등장한다.

이때 우리는 '정의'의 문제와 만나게 된다. 어떤 기준에 따라 의료자원을 시민들에게 나눠줄 것인가란 문제는 현대 사회에서 중요한 이슈가 되고 있다. 예를 들어, 장기매매가 가능한지? 가난한 사람에게 어디까지 치료를 해줘야 하는지? 등이다.

해설 – 사회적 차원의 접근

정의는 형식적 정의와 실질적 정의로 구분해 볼 수 있다. 형식적 정의는 모든 사람에게 동등한 양의 재화가 돌아가는 것이다. 이와 달리 실질적 정의는 사람들 각자가 처한 상황을 고려하여 분배 기준을 정하는 것이다. 실질적 정의는 전통적으로 ① 성과에 따른 분배, ② 능력에 따른 분배, ③ 노력에 따른 분배 그리고 ④ 필요에 따른 분배로 나눌 수 있다. 의료자원의 경우에는 성과에 따른 분배는 의학적 유용성에 따른 분배와 일치한다. 그리고 능력에 따른 분배는 사회적 유용성에 따른 분배와 일치한다. 이 외에 롤스의 정의론이 있다.

먼저 의학적 유용성에 따르면, 연명치료는 계속되어야 한다. 소생가능성이 희박하더라도 모든 장기의 기능이 멈출 때까지 치료를 해보는 것이

의학적 유용성을 만족시킨다. 이에 비해, 사회적 유용성에 따르면, 연명치료는 중단되어야 한다. 의료자원은 한정되어 있기 때문에 연명치료와 같이 자원을 투입해도 좋은 결과가 나오지 않는 치료는 무의미하다. 오히려 여기에 투입되는 의료자원을 회복 가능성이 높은 환자들에게 사용하는 것이 사회적으로 유용하다. 이 두 가지 해결책은 각각의 유용성을 최대화하는 것이 목적이다.

롤스는 기본적 재화가 분배될 때, 불평등이 심각한 상태의 환자들에게 우선적으로 이점을 제공하라는 차등의 원칙을 제시한다. 그리고 이러한 조치가 취해지지 못하는 상황이라면 재화를 평등하게 분배하는 것이 정의롭다고 그는 주장한다.

추가문제의 상황에서는 롤스의 정의론을 적용하기 어렵다. 사회적 조건에 제시되어 있는 환자 간의 의료자원 배분 문제가 아니기 때문이다. 롤스의 견해는 주로 장기이식의 기준, 포괄의료수과제 등의 문제에서 논의될 수 있다.

✎ 추가 문제

식물인간이 된 환자를 인공호흡기로 치료하고 있는 병원에 응급환자가 도착하였다. 응급환자는 인공호흡기를 사용해야 하고 1시간 이내로 수술을 해야 한다. 그런데 이 병원에는 인공호흡기가 하나밖에 없다. 이때 당신이 의사라면 어떻게 하겠는가?

💡 해설 – 개인적 차원의 접근

생명의료윤리에서는 네 가지 원칙이 있다. 자율성 존중의 원칙, 악행금지의 원칙, 선행의 원칙 그리고 정의의 원칙이다. 추가질문의 상황을 각 원칙에 따라서 해설해 보면 쉽게 이해할 수 있을 것이다.

먼저 자율성 존중의 원칙은 환자의 의견을 존중해 주는 것이다. 추가질문의 사례에서는 식물인간이 된 환자는 자신의 의사를 표명할 수 없다. 사전에 유언이나 불치병에 걸렸을 때 어떤 조치를 원하는지에 대한 사전언약이 없었다면 환자의 대리인의 의견을 받아들이거나 대리인이 없을 경우, 유사한 질병을 앓았던 사람들이 내렸던 결정에 비추어 치료 여부를 결정할 수 있다. 그러므로 식물인간이 된 환자라 하더라도 그의 직접적 혹은 간접적 동의를 얻어서 그의 치료중단 여부를 결정해야 한다.

악행금지의 원칙은 환자에게 해를 입히지 않는 것이다. 만약 식물인간 환자의 치료를 계속한다면, 식물인간인 환자에게는 악행금지의 원칙이 적용되지 않는다. 그러나 의사는 인공호흡기가 필요한 위급한 환자를 죽게 내버려둠으로써 악행금지의 원칙을 범하는 것이 된다.

한편, 선행의 원칙은 환자의 이익을 위해 노력해야 하는 것이다. 이때 선행의 원칙이 타인에게 해를 입히지 말아야 한다는 소극적의 의미라면 이는 악행금지의 원칙과 유사하다. 만약 타인의 이익을 적극적으로 향상시켜야 한다는 적극적 의미로 보았을 때는 악행금지의 원칙과 구분된다.

선행의 원칙에 따르면, 식물인간이 된 환자와 위급한 환자를 놓고 보면 어느 쪽을 위해서 노력해야 할지 난감하다. 그럼에도 불구하고 일반 치료와 특수 치료로 나누어 볼 수 있다면, 의사는 위급한 환자에게 인공호흡기를 제공해야 한다. 식물인간이 된 환자에게 인공호흡기는 그 상태를 유지하는 특수 치료로 볼 수 있다. 이에 반해 생명유지가 위급한 환자에게 인공호흡기 제공은 특수 치료로 볼 수 있기 때문이다. 이는 적극적인 의미에서의 선행의 원칙에 해당하는 것이다.

끝으로 정의의 원칙에 따르면, 식물인간인 환자에게서 인공호흡기를 제거할 수 있다. 사회적 유용성을 고려한다면, 불필요한 의료재화가 낭비되고 있는 상황이다. 즉, 환자의 상태를 개선할 수 없음에도 불구하고 의료자원을 분배하는 것은 무의미하다. 따라서 의료자원이 분배되었을 때, 환자의 이익이 증대될 수 있는 곳에 자원을 배분해야 할 것이다. 만약 다른 정의의 원칙을 제시할 수 있다면, 다른 결론을 도출할 수도 있을 것이다.

Point

둘째 날에는 윤리적 사고원리와 생명 의료윤리의 네 가지 원리에 대해서 알아보았다. 이러한 사고방식을 상향식 접근과 하향식 접근으로 나눠볼 수 있다. 공리주의처럼 특정 사례를 중심으로 윤리적 원칙을 제시하여 문제를 해결하는 것을 상향식 접근이라고 한다. 이에 반해, 칸트주의처럼 윤리적 원칙에 따라 해당사례를 평가하는 것이다.

그러므로 주어진 문제의 내용을 살펴보고, 어떤 방식의 접근이 유용한지에 대해 판단해야 한다. 이번에 배운 내용들은 일상을 소재로 한 면접에도 유용하게 쓰일 수 있으므로 본문을 여러 번 읽어서 내용을 숙지하자.

윤리적 사고방식의 기본원리

윤리학의 기본원리

윤리의 개념과 종류

윤리라는 말은 '인간과 인간 사이에 지켜야 할 원리'로 풀이할 수 있다. 구체적으로 살펴보면, '인간과 인간 사이'라는 말에서 인간의 범위를 어떻게 정할 것이냐에 따라서 윤리의 의미가 달라질 수 있다. 태아도 성인 인간과 동등한가? 또 역사적으로 본다면, 임금과 신하를 동등한 인간으로 볼 수 있는가? 아니면 남성과 여성이 동등한 지위를 가졌는가? 등의 물음을 던져본다면 '인간과 인간 사이'라는 말의 범위를 정하는 것이 중요하다는 점을 깨닫게 될 것이다.

다음으로, '지켜야 할 원리'에 주목해 보자. 과거의 윤리 원리와 현재의 윤리 원리가 같은가? 또는 지역마다 동일한 윤리적 기준을 적용하는가? 등의 질문을 던져본다면 윤리 원리는 다양할 수 있다는 점을 인식할 수 있다. 따라서 학자들마다 윤리에 대한 정의가 다르고 그것의 종류도 다양하다고 보고 있다. 이를 간략하게 정리하면 다음과 같다.

절대주의 윤리설	상대주의 윤리설
의무론적/목적론적 윤리설	결과론적 윤리설
형식주의 윤리설	목적론적 윤리설
칸트주의	공리주의

주로 절대주의 윤리설과 상대주의 윤리설로 나눠볼 수 있다. 절대주의 윤리설은 시공간에 관계없이 인간이 지켜야 할 윤리 원리가 존재한다는 입장이다. 이는 세부적으로 인간이라면 마땅히 추구해야 할 삶의 목적이 정해

져 있다는 '목적론'과 인간이라는 마땅히 지켜야 하는 윤리원리가 있다는 '의무론'으로 나눌 수 있다. 특히, 의무론을 행위의 결과와 상관없이 지켜야 하는 형식과 같은 것으로 볼 때는 형식주의로 불리기도 한다.

상대주의 윤리설에서 윤리는 문화의 산물이기에 시공간에 따라 가변적인 것이 된다. 윤리원리는 시공간에 따라서 인간에게 유익한 원리만이 받아들여진다고 보았기에 결과론적 윤리설로 불린다. 또 인간은 행위의 결과의 유익을 추구해야 한다는 단일한 목적을 갖는다는 의미에서 목적론적 윤리설로 불린다.

이 외에도 덕윤리, 담론윤리, 배려윤리 등 다양한 윤리설이 있지만 이는 의대면접 범위를 넘어간다고 판단하여 다루지 않기로 한다.

좋음과 옳음의 문제

우리는 도덕적 판단을 할 때, 도덕적 기준을 가지고 평가하게 된다. 그런데 이러한 도덕적 기준이라는 것이 행위를 평가할 때와 행위의 의도를 평가할 때 구분될 수 있다. 먼저 어떤 사람의 행위를 평가할 때는 그 행위가 가져온 결과에 대해 고려하게 된다. 예를 들어, 거짓말을 하더라도 선의의 거짓말이라고 하여 우리가 용인할 수 있는 것이 존재한다. 이에 반해, 행위의 의도나 동기를 평가할 때는 선한 동기로 그 행동을 했느냐가 문제시된다. 행위의 결과가 좋더라도 타인을 이용하려는 목적을 가지고 그 행위를 했다면 그것은 옳지 못한 행위가 된다.

만약 어떤 행위가 행위의 의도도 좋고 결과까지 좋다면, 우리는 굳이 그 행위에 대해서 도덕적 판단을 내릴 필요가 없을 것이다. 따라서 우리가 도덕적 판단을 내린다고 할 때에는 도덕적으로 고려할 요소가 발생했다는 것이다. 혹은 특정 행위의 동기가 더 중요한지 또는 결과가 더 중요한지라는 잣대 선택의 문제가 될 수도 있다.

이중효과의 원리

이중효과의 원리는 하나의 행위로 인해서 좋은 결과와 나쁜 결과가 동시에 나타나는 경우이다. 이런 상황에서는 행위의 도덕적 판단이 어렵겠지만 다음의 네 가지 조건을 만족시킨다면 이는 이중효과의 원리에 따른 것으로 봐야 한다.

① **행위의 성격** : 행위 자체는 선한 행위이거나 적어도 중립적이어야 한다.
② **행위의 의도** : 선한 의도를 가지고 행한 것이어야 한다.
③ **행위의 인과성** : 좋은 목적을 위해 악한 수단을 사용해서는 안 된다.
④ **행위의 균형성** : 선악을 계산할 수 있을 경우, 선의 산출량이 더 많아야 한다.

의료윤리에서 낙태 시술이나 안락사의 문제 등을 다룰 때 이중효과의 원리가 빈번하게 등장한다.

온정주의, 온정적 간섭주의, 간섭주의

온정주의, 온정적 간섭주의 또는 간섭주의로 불리는 윤리 원칙이 있다. 이것은 정상적인 의사결정이 어려운 사람들을 대신해서 대리인이 중요한 사안을 결정하는 것이다. 여기에는 소극적 온정적 간섭주의와 적극적 온정적 간섭주의가 있다. 소극적 간섭주의는 일시적 혹은 정상적인 사고가 어려운 특정인의 권리행사를 제한하거나 타인이 권리행사를 대신하는 것이다. 그리고 적극적 간섭주의는 정상적인 사고를 할 수 있을지라도 사태의 심각한 정도에 따라 권리를 제한하거나 타인이 권리행사를 대신하는 것이다. 이러한 간섭주의는 종종 자율성의 원리와 충돌한다.

공리주의 윤리설

공리주의 윤리설의 개념과 주요원리

공리주의의 기본원리는 옳은 행위란 좋은 결과를 발생시키는 행위란 것이다. 대표적인 공리주의자인 '벤담'은 도덕의 원리는 '양적인 쾌락'으로 보았고 '밀'은 '질적인 행복'이라고 보았다. 이상적 공리주의자로 불리는 사람들은 쾌락이나 행복 대신에 '본래적 선'이라고 보았다. 쾌락, 행복 그리고 본래적 선을 유용성이라는 표현으로 단순화하여 보면 결국 공리주의는 유용성을 추구하는 윤리설이다. 한편, 공리주의에서는 유용성의 원리뿐만 아니라 공평성의 원리가 준수되어야 한다. 공평성의 원리란 자신의 쾌락과 타인의 쾌락이 똑같이 계산되어야 함을 의미한다. 따라서 공평성의 원리에서 보면 인간은 자신의 이익을 충족하는 데 있어서 타인과 동등한 권리를 가지고 있다.

행위 공리주의와 규칙 공리주의

유용성의 원리를 적용하는 방식에 따라서 행위 공리주의와 규칙 공리주의로 나눌 수 있다. 먼저 유용성의 원리를 특정 행위를 한 뒤에 나온 결과에 적용하면 행위 공리주의이다. 선택할 수 있는 행위가 두 가지 있을 경우, 둘 중 어떤 행위를 해야 더 나은 결과가 나오는지 따져보는 것이다.

이와 달리, 규칙공리주의는 유용성의 원리를 일반적인 도덕적 명령 '거짓말을 하지 마라, 살인을 하지 마라' 중 어느 것을 따를 때 더 나은 결과가 산출되는지 고려하는 것이다. 일상생활에서 '약속을 지켜라'라는 규칙을 준수하는 사람들은 집단 내의 유용성을 증대시키기 쉬울 것이다. 만약, '약속을 지키지 마라'라는 규칙을 준수하는 사람들이 많다면, 해당 집단이 오랫동안 지속되기 어려울 것이다.

한편, 공리주의를 적용하는 과정에서 유의해야 할 것이 있다. 유용성의 원리는 단순히 최대 선을 보장하는 행위나 규칙을 선택하는 것은 아니다. 때에 따라서는 피해를 최소화할 수 있는 행위나 규칙을 선택하는 것, 그리고 어떤 행위나 규칙 준수를 금지하는 것도 유용성의 원리를 따르는 것이다.

행위 공리주의와 규칙 공리주의의 평가

행위 공리주의와 규칙 공리주의로 구분할 필요가 있을까? 규칙 공리주의는 행위 공리주의의 한계를 극복하기 위해 탄생한 것이다.

만약 동일한 범죄를 저지른 두 명의 범죄자가 있다고 가정해 보자. 이때 A는 완전범죄로 인해 처벌을 받지 않았고 B는 처벌을 받게 되었다. 그럴 때 공리주의자들은 이 둘의 행위에 대해 어떻게 평가할까? 행위 공리주의자는 A의 행위가 B의 행위보다 나은 것으로 판단한다. 왜냐하면 행위의 결과에 따른 손해를 따졌을 때, A가 적기 때문이다. 물론 행위 공리주의자들 중에는 A는 평생 양심의 가책을 느끼거나 경찰에 대한 두려움 때문에 더욱 큰 고통을 받을 것이라고 평가할 수 있다. 그러나 행위 공리주의자들 사이의 상반된 견해로 인한 혼란스러운 평가와는 달리, 규칙 공리주의자들은 A와 B 모두 살인을 하지 마라는 규칙을 어겼기 때문에 나쁜 사람이라고 동일하게 평가할 것이다.

다른 측면에서 본다면, 행위 공리주의와 규칙 공리주의는 평가하는 대상이 다르다. 행위 공리주의는 개별적 행위의 도덕성을 판단하는 것에 초점을 맞추었다면, 규칙 공리주의는 사회체계 전체의 도덕성을 판단하는 것에 초점을 맞추고 있다. 즉, 도덕적인 행위는 무엇이냐는 질문과 어떤 사회가 도덕적으로 살기 좋은 사회인가라는 서로 다른 물음에 답하는 것이다.

의무론적 윤리설

의무론적 윤리설의 개념

의무론적 윤리설은 도덕적 행위의 규칙이 행위의 결과에 근거한 것이 아니라 도덕적 의무의 준수에 따른 것이다. 즉, 내가 어떤 행동을 하면 그 행동이 어떤 결과를 가져오느냐에 따라서 행위를 평가받는 것이 아니라 인간으로서 마땅히 지켜야 할 의무목록을 지켰느냐에 따라 행위를 평가받게 된다. 특히, 의무목록은 다른 말로 '도덕법칙'이라고 한다. '도덕법칙'은 인간세계를 초월하여 실천이성에 의해 만들어진 법칙이며 이러한 법칙을 준수하려는 인간의 의지를 '선의지'라고 했다. 이런 의무론은 칸트가 정립하였고 그의 윤리학을 이해하기 위해서는 몇 가지 기본 개념을 이해해야 한다.

가언적 명령과 정언적 명령

도덕규칙으로 인정받기 위해서는 정언적 명령으로 진술되어야 한다. 정언적이라는 말은 어떤 목적이나 결과를 언급하지 않고 당위적으로 서술되어야 한다. 예를 들어, 학생이라면 마땅히 열심히 공부해야 한다는 것이다. 이와 달리, 가언적 명령은 어떤 목적이나 결과가 포함되어 있다. 예를 들어, 출세하기 위해서는 열심히 공부해야 한다라는 표현이 여기에 해당한다.

도덕법칙의 요건

칸트는 정언적으로 된 도덕법칙이 있더라도 그것이 일정한 형식을 갖추어야 도덕법칙으로 인정될 수 있다고 하였다. 이러한 형식적 조건을 갖추어야 한다는 것에 주목하여 칸트의 윤리학을 형식주의 윤리학으로 부른다.

① **보편화 가능성의 원칙 :** 어떤 규칙이 도덕법칙이 되려면 모든 구성원들이 동일하게 준수할 수 있는 규칙이어야 한다.

② **인격주의 원칙 :** 어떤 규칙이 도덕법칙이 되려면 그것을 준수하는 사람들이 서로를 수단이 아니라 목적으로서 대우할 수 있어야 한다.

③ **자율성의 원칙 :** 어떤 규칙이 도덕법칙이 되려면 각자가 그 규칙을 자신

과 타인들의 행위에 대한 지침으로써 채택하기로 결정해야 한다.

이러한 요건을 만족시킬 때 어떤 규칙은 도덕법칙으로써 대우받을 수 있게 된다.

의무론의 평가

칸트의 윤리설은 현실에 적용하기에는 어려운 점이 많다. 원칙주의를 고수하기 때문에 도덕적 딜레마에 빠질 수 있다. 예를 들어, 2차 세계대전 중 덴마크 어부들이 유태인 피난민들을 태워 영국으로 밀입국시키는 과정에서 나치 순시선에 발각된 상황이다. 이때 칸트의 윤리설을 존중하는 어부들은 진실을 말해야 하는 의무와 타인의 생명을 구해야 하는 의무 사이에 충돌이 일어나 어떻게 답변해야 할지 곤란을 겪었을 것이다. 이처럼 상반되는 의무가 상충하는 경우에 대해서는 칸트가 해결책을 제시해 주지 못하고 있다.

다중미니면접 실전(2)
삶과 죽음의 문제 이해하기

이번에는 의료윤리에서 삶과 죽음의 문제로 대표되는 낙태와 안락사에 대해서 알아볼 것이다. 안락사가 옳다 또는 낙태를 찬성한다는 등의 찬반논의에 대한 내용보다는 안락사와 낙태에 대한 기본적인 사항들을 점검해 보고 이 과정에서 제기될 수 있는 문제들에 대해서 생각해 보는 시간을 가질 것이다. 결국, 하나의 사태를 가지고 다양한 논쟁점을 찾아낼 수 있는 민감성을 기르는 시간이 될 것이다.

대표 문제

다음의 논증을 바탕으로 낙태에 대한 자신의 입장을 밝히시오.

대전제 : 무고한 인간의 생명을 빼앗는 것은 잘못된 일이다.

소전제 : 태아는 무고하며 살아있는 인간이다.

결론 : 그러므로 태아의 생명을 빼앗는 것은 잘못된 일이다.

해설

만약 당신이 낙태를 옹호한다면, 소전제를 공격해야 한다. 즉, 태아를 '인간'으로 보는 것이 문제가 있다는 것이다. 태아는 성인 인간처럼 정상적인 사고를 할 수 없으며 자신의 의사를 표시할 수 없다는 근거를 제시할 수 있다. 그러나 낙태를 반대하는 사람들은 태아에게 인간과 유사한 지위를 부여하거나 인간이 될 수 있는 잠재성을 지닌 존재라는 근거를 제시할 것이다. 그렇다면 우리는 태아의 지위에 관한 세 가지 입장을 먼저 살펴보자.

유전학파	인간의 유전 인자를 지닌 모든 존재를 사람으로 인정한다는 입장
발달학파	• 수정은 개별적인 인간에 대해 단지 유전적인 기초를 설정해 주는 것에 지나지 않으므로, 하나의 태아가 인간으로 인정받기 위해서는 어느 정도의 발달이 필요하다는 입장
사회결과학파	• 태아가 인간인지 아닌지의 여부는 이 결정이 사회에 미치는 영향에 따라 달라진다는 입장

여러분이 대표문제의 소전제와 관련된 논의를 하게 될 때, 위의 세 가지 학파의 입장 중에 하나를 선택하게 될 것이다. 발달학파의 경우, 의료과학기술이 발전함에 따라 태아의 지위에 대해 시대에 따라 다른 의견을 내놓을 수 있을 것이다. 어떤 학자는 뇌의 활동이 시작되는 시점을, 다른 학자는 뇌파 활동이 시작되는 시점을 생명활동의 시초로 봐야 한다는 등 다양한 입장들이 존재한다.

사회결과학파의 경우에는, 시대적 조건에 따라 입장을 달리할 수 있다. 출산율 저하로 인해 인구가 감소되고 있는 곳에서는 되도록 낙태를 금지할 것이다. 이에 반해, 기아로 시달리고 있는 아프리카 대륙에서는 낙태를 인정할 수도 있을 것이다. 따라서 이 학파에서는 시대를 초월한 보편적인 기준을 제시하기는 어렵다.

태아의 지위에 대한 구체적인 주장들은 열거해 보면 다음과 같다.

- 수정과 동시에 유전학적 주체성을 갖게 되면서부터 인간으로서의 생명이 시작된다는 학설
- 수정 후 3주부터, 즉, 기관 형성이 시작되는 단계인 배아기부터 인간 주체로서의 생이 시작된다는 학설
- 최종 월경일 이후 9~10주부터, 즉, 태아의 성장과 발육이 일어나는 태아기로부터 인간으로서의 생이 시작된다는 학설
- 태아가 모체 밖으로 나와서도 생존이 가능한 시기부터 인간으로서의 생이 시작된다는 학설
- 분만 이후부터 인간으로서 생명이 시작된다는 학설

결국, 대표문제에서 소전제에 대해 낙태를 반대하는 사람들과 낙태를 찬성하는 사람들 사이의 의견차이 때문에 낙태에 대한 찬반의견이 달라지게 된다. 그러므로 낙태에 대한 찬반입장을 정한 후에, 예상되는 반론을 생각해 보자. 그런 뒤에 반론에 대한 재반론을 준비하면 된다.

 **추가 문제**

낙태를 해야만 산모의 생명을 구할 수 있는 경우가 발생했다고 하자. 이때 낙태를 하는 방법 외에는 산모의 생명을 구할 다른 방법이 없을 경우, 낙태를 해야 하는가?

 **해설**

먼저 앞에서 언급한 태아의 지위와 맞물려 낙태에 대한 세 가지 입장이 있다.

보수주의	• 어떤 상황에서도 낙태는 금지되어야 한다는 입장
자유주의	• 임신한 여성의 신체적 자율권을 인정하여 여성의 의사에 따라 낙태가 결정된다는 입장
절충주의	• 태아의 생명권과 여성의 신체적 자율권이 충돌할 때 가능한 한 피해가 최소화되는 방식으로 낙태가 이루어질 수 있다는 입장

그리고 이와 동시에 고려해 봐야 할 원리가 있다. 인간 존엄성의 원리와 이중효과의 원리이다. 낙태를 하는 과정에 있어서 이 행위가 정당성을 얻기 위해서는 인간 존엄성의 원리에 비춰봐야 할 것이다. 아래는 다섯 가지 인간 존엄성의 원리를 정리한 표이다.

인간 종족의 보존	• 인간종족이 멸종되지 않기 위해 노력해야 함
가계의 보전	• 각자 자신들의 가족 크기를 결정하는 데 있어서 자율권을 가져야 함
신체적 생명 존중	• 인간은 다른 인간에 의해 보호받고 있다는 확신을 가져야 함
자기 결정 존중	• 인간은 개인적인 선택에 있어서나 자기 자신의 복지에 관계되는 문제를 결정하는 데 있어서 자유로워야 함
신체적 온전성의 존중	• 개인은 자신의 신체가 침해되는 것으로부터 보호받아야 함

다음으로 이중효과의 원리는 하나의 행위로 인해서 좋은 결과와 나쁜 결과가 동시에 나타나는 경우이다. 이런 상황에서는 행위의 도덕적 판단이 어렵겠지만 다음의 네 가지 조건을 만족시킨다면 이는 이중효과의 원리에 따른 것으로 봐야 한다.

① 행위의 성격 : 행위 자체는 선한 행위이거나 적어도 중립적이어야 한다.

② 행위의 의도 : 선한 의도를 가지고 행한 것이어야 한다.

③ 행위의 인과성 : 좋은 목적을 위해 악한 수단을 사용해서는 안 된다.

④ 행위의 균형성 : 선악을 계산할 수 있을 경우, 선의 산출량이 더 많
   아야 한다.

추가문제의 경우, 이중효과의 원리로 설명이 가능하다. 즉, 낙태의 이
유가 산모를 구한다는 순수한 동기에서 나온 행위이다. 그리고 산모를
살리기 위해 불가피한 선택으로 낙태를 결정하는 것이기 때문에 인과성
의 문제로부터 자유롭다. 균형성 문제에 있어서는 낙태 반대론자와 찬
성론자 간에 다른 의견이 존재할 수 있다. 이 부분에 대해 자신의 입장
을 정리해 두는 것이 중요하다.

끝으로, 낙태를 반대하는 사람과 찬성하는 사람 사이에는 두 가지 세
계관이 존재한다고 볼 수 있다. 첫 번째 입장은 임신에 대해서 신의 섭
리라고 받아들이는 입장이다. 이 입장에서는 출산을 제한하거나 낙태를
하는 것은 신의 섭리를 거스르는 것으로 받아들인다. 두 번째 입장은 신
의 섭리는 인간의 생명 내에서 자비를 베푸는 행위로 간주된다. 즉, 인
간은 자유의지에 따라 자신이 행한 행동에 대해서 책임을 지는 것이다.
자신이 책임을 질 수 있는 행동을 한다는 것은 타인에게 해악을 끼치기
보다는 선을 베푸는 행위일 경우가 많을 것이다. 하지만 이러한 그레고
리 바움의 견해가 절대적인 것은 아니다. 단지, 세상을 바라보는 하나의
틀로써 받아들이면 될 것이다. 특히, 종교계열 학교를 지원하는 학생들
은 바움의 논의에 대해서 반드시 생각해 보기 바란다.

대표 문제 2

불치병에 걸린 환자가 치료를 중단하고 죽음을 택하겠다고 했을 때, 의사는 환자의 의견을 받아들여야 하는가?

해설

안락사는 한 사람의 최선의 이익을 위해 행위하거나 또는 행위를 하지 않음으로 인해서 그 사람을 의도적으로 죽게 하는 행위를 말한다. 여기서 자살과 구분되는 것은 안락사의 당사자가 죽음으로써 이익을 극대화하는 것인지 아닌지의 문제이다. 또한, 안락사 당사자의 이익을 위한 것이어야 하지, 주변의 이익을 위해서 안락사가 행해졌다면 이것은 안락사라고 볼 수 없다.

안락사는 안락사 당사자와 안락사 행위자로 구분하여 여러 유형으로 분류해 볼 수 있다.

환자 입장	자발적 안락사	• 환자가 안락사에 대해 적극적 요청 또는 소극적 동의
	반자발적 안락사	• 안락사에 대해 의사표현을 할 수 있는 능력이 있지만 동의하지 않은 사람에게 안락사가 진행될 경우
	비자발적 안락사	• 안락사에 대해 의사표현을 할 수 있는 능력이 없는 사람이 안락사를 당하는 경우
의사 입장	소극적 안락사	• 죽음의 과정에 있는 환자에게 치료를 중단하거나 보류하는 경우
	적극적 안락사	• 환자의 생명을 단축시킬 의도로 안락사를 행하는 경우

대표문제의 경우, 환자의 입장에서는 자발적 안락사에 해당한다. 국가마다 자발적 안락사에 대한 법률 규정이 다르지만 대부분 이를 허용하

지 않고 있다. 특히, 네덜란드는 1971년부터 안락사를 인정하고 있으며, 다음의 네 가지 지침을 제정하였다.

① 의사결정능력이 있는 환자만이 안락사를 요구할 수 있다.
② 환자의 요구는 반드시 반복적이고 명확하며 강요되지 않아야 하고, 문서로 남겨야 한다.
③ 의사는 반드시 다른 의사에게 제2의 의견을 구해야 한다.
④ 환자는 반드시 호전 가능성이 전혀 없거나, 참을 수 없는 통증이나 고통을 겪고 있어야 한다.

이러한 조건을 만족하는 경우에 네덜란드에서는 안락사가 허용되고 있는 실정이다.

그리고 대표문제의 경우, 의사의 입장에서 보면 적극적 안락사 또는 소극적 안락사를 행할 수 있다. 적극적 안락사는 생명을 단축시키는 행위를 구체적이고 적극적으로 하는 것을 의미한다. 이에 비해 소극적 안락사는 생명을 연장시키는 의료 과정에서 치료를 중단하거나 치료를 보류하는 것 또는 처음부터 치료를 하지 않는 것을 의미한다. 그런데 의사의 행위 자체로 본다면, 소극적 안락사와 적극적 안락사가 구분되지만 도덕적 관점에서 본다면 이 둘의 구분은 어렵다. 왜냐하면 죽임을 당하는 입장에서 볼 때는 적극적으로 안락사를 행하거나 아니면 치료를 중단하여 죽음에 이르는 것이나 별반 차이가 없기 때문이다.

만약 현행법을 고려하지 않고, 안락사에 대해 자신의 견해를 밝히는 것이라면, 네덜란드의 사례를 참고하여 답변하는 것도 하나의 방법이라고 생각된다. 오히려 안락사와 관련된 문제가 제시되었을 때는 안락사의 분류기준을 생각해 보고 이 기준들을 바탕으로 답변을 준비하는 것을 제안하는 바이다.

추가 문제 2

죽어가는 딸을 둔 어머니의 경우에, 치료를 중단해 달라는 어머니의 요구를 의사가 받아들여야 한다고 생각하는가?

해설

환자의 입장에서 보면 비자발적 안락사인지 아니면 반자발적 안락사인지 구분해야 할 것이다. 죽어가는 딸이 자신의 의사를 표현할 수 있고 정상적으로 사고할 수 있는 상황에서 딸과 어머니의 의사가 일치했다면 자발적 안락사일 것이다. 그러나 두 사람의 의견이 일치하지 않아 어머니만 안락사를 원하고 있다면 이것은 반자발적 안락사에 해당한다. 그리고 딸이 자신의 의사를 표현할 수 없는 혼수상태에 빠져 있다면, 비자발적 안락사에 해당할 것이다.

일반적으로 반자발적 안락사에는 ① 계속 살기를 원하는 사람에게 안락사를 행하는 경우, ② 안락사에 동의를 하지는 않았지만 적극적으로 환자의 의사를 물었다면 안락사에 동의했을 경우로 나눌 수 있다. 그런데 ②의 경우에는 현실에서 일어나기 어려운 경우이다. 아마도 자신이 인체실험의 대상인 줄 알고 그 실험과정에서 발생할 끔찍한 고통을 사전에 알고 있는 사람 정도 되어야 ②의 경우처럼 안락사에 동의할 것이다.

비자발적 안락사는 ① 신생아, 무뇌아, 저능아처럼 애초에 자신의 의사표현을 할 수 없는 부류, ② 치매환자처럼 질병이나 노환으로 인해서 자신의 의사표현을 할 수 없는 부류, ③ 사고로 인해 혼수상태에 빠져 자신의 의사를 표현할 수 없는 부류로 나눌 수 있다.

그런데 ①과 ②의 경우에는 환자의 자율성 개념이 안락사 찬반논의에서 논의 기준이 되기 어렵다. 왜냐하면 ①과 ②에 속하는 사람들은 정상적인 판단 자체가 불가능하기 때문이다.

안락사의 분류 기준에 따르면 대표문제와 추가문제의 성격이 다르다는 것을 알 수 있다. 만약 주어진 상황에 대해서 안락사 찬반의견을 묻는다면, '충분한 설명의 근거한 동의'를 활용할 수 있을 것이다. 'informed consent'라고도 불리는 이 장치는 자발적 안락사 또는 비자발적 안락사의 경우에 사용할 수 있다. 입원 전에 입원 동의서 항목에 안락사와 관련된 사항을 넣을 수도 있을 것이다. 또는 유언이나 대리인을 통해서도 이와 관련된 내용을 확보할 수 있다.

호스피스의 이해

호스피스의 정의

호스피스의 어원은 라틴어의 호스피탈리스(hospitals)와 호스피티움(hospitium)에서 기원된 것으로 알려져 있다. 원래 호스피탈리스는 '주인'을 뜻하는 호스페스(hospes)와 '치료하는 병원'을 의미하는 호스피탈(hospital)의 복합어로서, 주인과 손님 사이의 따뜻한 마음과 그러한 마음을 표현하는 '장소'의 뜻을 지닌 '호스피티움'이라는 어원에서 변천되어 왔다. 오늘날 널리 사용되고 있는 현대적 의미의 호스피스 개념은 영국 여의사 시실리 손더스에 의해 시작되었으며 웹스터 사전(1972년)에는 '여행자를 위한 숙소 또는 병자, 가난한 사람들을 위한 집(inn)'으로 설명하고 있고, 미국호스피스협회(NHO)에서는 '말기환자와 가족에게 입원간호와 가정간호를 연속적으로 제공하는 프로그램'으로 정의하였다. 이를 종합하면 호스피스란 말기환자와 그 가족을 위한 프로그램으로 편안하게 죽음을 맞이할 수 있도록 의학적으로 관리함과 동시에 말기에 발생할 수 있는 여러 가지 부정적 증상을 경감시키기 위해 신체적, 정서적, 사회적, 영적으로 도우며 사별가족의 고통과 슬픔을 경감시키기 위해 지지와 격려를 제공하는 총체적인 돌봄이라고 할 수 있다.

호스피스의 기본이 되는 정신은 "내가 진실로 너희에게 이르노니 너희가 여기 내 형제 중에 지극히 작은 자 하나에게 한 것이 곧 내게 한 것이니라."(마25:40)라는 성경에 기초한 것으로, 기독교인들이 병든 이웃을 그리스도의 사랑으로 돌보는 데서 시작되었다고 한다. 사실 이 정신은 "사랑은 오래 참고 사랑은 온유하며…… ."로 시작되는 참사랑(고전 13: 4–7)의 의미를 알고 있는 사람에게 이해될 수 있으며 호스피스 봉사를 하는 사람은 누구나 대상자를 예수 그리스도라고 생각하고 그 분이 자신에게 베푸신 은혜와 사랑

을 생각하며 지극한 정성으로 돌볼 수 있게 된다.

호스피스의 철학

호스피스 운동은 과학의 발달로 인한 인간 존엄성에 대한 경시와 노인소외, 임종자에 대한 소홀, 그리고 윤리관 및 가치관의 혼란에 대한 반응으로 생겨났다. 부분으로서의 인간이 아닌 신체적, 사회적, 영적 또는 그 이상의 합(合, sum)으로서의 인간을 이해하는 총체주의(holism) 즉, 인간은 여러 부분의 합 이상이라는 사상과 철학을 기반으로 호스피스의 이론과 실제가 발전되어 왔으며, 과거의 치료 중심에서 돌봄의 개념 및 그 사상을 강조하게 되었다. 따라서 대상자에 대한 연민(compassion)으로 표현되는 사랑이 이 돌봄에 깊이 내재되어 있다. 이러한 배경에서 호스피스에 대한 철학을 다음과 같이 열거할 수 있다.

① 호스피스 대상자(치유 불가능한 말기환자와 그 가족)들을 돌보고 지지한다.

② 호스피스 대상자의 여생을 가능한 한 편안하게 하고 충만한 삶을 살게 해준다.

③ 호스피스 대상자가 삶을 긍정적으로 수용하게 하고 죽음을 삶의 일부로 자연스럽게 받아들이게 한다.

④ 호스피스 환자의 여생을 연장시키거나 단축시키지 않으며 살 수 있는 만큼 잘 살다가 자연스럽게 생을 마감할 수 있도록 돕는다.

⑤ 환자와 가족의 요구에 맞추어 가능한 모든 자원을 이용하여 그 요구를 충족시키고 지지하여 죽음을 잘 준비하게 한다. 죽음을 맞이하는 호스피스 환자로 하여금 소외된 채 외롭게 죽음을 맞이하지 않고 마지막 순간까지 인간답게 가치 있는 삶을 살 수 있도록 그리스도의 사랑으로 돌보는 것이다.

호스피스의 역사

고대 그리스나 로마에서는 손님이나 여행자들을 가정집에서 따뜻이 맞이하고 의·식·주를 제공하는 풍습이 있었으며, 손님에게 편안한 장소나 공간을 제공하고 돌보는 데서부터 호스피스가 시작되었다. 기록에 보면 AD 475년 건축가 Turmanin이 Christian Monastic Hospice 건물을 지어 성지 순례자나 아픈 사람, 죽어가는 사람에게 장소를 제공하여 돌본 것을 예로 들 수 있다.

중세시대에서는 십자군 운동(AD1096~1271)을 들 수 있다. 죽음의 과정이 인간의 마지막 여행이고 성지를 순례하러 가는 것과 비슷하다고 생각하여 성지를 순례하는 여행자와 병든 사람을 위해 휴식처로 호스피스를 세우고 음식과 옷을 제공하고 간호를 베풀어 주었으며 주로 성직자들에 의해 운영되었다. 오늘날의 병원이나 의료기관도 이러한 휴식처에서부터 발전되었다.

유럽에서는 17세기 초에 성 빈센트 드 폴이 소외되고 버림받은 거리의 환자를 돌보는 활동을 전개한 자선수녀단(Sisters of Charity)을 창립했다. 1836년 독일에의 프리드너 문스터(Fliedner Munster) 목사부부가 Kaiserwerth에 여집사단을 창립하여 소외되고 병든 사람과 임종자를 돌보았는데 나이팅게일도 3개월 동안 이 여집사단에 머물면서 실습을 한 바 있다.

1920년대 자선수녀단(Sisters of Charity)은 런던에 성 요셉 호스피스를 설립하였다. 이곳에 근무 중이던 여의사 시실리 손더스(Cicely Saunders)는 옥스포드 대학에서 정치, 사회학을 공부하다 후에 간호학도 전공한 약리학 교수로서 임종환자들 대부분이 통증을 호소하는 것을 관찰하였다. 이것이 현대 호스피스 환자들을 위한 통증관리의 기초가 되었다.

1967년 시실리 손더스는 호스피스 환자를 위한 약물치료의 경험에다 간호학, 정치학, 사회사업학 등의 다양한 학위과정 이수를 배경으로 호스피스 간호를 시도하기 위해 54병상의 성 요셉 호스피스(St. Joseph's Hospice)를 설립

하였다.

　이 독자적 호스피스 프로그램의 도입이 현대 호스피스 운동의 효시가 되어 오늘날 미국과 캐나다에서 체계화되고 전문화된 현대 호스피스로 발전되어 왔다.

　미국에서는 1963년 시실리 손더스(Cicely Saunders)가 미국을 방문하여 호스피스 강의를 한 것을 계기로 1968년 뉴헤이븐(Yale New Heaven)에서 가정 호스피스를 시작한 것이 미국 호스피스의 시작이라고 할 수 있다. 코네티커트 가정호스피스가 1971년에 시작되었고, 그 후 1975년에는 미국에서 발전된 두 번째 미국호스피스인 뉴욕의 성 누가 루스벨트 병원의 프로그램이 미국의 유일한 호스피스 모델이 되었다. 이는 내과나 암병동에 호스피스 환자가 분산되어 있는 유형(inpatient scattered-bed)이다. 1979년 코네티커트 호스피스가 44개의 병상을 갖게 되었으며 그해 미국에 약 210여 개의 호스피스 프로그램이 확산되었다.

　구미에서는 호스피스 환자들의 충족되지 못한 특수한 요구의 충족과 의료비 상승, 평균수명의 연장이나 의료장비의 고급화에 따른 의료비 지출 감소를 위한 의료서비스의 방안으로 호스피스 프로그램이 활성화되었다.

　1978년 미국호스피스협회(NHO)가 결성되어 호스피스 간호의 정의, 철학, 목적, 특징을 확인하고 호스피스 간호 프로그램 원칙과 표준을 마련하였다. 1981년 미국 의회에서 호스피스 법안(Hospice Bill)이 입법으로 통과되었다. 1986년 미국에는 1,400개, 1991년 1,700개, 1993년 1,800개, 1995년에는 약3,000여 개의 호스피스 프로그램이 운영되고 있다. 캐나다의 경우 몬트리올에 1975년 왕립 빅토리아 병원(Royal Victoria Hospice)에 12개 병상의 호스피스 병동이 생겨나 점차 확산되고 있다.

　일본에도 요도가와 병원이나 시라이 병원 등에서 호스피스 병동을 운영하고 있으며 1996년 현재 30여 개의 호스피스 프로그램이 운영되고 있다.

1965년 강원도 강릉에 마리아의 작은 자매회 수녀들에 의해 갈바리의원 (14개병상)에서 임종자들을 간호하기 시작한 것이 체계적으로 실시된 임종환자의 첫 관리였다고 할 수 있으며, 그 후 1981년 가톨릭대학교 의과대학과 간호학과 학생들을 중심으로 호스피스 활동이 시작되어 1988년에 호스피스 병동이 생겨났고, 연세의료원에서는 1988년부터 세브란스 암센터에 가정 호스피스 프로그램이 시작되었으며, 1992년부터 이화여자대학교 간호과학 대학에 가정 호스피스 프로그램이 시작되어 운영 중이다.

또한 현재에는 계명대학교 동산의료원, 여의도 성모병원, 성바오로병원, 전주예수병원, 고신의료원, 부산대학교 병원 등이 호스피스과를 두어 호스피스 환자를 관리하고 있다. 의료기관은 아니지만 충북 음성의 꽃동네에서는 무의탁 부랑인 정신질환자, 장애자, 알코올 중독자를 수용하는 시설과 함께 임종의 집을 마련하여 1976년부터 임종환자를 돌보고 있으며, 광주 대학생 선교회에서도 사랑의 호스피스를 개설하여 가정호스피스를 실시하고 있다. 대부분의 호스피스 기관에서 자원봉사자를 위한 정규적인 교육을 실시하고 있으며 1991년에 한국 호스피스협회가 창립되어 활발하게 활동하고 있다.

호스피스와 전통적인 치료와의 차이

임종환자를 위한 전통적 접근방법은 치료를 적극 지지하고 모든 시스템을 유지하면서 생명을 연장시키려 하지만 호스피스는 삶을 단축시키거나 연장시키지 않고 삶의 한 과정으로서 죽음을 생각하면서 환자와 가족이 가능한 한 남은 삶을 충만히 살 수 있도록 돕고 치료와 통증, 증상의 관리를 중심으로 환자와 가족이 참여하도록 격려한다.

전통적 치료에서는 아무것도 할 수 없는 상태로 생각함으로써 환자가 실의에 빠질 수도 있지만 호스피스에서는 모두가 환자를 위해 무엇인가 더할

수 있음을 강조하며 통증완화나 증상관리 등에 대해 성장의 시기로 간주하여 환자와 가족이 가치 있는 삶을 살도록 돕는다.

전통적 치료에서는 정맥주사나 위장관 등을 이용하고 임상검사와 진단이 반복되고 치료와 생명지지를 위한 시스템을 지속하며 심리적 의존이나 중독에 대한 두려움으로 통증에 제한된 투약을 필요시에 제공하지만 호스피스에서는 환자를 개별적으로 돌보며 증상관리를 위한 치료만 제공하고 개개인의 요구에 따라 필요한 경우에는 마약성 진통제를 사용하여 통증을 조절한다.

전통적인 치료에서는 사별 이후 가족과의 모든 접촉이 끝나며 환자가 간호의 대상이지만 호스피스에서는 환자와 가족이 간호의 대상이 되며 사별 이후의 계속적인 프로그램으로 가족을 지지하고 개별적인 간호를 제공한다.

전통적 치료에서는 임종에 직면한 환자라도 중환자실에서 특수관리를 받으며 가족과의 접촉이 제한되거나 가정에서 적절하지 못한 돌봄을 받게 되나 호스피스에서는 환자가 원하는 곳에서 가족과 함께 하며 1일 24시간, 주 7회의 호스피스 봉사자의 간호제공이 가능하다.

전통적인 치료에서는 환자를 돌보는 간호사나 직원의 이동이 있지만 호스피스에서는 지속적이고 일관성 있게 한 환자를 돌볼 수 있다.

전통적 치료에서는 임종환자들에게 주의를 잘 기울이지 못하여 환자들이 소외될 수 있고 정해진 병원 규정에 따르도록 하여 비인격화되는 경우가 있지만 호스피스에서는 자원봉사자들을 활용하여 환자에게 더 많은 간호시간을 할애할 뿐 아니라 자유로운 분위기 속에서 인격적인 의사소통과 지지를 할 수 있다.

호스피스 프로그램의 표준

미국호스피스협회(NHO)에서 마련한 호스피스의 표준과 원칙, 미국병원

합동평가위원회(JCAH, 1986)에서 제정한 원칙과 표준 등이 있다. 다음은 JCAH에서 제정된 원칙과 표준이다.

① 환자와 가족은 호스피스 간호의 한 단위이다.
② 호스피스 활동은 전문직 팀에 의해 이루어진다.
③ 호스피스는 지속적인 간호를 제공한다.
④ 호스피스는 가정간호를 제공한다.
⑤ 호스피스는 입원환자 간호도 제공한다.
⑥ 호스피스에서는 의무기록을 문서화하고 보관한다.
⑦ 호스피스는 통제기관이 있어야 한다.
⑧ 관리 및 행정적인 업무가 유지되어야 한다.
⑨ 자원이용의 재검토가 필요하다.
⑩ 호스피스에 대한 질보장 제도가 확립되어야 한다.

호스피스의 대상자

호스피스 대상자의 선정은 대개 다음과 같은 기준을 갖는다.

① 암으로 진단받은 후 수술이나 항암요법 등 의학적 치료를 시행하였으나 더 이상의 치료효과를 기대하기 어려운 경우
② 의사로부터 6개월 내지 1년 정도 살 수 있다는 진단을 받은 자
③ 의사의 동의나 의뢰가 있는 경우
④ 환자나 가족이 증상완화를 위한 비치료적 간호를 받기로 결정한 경우
⑤ 가족이나 친지가 별로 없어 호스피스의 도움이 필요하다고 선정된 경우

호스피스의 유형

호스피스의 유형은 대개 다음과 같이 다섯 가지로 구분된다.

① 독립형 호스피스(Free Standing Hospice)

이 유형은 호스피스만 독립적으로 운영하는 형태를 의미하며, 이 경우 누구든지 환자 의뢰를 할 수 있으며, 자원봉사자 교육을 어느 기관에서 받았는지에 관계없이 봉사자로 참여할 수 있고 환자의 기존 주치의가 호스피스 가입 후에도 그대로 주치의로 연결될 수 있는 장점을 가지고 있다.

② 병원 내의 산재형 호스피스(The Inpatient Scattered-Bed Consultative)

1975년 미국에서 시작한 제2의 호스피스 프로그램으로 성누가 루스벨트(St. Luke's Roosevelt) 병원에서 처음 시도되었다. 즉, 병원 내에 호스피스 팀이 구성되어 간호를 수행하는 유형으로 주로 내과나 암병동에 호스피스환자들이 병실 내의 다른 환자들과 함께 입원하여 호스피스 간호를 받는다. 호스피스 환자의 경우 일정기간 입원하여 퇴원하는 다른 환자들과는 다르게 일반 환자들과 함께 생활해야 하는 점 등의 어려움이 있다.

③ 병원 내의 병동 호스피스(Hospice unit within a Hospital)

병원 내 확보된 병동에서 호스피스 활동을 하는 유형으로 의료시스템이나 의료 인력을 활용할 수 있는 장점이 있으나 타직원이나 사람들이 죽음의 장소로 볼 수도 있는 부정적인 측면도 있다.

④ 가정호스피스(Hospice Home care)

호스피스 요원이 환자의 가정을 방문하여 돌보는 형태로써 전 세계적으로 가장 널리 이용되고 있는 보편적인 유형이다. 소요 경비가 적게 들고 환

자로서는 자신의 집이라는 편안한 환경에 있을 수 있는 장점이 있는 반면에 가족의 부담이 크다는 단점이 있다. 그러나 증상조절이 어려운 경우나, 임종을 위해 또는 가족의 휴식을 위해 일시적인 입원을 허용하고 하루 24시간 언제라도 아무 때나 호스피스 요원과 연락이 가능하도록 함으로써 보완이 가능하다. 한국에는 1996년 12월 현재 42개의 호스피스 기관이 있는데 그중 20개의 기관에서 가정호스피스 프로그램을 실시하고 있다.

⑤ 시설호스피스(Nursing Home for Hospice)

병원에 입원하기도 어렵고 가정에 있을 수도 없는 환자를 위해 가정과 같은 분위기에서 호스피스 간호를 받을 수 있도록 마련된 시설의 형태로써 간호사가 24시간 상주하며 돌보게 되고 의사는 정기적으로 방문하여 처방을 하게 된다. 미국의 경우 환자가 시설호스피스에 입원되어 있어도 가정호스피스 관리를 받고 있는 것으로 간주하여 보험금이 지급된다.

혼합형 이상의 여러 유형 중 두 가지 이상의 유형으로 혼합 운영되는 경우를 말하며 병원 내에 호스피스 병동을 운영하면서 가정호스피스 사업을 병행하거나 산재형 호스피스를 병원 내에서 운영하면서 가정호스피스 프로그램도 시행하는 등 다양한 유형이 있다.

다중미니면접 실전(3)
인성면접 정복하기

일반적으로 상황면접이라고 불리는 면접에 대해서 준비해 보는 시간을 가질 것이다. 상황면접은 구체적으로 인성면접과 역량면접으로 세분화할 수 있다. 여기서는 인성면접을 다루고 5일차에서 커뮤니케이션 방법론을 중심으로 역량면접을 다룰 것이다. 인성면접은 지원자의 성격, 경험 그리고 주어진 상황에 대한 대처 방식 등을 가지고 인성을 평가한다. 특히, 특정한 상황이 주어지고 그것에 대해 답하는 면접을 중점적으로 알아보자.

 대표 문제 1

1) 자신의 장단점은 무엇인가요?

2) 지금까지 본인이 이룬 가장 큰 성취는 무엇인가요?

 해설 1)

자신의 장단점을 묻는 문제는 순수하게 자신의 성격과 관련된 것을 묻는 것이 아니다. 출제자의 의도는 학교의 인재상이나 학과에서 요구하는 인재상에 맞는 인물인지 알아보고자 하는 의도가 깔려 있다.

유형	평가요소 1	평가요소 2
성격의 장단점		
단점과 극복과정	지원 대학의 인재상	의학대학에 맞는 인재상 또는 지원 분야와 맞는 인재상
지원자를 선발해야 하는 이유		
지원자가 갖춘 의사로서의 자질		

따라서 지원 대학의 인재상과 학과 인재상에 대해서 알아보고 합격자 수기 등을 통하여 이러한 인재상이 구체적으로 어떻게 구현되는지 알아봐야 한다. 그런 뒤에 자신이 가진 성격의 특성을 바탕으로 하여 질문에 대한 답변을 준비해야 한다. 답변은 '주장 + 근거'의 형식으로 이뤄져야 한다. 그리고 근거는 단점을 보완하거나 장점을 극대화하는 방향으로 제시하되 단계적으로 발전한다는 느낌을 줄 수 있을 때 좋은 평가를 받을 수 있다.

주장	• 저의 장점은 가르치는 것을 좋아하는 것입니다.
근거 1	• 고등학교 1학년 학기 초에, 수학 문제를 어려워하는 친구들을 위해서 비공식적으로 수학모임을 만들어 리더로 활동하였습니다.
근거 2	• 고등학교 1학년 여름방학부터 저소득층 자녀들의 교육봉사를 하면서 학년이 다양한 학생들을 동시에 지도하면서 학년별 그리고 개인별 특성에 맞는 교육방법을 익힐 수 있었습니다.
근거 3	• 고등학교 2학년 때에는 수학모임과 교육봉사활동의 경험을 바탕으로 친구들과 수학 문제집을 만들 수 있었습니다. 이것을 만드는 과정에서 동기뿐만 아니라 후배들을 참여시켜 서로 교육과정에서 어려운 점을 공유하고 이것을 해결할 수 있는 방법 등에 대해 논의하면서 중학교 과정과 연계된 고등 수학 기초 문제집을 만들 수 있었습니다.
결어	• 이렇듯 저는 제가 가진 장점을 개발하고 타인을 위해 봉사하는 데 활용할 수 있도록 노력하여 왔습니다.

위의 사례에서 학생은 필자가 제시한 틀에 맞는 답변을 하고 있다. 문제는 자신의 경험 중에 적절한 '소재'를 찾는 일이다. 인성형 상황면접에서 지원자의 성격을 묻는 문제는 정형화되어 있다. 그러므로 위에 열거한 네 가지 유형의 질문에 대한 답변을 잘 하기 위해 미리 적절한 소재를 찾아 준비해 두어야 할 것이다.

 해설 2)

지원자의 경험을 통해 인성을 평가하는 문제이다. 주로 5개 영역에서 문제가 출제되기 때문에 이에 대해 준비하면 된다. 즉, 리더십, 역경극복, 팀워크, 창의성 그리고 성취수준이 잘 나타나는 경험을 생각해야 한다. 각 물음에 대한 평가기준을 제시하면 다음과 같다.

유형	대표질문	평가기준
리더십	고교 생활 중 리더십을 발휘한 사례에 대해 말하시오.	• 공동체의 목표 달성을 위해 주도적으로 활동하였는가? • 공동체의 목표를 달성하기 위해 구성원들에게 적절한 동기부여를 하였는가? • 구성원들과 업무를 어떻게 나누었는가? • 자신만의 리더십 스타일은 무엇인가? • 리더십을 발휘한 결과 공동체의 목표가 달성되었는가?
역경극복	고교 생활 중 역경극복 사례가 있다면 무엇인가?	• 주어진 역경은 일상적으로 경험하기 어려운 것인가? • 역경극복을 위해 노력한 기간은 얼마인가? • 적극적·주체적으로 상황을 극복해 갔는가? • 이를 통해 배운 점은 무엇인가? • 이런 경험이 다른 어떤 어려움을 극복하는 데 도움이 되었는가?

팀워크 (팔로우십)	고교 생활 중 공동체를 위해 헌신한 경험이 있는가?	• 팀워크를 유지하기 위해 어떤 노력을 기울였는가? • 갈등을 조정하고, 원만한 대인관계를 유지하기 위한 나만의 노하우는 무엇인가? • 공동체를 위해 희생을 감수했는가? • 팀워크 발휘로 공동체가 이룬 것은 무엇인가? • 자신은 어떤 팔로우십 스타일을 지녔는가?
창의성	자신만의 아이디어를 가지고 문제를 해결한 적이 있는가?	• 평소에도 호기심을 가지고 사물이나 문제를 바라보는가? • 일반적인 문제 해결방식과 다른 자신만의 문제 해결 방식이 있는가? • 창의력을 가지고 만든 결과물은 어떤 평가를 받았는가? • 결과물이 현실의 어떤 문제를 해결하는 데 도움이 되었는가? • 창의적인 활동이 언제부터 시작되었으며 현재까지 지속되고 있는가?
성취수준	고교 생활 중 자신이 이룬 업적 중 가장 기억에 남는 것은?	• 성취한 일이 일반적으로 우수하거나 탁월하다고 평가받을 수 있는 수준인가? • 남들이 쉽게 하기 어려운 경험인가? • 목표 도달과정에서 얼마만큼의 노력을 하였는가? • 자신만의 자질이나 장점이 어떻게 발휘되었는가?

위의 다섯 가지 유형의 질문들이 자주 면접에서 출제된다. 그리고 위에서 열거한 순서대로 중요성을 지닌다고 생각하면 된다. 즉, 리더십, 역경극복 그리고 팔로우십에 대한 내용은 언제나 물어본다고 생각하면 된다. 아마도 의대 지원자들 중에는 특기할 만한 역경극복 사례가 없는 경우가 많을 것이다.

이럴 때에는 개인적인 역경극복 사례를 생각해내기보다는 공동체 생활을 하면서 겪게 되었던 어려움을 중심으로 역경극복 사례를 준비하면 된다. 예를 들어, 기숙사가 있는 학교라면 집을 떠나서 처음으로 기숙사 생활을 하면서 겪었던 어려운 점과 그것을 극복한 과정을 제시하면 된다. 결국, 좋은 소재를 찾아내고 그것을 스토리라인(주장+근거+결어)에 맞춰 질문 항목에 맞게 준비하는 것이 중요하다.

대표 문제 2

상사가 뇌물을 받는 상황을 목격하였다. 이를 회사에 신고하면 본인이 회사 내에서 불이익을 받을 수 있는 상황이다. 당신은 어떻게 하겠는가?

해설

이상과 현실 사이의 갈등 상황을 바탕으로 만든 문제이다. 즉, 이상적인 가치와 현실적인 가치가 대립되는 상황이다. 이를 윤리적인 방식으로 해결하는 것도 하나의 방법일 것이다. 공리주의적으로 생각해 본다면, 신고로 얻는 이익과 신고 후에 내가 받을 불이익에 대해서 고민해야 할 것이다. 이에 비해, 칸트주의적으로 생각해 본다면, 뇌물을 받은 사실을 회사에 알리는 것은 당연하다. 그럼에도 불구하고 현실에서는 이런 사고 방식을 통해서 결론을 내렸다고 하더라도 행동과정에서 상황에 맞는 추가적인 검토가 요구된다.

구체적으로 문제의 상황을 다각적인 측면에서 접근해야 할 것이다. 먼저 뇌물을 받은 사람과 뇌물을 준 사람에 대해서 알아보아야 한다. 뇌물을 받은 사람은 뇌물이란 것을 인지하고 있는지 아닌지, 혹은 회사일과 관련이 없는 일로 받은 것인지 등에 대해서 확인해야 할 것이다. 그리고 뇌물을 준 사람에 대해서도 알아봐야 할 것이다. 회사 업무와 관련해서 청탁의 대가로 뇌물을 준 것인지 아니면 다른 이유가 있는지 등이다. 즉, 외형적으로 뇌물이라고 판단되지만 당사자 간의 이해관계를 살펴본다면 다른 결론이 나올 수도 있다.

다음으로 뇌물을 받은 상사에게 스스로 뇌물을 받은 사실을 회사에 신고하도록 기회를 줘야 한다. 얼떨결에 뇌물을 받은 상사가 먼저 회사에 알리려는 계획을 가지고 있을 수도 있기 때문이다. 만약 이런 과정을 거쳐도 상사가 뇌물을 받은 사실을 숨기려 한다면 그때는 회사에 알리는 것이 바람직하다고 생각된다.

결국, 문제를 어떻게 처리하느냐를 면접관들은 평가하고 싶은 것이다. 실제로 의대 교수가 밝힌 평가기준을 보면 얼마나 다각적인 측면에서 사려 깊게 문제를 해결하는가를 평가한다.

 **추가 문제**

당신보다 나이가 어린 선배 사원이 반말로 일을 지시하면 어떻게 하겠는가?

 **해설**

공동체와 개인 간의 이익이 대립되는 상황을 문제화한 것이다. 공동체의 규율에 따르면 입사 순으로 선후배가 결정된다. 자신의 입장보다 공동체의 규율이 우선시되어야 하는지 아니면 자신의 입장이 우선시되어야 하는지를 묻고 있다. 따라서 자신보다 나이가 어린 선배가 반말을 하더라도 그의 지시에는 따르는 것이 바람직하다. 다만, 나이 어린 선배가 서로의 나이를 모르고 반말을 쓰는경우를 생각해 볼 수 있다.

그렇다면 이 문제는 두 가지 상황을 구분하여 생각해야 한다. 공동체의 일원으로서 상사의 지시를 따를 것인가란 문제와, 공동체 구성원들 간에 개인적 상황을 어느 정도까지 고려할 수 있는지 여부이다. 첫 번째 문제는 이미 결론이 나 있고 두 번째 문제는 나이 어린 선배와 내가 풀어야 할 문제이다. 만약 두 사람이 개인적으로 대화를 할 기회가 생긴다면 서로 존칭을 사용하자고 제안해 볼 수 있을 것이다. 즉, 업무지시를 이행하는 과정은 그대로 진행되도록 하고 이에 추가적으로 선후배 간의 호칭 문제를 해결하는 것이 바람직하다.

결론적으로 일의 우선순위를 결정하고 그것에 맞게 실행한 후에 그 과정에서 발생하는 문제는 업무에 지장을 주지 않는 범위 내에서 해결하는 것을 요구하고 있다. 이 외에도 '개인적으로 중요한 일이 있는데 야근을 시킨다면 어떻게 할 것인가', '당신이 생각하기에 불합리한 일을 상사가 시킨다면 어떻게 할 것인가' 등의 질문이 주로 나온다. 이 역시 추가문제의 해법과 같은 맥락에서 해결하기를 바란다.

자연계학생들이 상황면접을 어려워하는 이유는 분명하다. 일반적으로 사물에 대해 관심을 가지고 학업을 수행해 왔기 때문이다. 힘의 원리, 원자의 특성 등과 같은 문제를 꾸준히 학습해 왔기 때문에 인간의 문제에 대해서는 관심을 기울이기 어려웠다. 그럼에도 불구하고 의학도에게는 사물에 대한 흥미뿐만 아니라 인간에 대한 관심도 동시에 요구하고 있다. 의사가 되면 환자를 상대로 의사소통을 해야 하는 상황이 빈번하게 일어나기 때문이다. 이런 맥락에서 인문학적 소양과 의사소통 능력을 평가하기 위해 상황면접을 실시하고 있다.

평소에 가족들 간 그리고 급우들 간의 인간적인 문제들에 대해서 관심을 가지고 딜레마적인 상황을 어떻게 풀어나갈지 고민하는 자세가 요구된다. 특히, 봉사활동을 하는 과정에서 단순히 주어진 일을 열심히 하기보다는 주도적으로 내가 할 수 있는 일을 찾아내고 어려움에 처한 사람들이 무엇을 원하는지 묻고 그런 문제를 개인적으로 혹은 사회적으로 해결할 수 있는 방안을 찾아보자. 그리고 이러한 노력들은 실제로 면접 과정에서 눈빛이나 답변의 태도에서 은연중에 드러나게 된다. 실제로 대학에서 면접관으로 있을 때, 노인목욕봉사를 100시간 이상 했던 학생에게 던졌던 질문은 "치매 할머니들의 목욕 수발을 들 때, 옷을 벗기는 노하우는 무엇인가요?"라고 물었다. 수동적인 봉사를 한 학생은 이 질문에 답하기 어려울 것이다. 상황면접에서는 예상하기 어려운 질문들이 공격적으로 들어올 수 있다.

인성과 인성교육

인성 개념 이해하기

인성이란 물성(物性)에 상응하는 개념으로서 사람의 성품(human nature), 즉, 인간성을 의미하며 교육학 용어로서의 해석은 Personality의 번역어로서 '성격을 의미한다'고 간략하게 정의하고 있다(서울대학교 교육연구소 편, 교육학 용어사전,1994).

심리학 용어로서의 Personality는 실로 다양한 의미를 내포하고 있는 지극히 폭넓은 개념으로, 쓰이는 양태에 따라 인격, 성격 또는 인성으로 번역되어 쓰이고 있다

한 사람의 인성은 곧 그 마음의 바탕과 사람된 모습이 어떠하다는 의미와 직결된다고 볼 수 있다. 여기서 우리는 인성의 개념이 '마음'과 '사람됨'이라는 두 가지 요소로 구성되어 있음을 알 수 있다

마음(정신)은 지(知), 정(情), 의(意)의 세 요소로 구성되는 것으로 알려져 있다. 지(知)는 사물을 인식하고 이해하고 판단하는 마음의 작용이다. 정(情)은 사물에 느끼어 일어나는 마음의 작용이며, 의(意)는 무엇을 하겠다고 속으로 다짐하는 마음의 작용이다. 이렇게 볼 때 마음의 작용이란 지(知), 정(情), 의(意)의 근원으로 정신 작용의 총체라 할 수 있다. 사람의 사람다운 모습은 개인적 차원에서는 자아를 실현하는 사람에게서, 사회적 차원에서는 도덕적 삶을 사는 사람에게서 찾아볼 수 있을 것이다. 인성(人性)이란 사람이 지니고 있는 인간적인 특성 가운데서 전인적 반응 양식 내지 행동 양식을 가리키는 개념으로서 인성에 대한 정의는 인성 이론가의 숫자만큼이나 다양하다고 볼 수 있다. 이들 여러 가지 이론을 종합해 보면 인성이란 사람이 여러 가지 환경에 대하여 제각기 나름으로 반응하는 일관적인 행동의 구조와 역동의 특성을 가리키며 적어도 다음과 같은 다섯 가지 특징을 가지고 있다.

첫째, 인성은 사람이 환경과의 유기적 관계 속에서 형성된다. 왜냐하면 사람은 환경 속에 살고 있으며 결코 사회·문화·자연을 떠난 진공 속에서 행동하는 것이 아니라 환경과의 유기적인 관계 속에서 생활하고 있기 때문이다.

둘째, 인성은 궁극적으로 행동으로 규정할 수 있을 것이다. 여기에서 행동이란 단순한 신체적 동작만을 가리키는 것이 아니라 인간의 사고, 신념, 가치, 태도, 감정, 동기, 생리적 운동과 같은 인간이 유기체로서 나타내는 모든 반응을 가리킨다고 할 수 있다.

셋째, 인성은 구조적 측면과 역동적 측면을 지니고 있다. 따라서 여러 부분으로 나누어질 수 있다.

넷째, 인성은 상당한 수준의 일관성, 항상성 그리고 규칙성을 함유하고 있다. 즉 개인의 행동 양식은 외견상으로는 시시각각으로 변화되는 것 같아도 인성의 구조와 역동은 상당히 오랫동안 지속하여 동일한 특징을 유지하는 경향이 있다.

다섯째, 인성은 사람들이 다른 사람들과 어떤 인간관계를 형성하는가를 결정해 주는 데 매우 중요한 역할을 한다. 그리하여 성숙하고 건전한 인성은 개인의 정신 건강을 증진하고 창조적이고 현실적인 활동을 돕는데도 지대한 영향을 미치게 된다.

오늘날 우리가 말하는 인성은 대체적으로 도덕적인 가치가 개입된 인격과 개인이 지닌 독특한 특성의 총체를 가리키는 성격이 결합되어 양쪽의 격(格)을 때내고 생겨난 용어이다. 그러므로 인성교육은 개인의 심리적 특성으로서의 성격과 윤리·도덕적 특성으로서의 덕성, 이 둘 다를 포괄적으로 추구하는 교육 행위로서 해석할 수 있을 것이다.

인성교육의 특징 알아보기

첫째, 인성교육은 옳음을 알고, 사랑하고, 실천하려는 인간을 만드는 데 중점을 두고 있다. 인성교육은 친절, 사랑, 충성, 책임, 정직, 재산권, 도움 주기 등과 같은 삶의 사실들과 도덕적 관념들을 가르치는 것이다.

둘째, 인성교육은 두 가지의 의미 덕을 강조하고 있다. 즉, 올바르고 고상한 생활에 대한 인식, 그리고 그러한 삶을 사는 데 도움을 주는 구성 요소나 습관들 모두를 강조하고 있다. 또한 인성교육은 악덕(vices)에도 초점을 맞추고 있다. 인성교육은 덕을 지니도록 하는 것을 강조할 뿐만 아니라, 악덕을 제대로 인식할 수 있도록 해주는 것이다.

셋째, 인성교육은 덕목들의 주입을 포용하고 있다. 학교의 기본적인 사명은 공동체의 최상의 가치들을 학생들에게 주입시키는 것이다. 지역 사회 혹은 공동체가 부모나 교사들을 통하여 그 지역 사회나 공동체의 핵심 관념, 이론, 도덕적 가치들을 학생들에게 가르치지 않는 것은 사회적 자살 행위와 다를 바 없다.

넷째, 인성교육은 논쟁적인 이슈들에 대한 특정한 입장을 가르치는 것이 아니라, 기본적인 도덕적 덕과 악덕에 초점을 맞추고 있다. 모든 공동체는 그 구성원 대다수가 합의에 도달할 수 있는 공통적이고 핵심적인 가치들을 지니고 있다. 학교는 그러한 공동체의 핵심 가치들과 가장 중요한 지식들을 보존해 나가는 데 기여하는 하나의 사회 통합력이다. 따라서 인성교육은 공동체를 하나로 묶어 주는 기본적인 도덕적 가치들, 즉, 공동체의 규범에 초점을 맞추고 있다.

다섯째, 인성교육은 인격을 발달시키기 위한 매우 다양한 접근들을 포괄하고 있다. 인성교육은 영웅 및 위인들의 교훈적인 이야기, 교사나 성인들의 모범, 덕에 대한 직접적인 학습, 다른 사람 및 지역사회를 위한 봉사활동의 실행, 사고 방법의 학습, 공동체로서의 학급과 학교 속에서의 삶 등을 다양하게 활용하고 있다. 인성교육은 학생들이 훌륭한 인격을 구성하고 있는 지속적인 습관을 지니도록 학교 경험의 총체성을 적극적으로 활용한다. 또한, 인성교육은 학생들 스스로 그들의 인격을 함양하도록 지속적으로 고무시켜 준다. 학생들은 학교생활을 통하여 훌륭한 인성을 구성하고 있는 지속적인 습관들을 발달시킨다.

인성교육 덕목과 지도요소 살펴보기

인성교육 덕목 설정

경상남도 교육청은 인성교육의 지도 내용을 선정함에 있어 교육 개혁추진단에서 제시한 내용을 중심으로 하되 전통적인 규범과 덕목은 물론 미래 사회와 진로에 대한 바른 태도와 가치관을 함양하기 위한 영역도 포함하여 지도 내용을 다음과 같이 하였다.

인성교육 영역 및 덕목

영역	덕목
도덕적 품성	효행, 예절, 성실, 정직, 근면, 검소 절약, 자주, 생명존중
기본생활 습관	협동, 질서, 준법, 책임, 봉사, 정의, 타인존중
진로 인식	자아이해, 일의 세계, 일에 대한 태도, 의사 결정 능력, 인간 관계기술, 진로계획

덕목별 지도 요소

인성교육 덕목별 지도 요소 분석표

영역	덕목	지도 요소
도덕적 품성	효행	• 부모님의 은덕을 기리는 마음 • 부모님을 공경하는 태도 • 화목한 가정을 만들려는 태도 • 부모님을 기쁘게 해 드리는 마음
	예절	• 겸손한 태도 • 공경하고 사랑하는 마음 • 예절을 지키려는 실천 의지
	성실	• 자아실현 • 반성하는 생활 • 약속과 생활
	정직	• 정직의 필요성 인식 • 정직에 필요한 용기 • 양심에 따른 판단 • 정직한 생활태도
	근면	• 창조적인 시간 활용의 지혜 • 목표 지향적인 극기의 정신 • 생활 속의 꾸준한 실천의지
	검소·절약	• 분수에 맞고 검소한 생활 • 아껴 쓰고 저축하는 습관
	자주	• 주체적 자아의식에 대한 가치관 확립 • 개성 존중의 다양성 추구 • 자율적 의사 결정에 따른 책임 인식 • 자주적인 실천의지 함양
	생명 존중	• 인간의 목적성과 생명의 외경심 자각 • 경건하고 주체적인 삶의 자세 • 사랑과 봉사의 정신발휘 • 생명 경시 풍족 극복
기본생활 습관	협동	• 협동에 관한 가치 인식 • 공동체와의 일체 의식 • 공동체의 보상에 대한 믿음 • 공동 목표에 대한 실천 의지

기본생활 습관	질서	• 질서에 대한 가치 인식 • 공동 질서를 지키려는 태도 • 질서 생활을 실천하려는 의지
	준법	• 준법에 대한 가치 인식 • 준법에 대한 믿음 • 구성원 상호 간의 약속에 대한 실천 의지
	책임	• 책임에 대한 자각 • 맡은 바 임무의 성실한 이행 • 실천 결과에 대한 무한 책임
	봉사	• 남을 사랑하는 마음 • 남의 어려운 처지를 살펴주려는 태도 • 대가를 바라지 않는 마음 • 이타적인 생활
	정의	• 합리적 판단으로 공동 선을 추구하는 마음 • 공동 선을 향한 실천 의지 • 공동 선을 실천하는 행위 규범
진로인식 진로인식	타인 존중	• 관용의 태도 • 처지를 바꾸어 생각하는 태도 • 약속을 잘 지키는 태도
	자아 이해	• 자신의 소질, 적성, 흥미 발견 • 진로 선택에 소질, 적성, 흥미 활용
	일의 세계	• 사람과 일 • 산업과 직업 • 사회적 분업과 직업 • 일과 직업 수행을 위한 직업, 기술의 필요성
	일에 대한 긍정적 태도 가치관	• 일의 종류 • 일에 대한 긍정적 태도 • 일의 소중함 • 일의 보람
	의사 결정 능력	• 과학적, 합리적, 자료에 근거한 의사 결정 • 합리적인 자료 수집, 분석, 과학적 해석에 의한 진로결정
	인간관계 기술	• 개인 대 개인의 협동 • 집단 대 개인의 협동 • 화합과 이해 정신
	진로 계획	• 장래의 희망, 포부 설정 • 장래 희망을 성취하기 위한 방법 구상

다중미니면접 실전(4)
커뮤니케이션 스킬로 상황극 대비

5일차에는 커뮤니케이션에 대해서 알아보자. 경희대 의학전문대학원에서 최초로 도입한 상황극이 커뮤니케이션 능력을 측정하는 평가로 자리 잡았고, 이를 2012년에 서울대 지역균형 의예과 면접에 도입하였다. 특정한 상황이 주어지고 배우가 그에 맞는 연기를 하고 있는 상황에 학생이 특정 배역으로 들어가서 문제의 상황을 해결하는 형태로 진행된다. 의료상황으로 제시되거나 아니면 일상적인 상황이 제시되기도 한다. 이것은 학생의 커뮤니케이션 스타일이 어떠한지 알아보는 것인 동시에 의사로서의 인성과 자질을 평가하는 것이다.

대표 문제

대학교 기숙사 2인실에 거주하는 A군은 청소를 제대로 하지 않는 B군과 청소 문제에 대해서 언쟁을 벌이는 상황이 주어져 있다. 당신이 A군이라면 B군과의 문제를 어떻게 풀어나가겠는가?(상황은 당신이 먼저 B군에게 청소문제에 대해 이야기해야 한다.)

해설

다른 사람들이 지켜보는 가운데에서 자신이 A군의 역할을 하게 된다는 자체가 당황스러운 일이다. 만약 평소에 낯선 이들과 소통하는 시간을 많이 가지지 못했다면, 다양한 커뮤니케이션 유형을 이해하는 것이 우선적으로 요구된다. 먼저 커뮤니케이션이 낮은 사람들의 전형적인 특징을 살펴보자.

- 공동체 내에서 자신과 친분이 있는 사람들 위주로 대화를 한다.
- 상대방의 장점에 주목하기보다는 단점에 대해 주목하고 그것에 대해 피드백해 준다.
- 자신의 생각이나 입장을 분명하게 정하여 표현하지 못하고 애매한 표현을 쓴다.
- "본론만 이야기 합시다."라는 식으로 대화를 시작할 때가 많다.
- 상대방의 능력을 과소평가하고, 자신의 경험에 대한 자신감이 강하다.
- 해야 할 말과 하지 말아야 할 말을 지나치게 구분하고 스스로를 통제한다.
- 의사표현 방식이 단조롭고 표면적인 내용만을 언급한다.
- 대화를 할 때 감정적으로 말하게 된다.
- 상대방이 무슨 말을 할지 미리 짐작하여 대화를 이끌어간다.
- 자신이 싫어하는 사람이나 대화의 유형을 정해 놓는다.

의대에 지원하는 학생들 대부분은 최상위 성적을 유지해 왔을 것이다. 그러므로 자신이 공부하는 방식이나 자신이 가진 지식이나 경험에 대해서 과신하는 경향이 간혹 있다. 그렇다면 이러한 성향을 완화시키기 위한 노력을 하지 않는다면 상황극 평가뿐만 아니라 일상적인 커뮤니케이션 상황에서도 좋지 않은 결과를 가져올 수 있다. 즉, 주관주의에서 벗어난다는 생각을 가지고 의사소통을 하도록 노력해야 한다.

그러면 효과적인 커뮤니케이션 방법에 대해서 알아보도록 하자. 태도, 질문, 그리고 기술이라는 측면에서 살펴보겠다.

감정이입의 태도를 취하라!

- 상대방의 '관점'을 존중한다. 상대방이 사태를 바라보는 관점에 대해서 이의를 제기하기보다는 그런 관점으로 같이 생각해 보는 태도를 취하자.
- 상대방이 말하는 내용뿐만 아니라 말투나 자세에서 드러나는 감정에 주목한다.
- 상대방이 말하는 내용이나 의도를 충분히 파악했을 때, 상대방의 의견에 대해 자신의 견해를 밝히자.
- 상대방의 말을 잘 이해하고 있는지 확인해 본다. "저는 ~라고 말씀하신 것으로 이해합니다."와 같이 자신이 이해한 것을 설명해 보자. 이때, 단순히 상대방의 말을 반복하여 확인하는 것은 효과가 없다.
- 부연을 할 때는 상대방 말에 담긴 의도를 어떻게 받아들였는지 밝히자. 대화 중에 적절한 질문이나 부연을 하면 상대방이 말한 바를 심층적으로 이해할 수 있다.

효과적인 질문을 하라!

개방형 질문 : 상대방에게 질문에 대한 설명을 요구할 때 사용한다. 상대방의 생각이나 느낌, 의도, 계획 등을 추가로 파악할 때 유용하다.

"청소구역을 나누어서 청소를 하는 것에 대해 어떻게 생각하니?"

"청소를 하면서 힘든 점은 무엇이니?"

폐쇄형 질문 : '예', '아니오'로 대답할 수 있도록 묻는 질문이며 사실관계를 확인할 때 사용한다.

"지난주에 청소당번이었던 것을 알고 있었니?"

"청소할 때 환기를 시켰니?"

촉진형 질문 : 상대방의 생각이나 느낌, 의도 등을 분명하게 표현하도록 질문할 때 사용한다.

"너도 일주일에 한 번은 청소를 해야 한다고 생각하니?"

"청소 구역을 나누어서 하는 것이 맞다고 생각하니?"

탐구형 질문 : 상대방의 말을 구체화하여 상대의 의도를 정확히 파악하려 할 때 사용한다.

"지금 한 말의 의도가 무엇이니?"

"다음 주 금요일까지 이 일이 끝나기를 바라는 것이 맞니?"

커뮤니케이션 기술을 익혀라!

- 대화하고 싶은 사람과 하기 싫은 사람을 구분하지 말아야 한다.
  사람을 가려서 대화를 하는 이유가 바꿀 수 없는 생각(종교, 정치성향, 문화적 배경 등)이나, 나 자신의 문제(이유 없이 상대방이 싫을 경우 등)일 경우, 이것들을 개선하지 못하면 더 많은 사람과 대화하기 어렵다.

- 상대방이 말한 내용을 요약·정리해서 말해 본다.

  내용 확인하기 : "이렇게 말씀하신 것이 맞는지요?"

  논리 확인하기 : "그렇게 생각하신 특별한 이유가 있나요?"

  의도·심층적 의미 확인하기 : "이 부분을 좀 더 구체적으로 말씀해 주실 수 있는지요?"

- 알고 있는 내용이라도 성급하게 상대방의 말을 끊지 않는다.

  상대방의 말이 끝날 때까지 들어주는 것이 대화의 매너이다. 상대방이 말을 장황하게 하거나 지나치게 오래할 경우에는 상대방이 불쾌감을 느끼지 않을 정도로 요약해서 말할 수 있도록 유도하는 것이 필요하다.

- 내가 듣고 싶은 것만 듣는 습관을 고친다.

  특히, 내가 싫어하는 사람이나 싫어하는 내용을 말할 때 이런 성향을 나타내게 된다. 이럴 때는 상대방과 상대방의 말을 구분하여 생각해 보자. 즉, 상대방의 역할이나 입장 때문에 그렇게 말하는 것은 아닌지 확인해 본다. 그리고 대화가 일어나는 상황적·문화적 맥락을 이해하고 편견이나 고정관념에서 탈피하여 상대방이 전달하려는 말의 내용과 의도에 집중하여 경청하자.

그러면 상황극의 평가지침은 무엇인지 알아보자. 일반적인 상황극에서는 다음과 같은 내용을 토대로 평가하게 된다.

항목	평가 요소	점수
1	상대방의 말에 관심을 기울이는가?	A, B, C, D, E
2	상대방의 대화를 끊지 않는가?	A, B, C, D, E
3	상대방의 말을 자기중심적으로 해석하는가?	A, B, C, D, E
4	목적과 상황에 맞는 대화를 하는가?	A, B, C, D, E
5	지나치게 말을 많이 하지 않는가?	A, B, C, D, E
6	감정이입을 하여 경청하는가?	A, B, C, D, E
7	끝까지 효과적으로 커뮤니케이션이 진행되는가?	A, B, C, D, E

 추가 문제

진료예약을 어기거나 사전에 예약 없이 진료를 요구하는 등의 불성실한 태도를 가진 환자가 어느 날 담당의사에게 찾아와서 의료비 환불을 요구하는 상황이다.

환자 : "고장 난 자동차나 기계는 고치지 못하면 수리비를 요구하지 못하는데, 의료도 마찬가지 아닌가요? 병원에 수개월째 다녀도 제 병이 낫지 않으니 치료비를 환불해 주세요."

당신이 의사라면 어떻게 응대하겠는가?

 해설

이번 문제는 의료상황을 가정한 상황극을 제시해 보았다. 현실에서 쉽게 접할 수 있는 상황이며 이 상황에 적절히 대응하기 위해서는 의료 커뮤니케이션에 대한 이해와 의료자원의 특성에 대해 이해하고 있어야만

적절히 대응할 수 있다.

먼저 상황극을 분석해 보면 환자는 크게 두 가지 문제점을 지닌다.

①의 경우에는 예약제로 운영되는 병원의 진료시스템을 따르지 않고 있다. 그러므로 이 부분에 대한 규칙을 준수하지 않은 것에 대해 논의해야 할 것이다. 동시에 의사가 지시한 약의 복용이나 생활 수칙의 준수에 대해서도 살펴보아야 한다.

②의 경우에는 기계와 달리 살아있는 사람의 몸을 대상으로 치료하는 것이 의료이기 때문에 언제나 불확실성이 존재한다. 구체적으로 치료효과를 얻기 어려운 경우와 부작용이 발생하는 경우 등이 대표적이다. 또한, 주어진 시간에 한정된 환자만을 치료할 수 있는 의료특성을 생각해 본다면, 환자가 치료를 받는 것 자체도 의료자원이 배분된 것으로 볼 수 있다. 그러므로 여기서 불확실성과 경제성이라는 의료자원의 특성을 발견할 수 있다.

특히 ②와 관련해서는 의사가 책임져야 할 부분도 존재한다. 의료지식이 많은 의사가 환자에게 사전에 의료의 불확실성에 대해서 알려주어야 할 것이다. 이런 과정이 없었다면 장기간 동안 병이 낫지 않는 환자의 경우에는 불만을 제기할 가능성이 높다.

문제는 상황극이라는 특수한 상황이기 때문에 또 다른 문제를 생각해봐야 한다. 즉, 어떻게 의사와 환자 사이에 커뮤니케이션이 이루어지느냐이다. 이에 대한 해답을 얻기 위해서 환자와 의사 간에 이루어지는 전형적인 커뮤니케이션 유형을 알아보자. 의료영역에서 커뮤니케이션 유형을 나누는 기준으로는 '환자', '의사' 그리고 '질병'이라는 변수를 가지고 나눠볼 수 있다.

유형	특성	장점	단점
정보 수집형	• 질병 중심 • 의사 주도적·일방적 태도	• 의사 주도로 진료를 진행할 수 있고 환자의 상태에 대한 정보를 얻기에 효율적임	• 환자의 감정을 받아들이기 어렵고 환자는 취조당하는 느낌을 받을 수 있음
분석형	• 환자 중심 • 과학적·분석적 태도	• 질병을 객관적 문제로 인식하여 체계적이고 과학적인 해법 제시	• 환자의 질문에 반응이 느리고 감정적 교류가 어려움
주도형	• 질병 중심 • 지시적·명령적 태도	• 환자의 질문에 빠르게 반응하고 통제적이며 환자의 잘못을 야단치는 모습을 보임	• 환자는 의사가 자신을 무시한다고 여길 수 있고 부정적으로 반응하게 만듦
설명형	• 환자 중심 • 과학적·중립적 태도	• 환자의 질문에 빠르게 반응하며, 환자의 의사 결정을 존중하며, 의사와 환자 간의 질병에 대한 지식적 차이를 줄여나가 상호 간에 질병에 대한 이해를 넓힘	• 의사는 환자에 대해 참을성과 관용을 가지고 대해야 하며 진료 시간이 길어질 수 있는 단점이 있음
관계 중심형	• 환자 중심 • 공감적 태도	• 환자의 질문에 빠르게 반응하고 공감하며, 질병 치료에 있어 환자의 동기를 부여하고 설득하여 신뢰 관계를 형성함	• 지나치게 관계에 신경을 쓰면 환자는 의사가 질병 치료에 관심이 없다고 느낄 수 있음
경청형	• 환자 중심 • 헌신적·지지적 태도	• 환자의 질문에 느리게 반응하고 환자의 마음에 상처나 충격을 주지 않으려고 노력함	• 지나치게 조심스러우면 환자가 의사의 실력이 부족하고 수동적인 사람으로 여기게 됨

위의 유형들을 보면 일반적으로 정보수집형, 분석형, 주도형은 부정적인 커뮤니케이션 유형으로 보인다. 그러나 상황에 따라서는 이러한 유형의 커뮤니케이션이 필요하다.

예를 들어, 쇼크나 혼란 상태에 있는 환자에게는 정보수집형으로 소통해야 한다. 그리고 새로운 질병이나 기존 질병에 다른 반응을 보이는 환자일 경우에는 분석형으로 소통하는 것이 바람직하다. 그러므로 어떤 유형이 맞다라고 생각하기보다는 어떤 상황에서 어떤 방식으로 소통하는 것이 적절한지에 대해 고민해야 할 것이다.

결론적으로, 추가질문의 상황에서는 여러 커뮤니케이션 유형을 활용해야 한다. 초반에는 관계중심형으로 시작하여 환자의 상태를 안정시키고 질문 의도를 파악하는 것이 좋다. 중반에는 분석형으로 대화를 이끌어가면서 환자가 처한 상황과 병원 진료예약 문제를 소홀히 취급한 이유를 밝히는 것이 요구된다. 마지막으로는 설명형으로 대화를 이끌어가면서 의료의 불확실성이나 한정성에 대해 알려주어야 한다. 따라서 문제의 상황을 단계적으로 분석하고 이해하여 각 단계에 맞는 커뮤니케이션 유형을 선택하는 것이 중요하다.

의료상황에서의 커뮤니케이션 사례 연구

의사의 커뮤니케이션의 사례 연구

여러 학자들의 커뮤니케이션 이론을 바탕으로 생각해 볼 때, 기본적으로 의사가 취할 수 있는 여섯 가지 태도가 있다. 평가적, 해석적, 조사적, 도피적, 지지적, 공감적 태도가 그것이다. 이 유형들은 의사 자신의 행동을 반성하거나 관찰할 때 유용한 지표가 된다.

아래에서는 예약을 하지 않고 진료를 받으러 온 환자사례를 통해 여섯 가지 커뮤니케이션이 어떻게 일어나는지 살펴보도록 한다.

의사 중심의 대화

"이 시간에 오시면 안 됩니다."
: 상대방에게 선악의 판단을 나타내는 평가적 태도

"술을 드셔서 위궤양이 재발한 것 아닙니까?"
: 병의 상태에 대해 일방적으로 이유를 붙이는 해석적 태도

"제대로 약도 먹지 않았군요. 무슨 일이 있어서 술을 드신 것입니까?"
: 상대를 개의치 않고 파고드는 조사적 태도

"암 걱정은 없습니다. 어쨌든 주사를 맞읍시다."
: 상대방의 불안을 외면하는 도피적 태도

환자 중심의 대화

"3일 전부터 아팠는데 괜찮아지겠지 하고 상태를 보아 왔는데 더 이상 참

기는 어려워진 사정은 이해가 갑니다."

: 상대방의 행동이나 생각을 인정하고 지지하는 지지적 태도

"지금까지 배도 아팠고 암이 염려되는 것도 무리는 아닙니다."

: 상대방의 입장이 되어 이해하려 하고 노력하는 공감적 태도

이처럼 여섯 가지 의사의 커뮤니케이션 방법을 다시 의사 중심의 대화와 환자 중심의 대화로 나눠볼 수도 있다.

의사와 환자와의 관계 모델

부권적 권위 모델 : 의사의 역할은 부모나 보호자와 유사함

의사가 환자에게 제일 좋다고 생각하는 치료법에 대해서 자신의 의견을 제시하여 환자의 동의를 얻으려는 의사소통 방식으로 의사의 생각이 우선시되고 환자의 반응이나 선택은 중시되지 않는다.

토론 모델 : 의사의 역할은 선생님이나 친구와 유사함

의사는 환자의 의사결정에 필요한 사항을 모두 설명하고 전문가로서의 의견과 생각도 제시함으로써 환자의 합리적 선택을 유도한다.

통역 모델 : 의사의 역할은 카운셀러와 유사함

의사는 환자의 의사결정에 필요한 정보를 제공하고 환자가 어떤 가치관을 가지고 있으며 어떤 것을 고민하고 있는지 파악하여 그에게 적절한 치료법을 선택할 수 있도록 도와준다.

정보 제공 모델 : 의사는 의료전문가로서 역할을 함

의사는 환자의 결정에 필요하다고 생각되는 사항들을 설명하고 그 후의 결정은 전부 환자에게 맡긴다. 부권적 권위 모델과는 정대반의 모델로써 의사는 자신의 생각을 밝히거나 조언을 하지 않고 어디까지나 환자의 판단을 존중한다.

의료상황에 따른 사례 분석

가족 간의 의사가 다른 케이스

노령의 여성 환자는 심각한 질병으로 거동이 어려워 집안에서 누워있는 상태이다. 환자는 장녀의 집에서 살고 있으며 차녀는 장녀의 집과 약간 떨어져 있는 곳에 살고 있다. 어느 날 환자의 상태가 심각해져 주치의가 내진을 온 상황이다.

> 장녀 : "어머니가 연세도 많으시고 저희 집에서 계속 사셨으므로 집에서
> 계속 치료를 받았으면 합니다."
>
> 차녀 : "아니에요. 회복 가능성이 있다면 병원에서 치료하는 것이 맞다고
> 생각합니다."

장녀와 차녀 간에 의견 차이를 좁히지 못하고 서로 싸우는 상황으로까지 번졌다.

이 경우, 의사는 어떻게 대응해야 할까?

답변 : 주치의는 환자를 병원에 입원시키는 방법과 고령이라는 점을 고려해 자택에서 치료하는 방법을 동시에 제안하였다.

위의 사례에서 장녀와 차녀의 의견이 서로 다르다. 이 경우에 환자와 가족 간의 커뮤니케이션을 통해 해결해야 한다. 이는 의사와 환자와의 관계

모델을 적용하여 해결의 실마리를 찾을 수 있다.

의사로서 안정적인 해결을 원한다면 토론 모델이나 통역 모델을 선택할 수도 있다. 예를 들어, 치료법은 A, B 그리고 C가 있는데, 저라면 B를 선택할 것인데 가족들은 어떤 치료방법을 선택할지 묻는 것은 토론 모델이다. 그리고 의사는 가족들에게 치료법은 A, B 그리고 C가 있다는 점을 설명하고 가족들의 심리상태를 고려해 볼 때, A와 C중에서 선택하는 것이 좋을 것이라고 제안해 주는 것은 통역 모델이다.

의사로서 빠른 결정을 원한다면 부권적 권위 모델을 선택할 수 있다. 예를 들어, 이 환자에게는 A치료법이 가장 적절하므로 A를 선택하라고 말하는 것이 부권적 권위 모델이다. 그리고 의사로서 타인과 거리를 두고 싶다면 정보 제공 모델을 선택한다. 예를 들어, 치료법은 A와 B가 있으니 가족들의 의견에 따라 치료하겠다고 말하는 것이 정보 제공 모델이다.

답변의 내용을 보면, 토론 모델이나 통역 모델에 따른 답변을 의도했을지라도 장녀와 차녀의 불화 때문에 부권적 권위 모델이나 정보 제공 모델 중에 고민을 할 수밖에 없었을 것이다. 답변자는 이 두 모델 중 정보 제공 모델에 따른 답변을 해야 평가자로부터 감점을 덜 당할 수 있거나 공격적인 질문을 피해갈 수 있다고 생각했을 수 있다. 그러나 이렇게 단순하게 답변을 하기보다는 상황을 단계적으로 나눠서 생각해 보고 답변하기를 제안한다.

우선, 동거하는 장녀의 의견을 우선적으로 존중하는 것이 자연스럽다. 왜냐하면 환자를 봉양해 왔기에 차녀보다 더 큰 영향력을 가지고 있기 때문이다. 그러므로 우선은 가정에서 치료를 하다가 장녀와 차녀를 따로 불러 토론 모델의 형태로 차녀를 설득하는 것이 현명한 답변일 것이다.

의사와 간호사와의 관계

점과 선의 비유

오전과 저녁 회진을 통해 의사는 환자의 상태를 살펴본다. 그런데 오전과 저녁 때 모두 환자의 상태는 정상일 수 있다. 그러나 그것만으로는 환자의 정확한 상태를 알 수 어렵다. 왜냐하면 회진 이후에 고열이 발생하였거나 구토 증상을 겪었을 수도 있고 체온의 변화가 일어났을 수도 있다. 그러므로 간호사의 꾸준한 관찰이 전제되지 않는다면 환자의 상태를 온전히 알기 어렵다.

이런 상황을 염두에 둔다면, 의사는 '점'으로서 환자를 접하지만 간호사는 그것을 '선'으로 바꾸어 준다.

그리고 환자들 중에는 의사가 자신의 상태를 모두 안다고 생각하고 의사에게 자신의 정확한 상태을 말하지 않는 경우도 있다. 또한, 의사에게는 말하지 않았던 내용을 간호사에게 부담 없이 말하는 경우도 있다. 그런 의미에서 간호사의 관찰과 보고는 매우 중요하다.

중증 환자의 경우, 장기간 병상에 누워있게 되고 이런 환자들에게 의사는 채혈이나 혈압측정과 같은 단순한 치료 지시를 내리게 된다. 이때, 간호사들은 환자의 병상 위치를 변화시키거나 생리적 현상에 대해 대응해 주는 등의 일을 하게 된다. 따라서 의사들이 하는 의학적 관리와 비교하면 간호사들이 환자를 관리하는 영역은 치료의 중요한 일이기도 하지만 힘든 일이기도 하다.

환경에 따라서 질병의 치료 이외에 환자가 가지고 있는 심리적 문제, 경제적 문제 등을 해결해야 하는 경우가 있다. 이런 경우 모든 것을 의사 혼자서 해결하기에는 벅차다. 또한 간호사가 치료나 검사를 포함해 모든 것을 관리한다는 것도 불가능한 일이다.

이렇듯 환자 치료에 있어서 의사를 지원하는 일, 점이 아닌 선으로 환자

를 관찰하는 간호사의 업무는 의사의 진료행위 못지않게 중요한 일이다. 따라서 의사는 간호사와 원활하게 협력하기 위해서는 자연스러운 커뮤니케이션 과정이 요구된다.

의사와 간호사의 장점과 단점

의료와 간호는 별개의 영역에서 환자를 치료하기 위해 노력하는 것으로 이해하는 것이 자연스럽다. 환자를 치료하기 위해서는 의사의 힘만으로는 부족하기 때문에 간호사나 관련 의료 스텝의 업무협조가 중요하다. 상호 간의 충분한 커뮤니케이션은 물론 원활한 관계를 유지하면서 환자 중심으로 사고를 하여 각각의 방법론이나 기술을 효율화시켜가는 체제를 만들어 가는 것이 환자 치료에 가장 이상적이다.

의료팀의 일원으로서 의사와 간호사의 장점과 단점을 분석해 보니 의사의 단점은 간호사의 장점이고, 간호사의 단점은 의사의 장점으로 상호보완적이다. 즉, 의사와 간호사 사이에 커뮤니케이션이 원활하다면 서로의 단점들을 어느 정도 극복할 수 있을 것이다.

	장점	단점
의사	• 의학 지식 풍부 • 강력한 리더십 소유 • 자격상으로 거의 완벽하게 간호사, 관계 의료 스텝의 업무를 할 수 있음 • 고도의 전문성 보유 • 주치의로서 환자에게 중심적인 역할 수행	• 독선에 빠지기 쉬움 • 환자를 진찰하지만 환자를 종합적으로 관찰하기는 어려움 • 의사끼리, 다른 의료진과의 관계, 커뮤니케이션에는 취약 • 병상을 잠깐 들여다보고 '점'으로서만 환자를 관찰
간호사	• 의학과 간호의 지식 소유 • 환자와 접촉기회가 많음 • 의사가 얻을 수 없는 환자의 정보를 접할 수 있음 • '점'이 아닌 연속된 '선'으로서 환자를 관찰 가능 • 전문성에 얽매이지 않는 유연한 간호 가능	• 자격상으로 간호 업무 이외의 의료 행위에 제한을 받음 • 간호사 개인으로서 평가를 받는 기회가 적음 • 이른바 힘든 직업군에 속해 전문직으로 자긍심을 가지기 어려움 • 전문성을 확보하기 어려움

확인면접
자기소개서와 추천서를 통해 준비하기

6일차에는 자기소개서와 관련한 면접을 대비하는 시간이다. 자기소개서는 대학마다 양식이 다르다. 대표적으로 의대 상황면접을 실시하고 있는 서울대 자기소개서 양식을 중심으로 자기소개서 확인면접에 대해 알아보자.

먼저 글자 수로 보면 서울대 자기소개서는 6,600자 기술해야 한다. 이때 '기술하시오'라는 표현에 주목해 본다면, 기술은 사실 위주로 적는 것을 의미한다. 이와 달리 몇 년 전에는 '서술하시오'란 표현이 자기소개서에 쓰였다. '서술하시오'는 사실과 자신이 느낀 점 등을 함께 적는 것을 의미한다. 따라서 자기소개서 확인면접에서는 사실 위주로 지원자가 활동한 내역을 중점적으로 질문하게 된다.

다음에 기술한 내용은 자기소개서를 작성하는 요령과도 일맥상통한다. 즉, 자기소개서의 문항에서 요구하는 물음이 있는데 아래에서는 그것을 밝히고 있다. 따라서 아직 자기소개서를 쓰지 않은 학생이라면 아래의 문항 분석 내용을 토대로 자기소개서를 작성하기 바란다.

서울대학교 자기소개서 양식

1	• 지원동기와 진로계획을 중심으로 서울대학교가 지원자를 선발해야 하는 이유에 대하여 기술하시오.(1,000자)
2	• 고등학교 재학 중에 지적 호기심을 가지고 학업능력을 향상시키기 위해 노력한 내용을 기술하여 주십시오.(1,000자)

3	• 학내·외 활동 중 가장 의미 있다고 생각하는 활동을 3개 이내로 기술하여 주십시오.(활동별 700자)
4	• 다음 주제 중 자신에게 해당하는 주제를 선택하여 구체적으로 기술하여 주십시오.(1,000자) 　– 자신의 장단점이나 특성 　– 특별한 성장과정이나 가정환경(생활여건 등) 　– 고등학교 시절 겪었던 어려움과 그것을 극복하기 위한 노력
5	• 고등학교 재학 기간 또는 최근 3년간 읽었던 책 중 자신에게 가장 큰 영향을 준 책을 순서대로 3권 이내로 기술하여 주십시오.(3권, 500자씩)

그러면 서울대 자기소개서 양식을 바탕으로 확인면접을 대비해 보자.

| 1 | • 지원동기와 진로계획을 중심으로 서울대학교가 지원자를 선발해야 하는 이유에 대하여 기술하시오.(1,000자) |

위의 문항에서는 세 가지 사항을 구분하여 답변을 준비해야 한다.

① 지원동기, ② 진로계획 그리고 ③ 서울대학교가 지원자를 선발해야 하는 이유이다.

① 지원동기의 경우, 세부적으로 지원계기가 바탕이 되어야 한다. 지원계기란 특정한 사건을 의미한다. 예를 들어, 독서활동, 동아리활동, 봉사활동 등을 의미하며 그러한 활동을 하는 과정에서 의예과에 대한 관심이나 흥미가 생기게 된 점을 이야기하면 된다.

② 진로계획의 경우, 대학 입학 후의 학업계획이나 활동계획에 대해 말해야 한다. 이때에는 지원동기와 연관하여 답변하는 것이 자연스럽다. 예를 들어, 지원동기에서 의료봉사를 해보고 싶다는 포부를 밝혔다면

진로계획에서도 이와 관련된 활동을 중심으로 답변해야 할 것이다.

③ 서울대학교가 지원자를 선발해야 하는 이유의 경우 자신이 연구하고자 하는 분야나 활동 목적이 공익성에 부합하는가를 밝혀야 한다. 서울대의 경우 공공리더십을 강조하고 있으며 연구의 목적이 인류애를 기반으로 해야 한다고 대학의 인재상에서 밝히고 있다. 따라서 지원동기와 진로계획에서 공공성을 지니는 활동목적과 계획을 밝히는 것이 서울대가 지원자를 선발해야 하는 이유에 대한 답변이라고 볼 수 있다.

2	• 고등학교 재학 중에 지적 호기심을 가지고 학업능력을 향상시키기 위해 노력한 내용을 기술하여 주십시오.(1,000자)

지적호기심 문항은 지원자의 수준에 따라 다양한 내용으로 구성될 수 있다.

① **기본적인 학업 능력 위주** : 지원자가 고교 교과 중에서 성적향상이나 공부법 개선을 통해서 학업능력이 향상된 경우를 제시할 수 있다. 주로 일반고 학생들이 이러한 내용을 말한다.

② **연구논문 및 R&E 활동** : 고교 특성상 연구논문 활동이나 R&E활동이 개설되어 있는 경우에는 이때 자신이 연구했던 것에서 지적호기심을 드러내면 된다. 연구문제를 해결하는 과정에서 가졌던 지적인 호기심과 연구 과정에서 향상된 자신의 학업능력이나 학습태도 등에 대해서 답변하면 된다.

③ **교과 연계 심화학습** : 과학 과목을 학습하는 과정에서 고교 수준의

범위를 넘어서는 지적 활동을 한 경우, 왜 그런 관심을 가지게 되었고 어떻게 공부하게 되었는지에 대해서 답변하면 된다. 예를 들어, UP(국내 대학 선수학점 이수제)활동이나 올림피아드 출전을 위해서 공부한 내용 등을 정리하고 그 과정에서 있었던 에피소드 중 특기할 만한 것들을 중심으로 말하면 된다.

3 · 학내·외 활동 중 가장 의미 있다고 생각하는 활동을 3개 이내로 기술하여 주십시오.(활동별 700자)

활동내역 문항에서는 주로 임원, 봉사, 동아리의 활동을 말하는 것이 일반적이다. 왜냐하면 임원, 봉사, 동아리 활동은 어느 고교에서나 개설되어 있는 활동이기 때문이다. 이 외에도 고교 특성에 따라서 교내 인증제도, 연구논문이나 R&E활동 그리고 교내외 수상활동 등을 답변하는 것도 가능하다.

답변을 하는 과정에서 활동이나 연구논문의 주제를 먼저 밝히고, 그 과정에서 자신이 했던 역할을 분명히 제시하여야 한다. 그리고 활동을 통해서 배우거나 느낀 점을 빠뜨리지 말고 말해야 할 것이다. 배운 점이나 느낀 점은 주로 자신의 활동이 공동체에 어떤 영향을 미쳤는지, 상대방과의 관개 개선에 어떤 영향을 주었는지, 자신이 선택한 행동이 아니라 다른 행동을 했더라면 어떤 결과가 나올 수 있었는지 등에 대해서 말하는 것이다.

좋은 결과 위주로 답변할 필요는 없으며, 자신의 잘못 등을 말해도 된다. 다만 이때에는 어떻게 그 점을 고치거나 개선할 수 있었는지 부연 설명을 해주어야 할 것이다. 만약 이러한 부연이 없는 경우에는 다른 소재를 찾아서 기술하고 답변하는 것이 낫다.

선택1)의 경우에는 서로 연관성이 있는 장단점을 제시하자. 예를 들어, 창의성이 뛰어나다면 규율준수에 미흡한 면이 있다고 하는 것이 자연스럽다. 장점의 경우에는 그러한 장점을 어떻게 키울 수 있었는지 과정을 설명하자. 선천적 장점이라면 그 장점을 어떻게 발견했으며 어떤 과정을 거쳐서 지금에까지 이르게 된 것인지 설명해야 한다. 그리고 후천적인 장점이라면 어떤 상황에서 그런 점이 필요하게 되어 그 점을 발전시키게 되었는지 말해야 할 것이다.

자신의 특성이란, 다른 사람들과 다른 장점이라고 보면 된다. 다만, 앞의 장단점과 달리 연관되는 단점이 없는 경우를 특성이라고 보면 무방하다. 그리고 개인의 자질뿐만 아니라 학업습관이나 생활습관도 여기에 포함된다. 예를 들면 밤 11시에는 반드시 취침을 취하는 생활습관도 자신의 특성이 될 수 있다.

선택2)의 경우에는 ① 고교 환경, ② 지역 환경 그리고 ③ 개인 환경 중에 자신에게 맞는 내용을 선택하여 말해야 한다. 여기서 특별한 성장과정이라는 말의 의미는 개인적인 특수성만을 의미하는 것은 아니다. 오히려 고교 생활을 통해서 자신이 어떻게 성장하고 변화되었는지를 설명해야 한다.

  예를 들어 특목고를 선택했다면 그 학교에서 실시하는 독특한 프로그램이 있을 것이다. 이 프로그램에 참여하면서 자신이 어떻게 성장했는지를 말해주는 것이 포인트이다. 이런 소재가 없다면 지역적 특성에 따른 성장모습을 말하면 된다. 다문화가정이 많은 지역이나 농어촌지역에서 생활했다면 그 환경에 적응하는 과정에서 변화되거나 성장한 모습을 말하면 된다. 이와 관련된 소재가 없다면 개인적인 내용을 찾아서 이야기해 보자. 부모님과 관련된 내용이나 집안 분위기가 자신에게 미친 영향을 소개해 주면 될 것이다. 예를 들어,의료업에 종사하는 부모님과 함께 어릴 때부터 의료봉사를 해오고 있는 사례가 여기에 해당된다.

  선택3)의 경우에는 개인적인 특성에 기반하여 말하는 것은 위험하다. 소심한 성격이라든지 덤벙거리는 성격이라는 것을 피력하는 것은 면접관이 선입견을 가질 수 있는 내용이다. 여기에서는 단체 활동을 하는 과정에서 발견한 역경을 제시하는 편이 자연스럽다.

  예를 들면 프로젝트 학습을 하는 과정에서 친구와의 의사소통 문제, 아니면 협업하는 과정에서 무임승차를 한 친구와의 다툰 일 등. 즉, 공동체 속에서 내가 적응해 나가는 과정에서 발생한 문제점을 제시하고 그것을 해결해 나가면서 성장하는 모습을 보여주는 것이 적절하다. 이 외에도 만약 개인적으로 겪은 어려운 일이나 가족사와 관련된 이야기가 있다면 그것을 말해도 무방하다.

---

5 · 고등학교 재학 기간 또는 최근 3년간 읽었던 책 중 자신에게 가장 큰 영향을 준 책을 순서대로 3권 이내로 기술하여 주십시오.(3권, 500자씩)

책의 선정에 있어서는 앞에서 다루었던 자기소개서 항목의 내용과 연관되는 것으로 선택하자. 일반적으로, 전공 관련 서적, 롤모델이나 연구주제와 관련된 서적 그리고 인성과 관련된 서적을 제시한다. 전공 관련 서적은 연구논문이나 R&E활동을 하는 과정에서 읽게 된 책이다. 그리고 롤모델이나 연구주제와 관련된 서적은 진로 선택 과정에서 읽게 된 책이나 연구논문을 쓰는 데 방향을 설정해준 책이다. 그리고 인성과 관련된 책은 타인과의 갈등을 해결하거나 협력하는 과정에서 윤리적 지침이나 삶의 자세에 대해 조언을 해준 책이다.

자신이 읽은 책에 대해서 말해 보라는 광범위한 질문을 받았을 경우에는 자기소개서의 유의사항에 맞게 설명해야 한다. 책을 읽게 된 계기와 책의 장단점 그리고 느낀 점을 순서대로 정리해 두어야 한다. 책의 장단점을 이야기할 때에는 쟁점이 되는 부분을 적절히 찾아야 할 것이다. 책에서 해결하고자 하는 문제에 대해 적절한 답변을 하고 있는지, 책에서 든 사례가 객관적인지, 예상되는 반론이나 일반적인 비판에 대한 재반론을 다루고 있는지 등에 대해서 점검하면 된다. 그리고 이 책을 통해서 알게 된 점, 논문작성에 활용한 책이라면 책의 어떤 내용이 도움이 되었는지 말하면 된다.

자기소개서의 문항과 관련하여 자주 묻는 질문을 나열해 보았다. 대략 이런 내용을 질문하는 것이기 때문에 이를 참고하여 예상질문을 정리해 보자.

- 우리 학과를 졸업하여 희망하는 직업을 갖게 되었다고 가정했을 때, 어떻게 사회에 기여할 수 있는가?

- 연구논문에 나온 주제를 해결하는 과정에서 A라는 내용을 활용했다고 했는데, A의 운영원리는 어떻게 되며, 그 원리를 논문에 활용하는 과정에서 문제점은 없었는가?

- 봉사기간에서 지속적으로 봉사활동을 해왔는데, 이 활동이 본인에게 미친 영향을 무엇인가?

- 토론대회에 참가한 경험이 있는데, 여기서 다룬 주제는 무엇이고 그 주제에 대해 자신은 어떤 입장을 가졌으며 토론 시에 어떤 주장을 펼쳤는지 말해 보라. 그리고 반대 주장은 무엇이었으며 그에 대해 어떻게 재반론을 했는지 말해 보라.

- 교내 실험 동아리에서, 위험한 실험을 다룬 적은 없었는가? 만약 위험한 실험을 행한 적이 있다면 안전을 위해 어떤 조치를 취했는가?

- 선거에서 내세웠던 공약은 무엇이며, 당선된 후 그 공약을 실천하는 과정에서 어려웠던 점은 무엇인가? 그리고 그것을 해결하는 데 도움을 준 사람이나 방법은 무엇인가?

- 이 책을 읽고 진로를 결정하게 되었다고 했는데, 어떤 내용이 인상적이었고 그 내용을 토대로 자신의 어떤 점이 변화하였는가?

자기소개서의 확인면접은 단순히 자기소개서에 기술된 내용만을 묻는 것은 아니다. 자기소개서는 9월 초순에 작성하여 제출한 것이고 면접은 몇 달 뒤에 이루어지는 경우가 일반적이다. 따라서 자기소개서의 내용과 연계해서 좀 더 발전한 내용이나 개선된 사항이 있다면 이런 내용들을 면접 시에 밝혀주어야 한다. 그리고 면접관들도 자기소개서에 기술된 내용을 넘어서서 또는 확장해서 묻는 경우가 많으므로 이에 대비해야 한다. 예를 들면 의학지식을 자기소개서에 기술했다고 했을 때, 몇 달 만에 새로운 기술이 나올 수도 있다. 그러면 면접관은 이에 대해 질문을 할 수 있으므로 이에 대비해야 할 것이다.

끝으로, 자기소개서 확인면접 시에 반드시 점검해야 할 사항이 있다. 그것은 교사추천서의 기재 내용이다. 아래는 서울대 교사추천서의 질문 문항이다.

문항	서울대 교사추천서의 질문
1	• 지원자의 학업능력과 지원 모집단위에 대한 관심, 열정, 재능, 우수성 등을 기술하여 주십시오.
2	• 학업능력 이외의 개인적 특성(봉사성, 잠재력, 인성, 리더십, 공동체의식 등)을 중심으로 지원자를 이해하는 데 도움이 되는 내용이나 추천 사유를 기술하여 주십시오.
3	• 1~2번 항목 외에 지원자 평가에 고려할 만한 사항이 있는 경우 자유롭게 기술하여 주십시오.

1번 문항에서 학업능력뿐만 아니라 '지원 모집단위에 대한'이라는 표현이 나온다. 이것은 의예과를 지원했을 때, 지원자의 자질, 활동 등을 고려해 볼 때, 의예과에 맞는 학생인지에 대해서 기술하는 것이다.

그렇다면 이 부분에 대해서 사전에 선생님과 협의가 있었다면 어떤 점을 기술하였는지 알고 있어야 하고 미리 답변을 준비해야 한다. 즉, 자기소개서의 내용과는 별개의 내용을 적었다면 이 부분에 대해서도 어떻게 답변할지 미리 준비해야 하는 것이다.

2번 문항의 경우에는 대체로 자기소개서 3번 문항과 겹치는 경우가 많기 때문에 답변 준비에 어려움이 없을 것이다. 3번 문항의 경우에는 면접관들이 참고만 하고 질문으로 이어지지 않는 경우가 있다. 그러므로 대략적으로 추천서의 내용에 대해 인지하고 있어야만 어느 정도까지 답변을 준비할 것인지 알 수 있다.

정리하면, 자기소개서 면접에서는 자기소개서의 내용 숙지, 자기소개서 작성 이후에 변화된 내용에 대한 정리 그리고 추천서의 내용과 연관된 예상 질문 정리가 요구된다. 이렇게 세 가지 점을 고려하여 답변을 준비하면 큰 무리 없이 자기소개서 면접을 치룰 수 있을 것이다.

기술주의 의학 패러다임

세계관

분리의 원칙

분리의 원칙은 사물이 그것이 속한 맥락을 떠나서 지각할 때 더 잘 이해할 수 있다는 가정을 전제로 한다. 과학자들은 모든 현상들을 기계적이고 측정 가능한 것으로 보고 양적으로 나타낼 수 있는 방법을 고안해 왔다. 따라서 양화될 수 없는 현상이나 이론은 배척하게 된다.

선형적 원리

과학자들은 실재의 현상들을 개념적으로 분할하고 이러한 내용을 선형적 방식으로 이해하여 왔다. 하나의 아이디어가 다음번의 아이디어를 이끌어 내고 이러한 연속적 과정을 선형적 원리로 이해할 수 있다. 선형적 원리에 따라 규범적 사고가 나타난다. 왜냐하면 연속적 과정에 논리성이 부과되어 일상에서 일어나는 현상은 선형적인 것이 되는 동시에 필연적으로 일어나는 것이 되어 하나의 법칙이나 규범으로서 받아들이기 때문이다. 이러한 사고를 극단적으로 추구하게 되면, 실체들 사이의 비선형적, 비논리적 상호연결성과 관계들은 무시될 수밖에 없다.

기술주의 의학의 기원

역사적으로 기술주의 의학은 유럽의 '과학혁명'에서 이어 받은 기계론적 모델에서 나온다. 17세기부터 우주의 본질에 대해 유기체가 아니라 기계적인 것으로 인식하게 되었다. 그 이전에는 고대에서 데카르트에 이르기까지, 유럽의 민중은 대지를 여성적인 '세계의 혼'으로 살아 숨 쉬는 유기로체로 보았다. 그것은 인간과 자연이 함께 상호작용하는 생명이었다. 그러나 데카르트 시대때부터 베이컨, 홉스 등 여러 학자들이 발전시킨 철학으로 말미암아 인간과 자연 사이의 상호연관성에 대한 감각은 해체되고 말았다.

기술주의는 세계가 유정한 것이 아니라 기계적인 것으로 보고 있으며 관여적인 것이 아니라 무심한 것이라고 주장했다. 이후, 자연과 사회와 인간 육체는 외부적으로 수리되거나 교체될 수 있는 부품들의 집합체로 여기게 되었다. 이러한 기계적 비유를 인간 육체에 적용함으로써 몸을 종교와 철학의 영역에서 제거하여 과학에 넘겨주는 과정이 시작되었다. 몸을 하나의 기계로 여기는 것은 개인의 영성과 온전성과 같은 문제들을 사제나 철학자들이 담당하는 것으로 남겨두고, 인간의 육체를 과학적 연구의 대상으로 삼는 것이 가능해졌다.

기술주의 의학의 열 가지 특징

몸과 마음의 분리

기술주의에서는 마음은 실제로 몸속에 있지 않고 몸을 초월한 것으로 간주된다. 정신과 영혼의 문제도 기술주의에서는 설명할 수 없다. 실제로 모든 측정 불가능한 현상들은 무시되거나 종교라는 이름의 영역으로 밀어낸다.

> 서구 의학은 인간에 대한 환원주의적이며 육체 중심적인 관점을 토대를 두고 있다. 기본적으로 서구 의학은 우리의 몸속에서 일어나는 모든 것은 원자들과 분자들의 움직임의 결과라고 본다. 건강이나 질병에는 어떠한 의미가 있을 수 없다. 우리가 아프든 안 아프든 그것은 자연의 맹목적인 질서에 따른 원자와 분자들의 운동일 뿐이다. (중략) 따라서 모든 치료는 물리적인 것이어야 한다는 결론에 이른다.

이러한 기계론적 모델 이전에는 종교가 보이는 몸과 보이지 않는 영혼에 대하여 책임을 졌다. 기계론적 접근이 서구 세계에 뿌리를 내리자 몸과 영혼은 갈라지게 되었다. 이제 영혼은 종교의 영역에 남아있게 된 반면 인간 육체에 대한 1차적 책임은 의학에 속하게 된다. 의학에 의해 유기적인 인간 육체는 하나의 기계로 전환되었다.

기계로서의 몸

기계론적 모델이 지배하는 세계에서 물건의 작동 방식을 이해하고 망가진 물건을 수리하는 방법은 그것을 분해하는 것이다. 1989년 2월 '라이프'지에서 "우리는 인간의 몸을 일종의 기계로 생각한다면 미래의 의사들은 고칠 수 없는 부품을 교환해 버리는 기계공 같은 존재가 될 것이다."고 밝히고 있다. 영혼의 중요성을 강조하는 의사라 할지라도 육체를 하나의 물리적 구조로 보는 기계론적 관점을 갖는 데는 무리가 없을 것이다.

대상으로서의 환자

인간의 몸을 기계로 보고, 육체-기계를 의료 행위의 고유대상으로 설정하는 한, 기술주의 의료 시술자는 환자의 마음이나 정신에 대하여 책임감을 느낄 필요가 없어진다. 그래서 의사들은 개별 환자와의 인간적 접촉의 필요성을 느끼지 않으며 대신 '102호실의 위궤양 문제'로 그들의 환자를 생각하게 된다. 한 의사는 "당뇨병에 걸린 한 아이가 생명이 위급한 상태에 이르러 병원에 들어온 것을 두고 내 동료들이 '흥미로운 케이스'가 방금 입원 허락을 받았다고 흥분해서 떠드는 소리를 들으면서 나는 충격을 받았다."고 고백하였다.

심각한 생명의 위험에 처한 아이와 절망에 빠진 그 부모의 경우를 하나의 '케이스'로 대하는 태도는 의사들과 환자들 사이에 엄청난 거리가 존재한다는 것을 의미한다.

의사의 환자로부터의 소외

미국에서 흔히 시행하는 생의학이 질병의 증세와 환자를 다루는 방식은 환자를 한 사람의 온전한 인간으로서보다 병든 육체의 부품들의 집합체로서 대한다. 생의학의 관점에서 병든 사람은 육체적으로 건강하지 않기 때문에 온전한 인간이 아니다. 그리하여 환자가 겪는 첫 번째 어려움은 자신의 병과 처지에 관해 자기의 의견을 공정하게 들어줄 의사를 만나지 못한다는 점이다. 환자는 자신에 대한 의사의 일방적인 판단을 받아들이도록 강요당한다.

이와 같이 환자들로부터 의사의 소외는 정서적 개입의 회피를 통한 자기 보호를 가르치는 의학교육에서부터 시작된다. 현대 의학 모델이 질병과 관련하여 정서적인 면이 갖는 역할의 중요성을 인정하는 것이 아니기 때문에 당연히 의사가 환자의 정서적인 욕구에 관심을 가져야 할 아무런 논리적 이유가 없다. 따라서 그들은 곧 죽을지 모르며, 또는 다시는 볼 기회가 없을지 모르는 사람들에 대하여 지나치게 마음을 써서 겪을 고통에서 자신들을 미리 보호할 수 있게 되는 것이다.

밖에서 안으로의 진단과 치료

기술주의 의학 패러다임의 특징은 외부에서 안으로의 진단과 처치를 하는 것이다. 이는 의사, 환자, 질병, 치료 사이의 관계를 직접적으로 드러낸다. 그런데 역사적으로 보면, 안에서 밖으로의 진단과 치료 패러다임도 존재했다. 역사적으로 보면 기술주의 모델과 전일적 모델이 대립하면서 기술주의 모델이 패권을 차지한 것으로 보면 된다.

기술주의 모델의 전신인 합리주의자들은 의학에 대해 기계론적, 유물론적, 개인주의적 접근을 취하고, 그 기초를 뉴턴 과학의 인과관계에 두었다. 여기에 해당하는 치료방법은 대증요법으로 타자에 대한 처지이다. 이는 질

병의 확산을 저지하기 위해 외부적 요소를 도입하는 것을 의미한다. 전일적 모델의 전신인 경험주의주자들은 자연에 대한 존경에 자신들의 기초를 두고, 몸과 협력하면서 몸을 강화하고 생명력을 지지하는 약초와 기타 자연 치료제들의 치유효과를 믿었다. 이와 같은 경험주의에 근거한 유명한 치료에는 동종요법과 자연요법이 있다.

의사에게 집중된 권위와 책임

의사는 전문가로 인식된다. 의사는 신속한 결정을 내리고 그 결정을 고수하도록 훈련받는다. 신속한 결정은 응급 상황에서는 도움이 되지만, 임상에서는 다른 의미를 가질 수 있다. 그러나 그러한 결정 방식은 사실상 의사가 배운 유일한 모델이기 때문에, 그것은 전형적인 의사 – 환자 사이의 대화를 규정짓는다. 직관적인 사고, 허심탄회한 토의, 개방적인 질문 등은 대부분 금기사항이다. 의사의 타이틀이나 흰 가운은 그들의 권위를 나타내는 표지가 된다.

의사에게 권위가 집중될 때, 환자에게는 책임감이 부족해진다. 왜냐하면 삶의 다른 영역에서와 마찬가지로 의료에서도 권위와 책임은 나란히 가기 때문이다. 많은 의사들은 환자의 치료를 위한 방법을 결정하는 것이 자기의 권한이라고 여긴다. 그들은 자연요법과 같은 대안적 방법을 택하거나 의학적 처치 자체를 중단하는 것의 이점에 관해 환자와 의견을 나눈 것을 거부한다. 그들은 자기가 선택한 방법을 절대적인 해법으로 제시하고 그렇게 할 수 있어야 유능한 의사라고 믿는다. 이런 환경에서 환자로서 가장 편안한 역할은 개인적 선호를 포기하고 의사의 선택을 그대로 따르는 것이다.

단기적 성과를 노린 공격적 의료 개입

밖에서 안으로의 치료에 초점을 맞추는 방법은 필연적으로 질병의 행로를 변경하는 공격적 전술의 사용으로 이어진다. 밖에서 안으로 접근할 때, 대부분의 만성 질병은 치유될 수 없다. 다만 그 증상이 통제될 수 있을 뿐이다. 그런 경우에도 강력한 약물 사용으로 인한 부작용이라는 대가를 치러야 한다.

단기적 해결을 위해 장기적 희생을 불가피하게 하는 것은 현대 의학의 공격적 개입방법의 특징이기도 하다. 강조점은 언제나 '신속한 처치'이며 이것이 초래할 장기적 대가는 무시된다. 아래의 사례는 그것을 한 의사의 경험적 사례를 통해 보여준다.

언젠가 나는 병원에서 회진하면서 진료 기록들을 보았다. 열 명의 환자가 있다면 그 중 일곱 명은 생활 스타일로 인한 병이었고, 나머지 세 명은 치료의 부작용 때문이었다.
무엇인가 근본적인 결함이 있었다. 그럼에도 나는 당장 불을 끄려고 바쁘게 뛰어다녔다. 그렇지만, 나의 이러한 노력이 이 환자들의 십 년 후의 재입원을 막을 수 있는 것은 아니었다. (중략)
만약 내가 그에게 생활스타일을 바꾸고 문제가 과연 어디에 있는지 알도록 도울 수 있다면, 그게 정말 그를 위하는 일일 것이다. 나는 내가 정말 쓸모 있는 일을 하고 있는지 진정으로 물어보기 시작했다.

의학 연구가 진전될수록 더욱 효과적인 약품과 의료 기술이 생산되어 왔다. 오늘날 기술주의 의학의 공격적 접근 방법이 강화된다는 것은 '가능하면 해야 한다'라는 기술주의 원칙에 따라 인체에 대한 가능한 모든 개입이 기하급수적으로 행해진다는 것을 의미한다. 그리고 그 결과는 우리의 생물학적 삶의 근본적 변화가 사실상 가능하게 되었다는 사실이다.

패배로서의 죽음

자연에 대한 궁극적인 통제를 추구하는 의학 체제에서 인간의 죽음은 의학의 패배를 의미한다. 죽음은 인간의 자연 지배가 망상에 지나지 않다는 것을 상기시킨다. 즉, 우리가 아무리 생명을 해부하고, 아무리 많은 수술을 하고, 인공 장기를 갈아 끼우더라도 우리는 죽음에서 벗어날 수 없다. 지금 의료 윤리는 삶의 질적인 문제를 해명할 수 없는 기계론적 의학 모델이 죽음의 문제에 직면하여 드러내는 난점을 어떻게 다룰 것인가에 대해 씨름하고 있다.

그러나 죽음의 영역에서는 여전히 의료 자원이 무한한 것처럼 보인다. 매년 집중 치료실에서 죽음을 저지하기 위해 쓰이는 비용은 해마다 높아지고 있다. 생의 마지막 날들에 사용되는 처치 비용은 대부분의 다른 의료 치료에 비해 훨씬 높다는 것은 상식임에도 불구하고 의사들은 가장 명백한 경우를 제외하고는 이러한 치료 행태를 변경하지 않는다. 의학적 영웅이 되기 위해서 점점 의학 기술의 발달을 요구할 뿐이다.

이윤 동기로 움직이는 의료체제

제약과 의료 기술 산업은 지금까지 미국에서 가장 이윤을 많이 올리는 기업 중하나이다. 가장 잘 팔리는 처방약 제조업자들의 평균 이윤은 1993년 '포춘'지가 선정한 상위 500개 기업의 평균 이윤율보다 다섯 배나 높다. 제약 회사들이 의료계에 미치는 영향력은 '당신의 돈 또는 당신의 건강'에서 닐 롤드가 묘사한 다음과 같은 시나리오에서 명백히 드러난다. 심장 발작 환자의 응고된 혈액을 녹이는 데 사용되는 두 개의 약품이 있다. 하나는 1회 사용에 2200달러가 드는 TPA이며, 다른 하나는 일회 사용에 76내지 300달러가 드는 스트롭토키나제이다. "여러 연구들은 두 개의 약품이 동등한 호력이 있음을 보여주지만, 미국 의사들은 일반적으로 고가의 약품 쪽

314

을 선택한다." 의사들이 좀 더 경제적인 약품을 선택했더라면, 거기에 따른 절약 액수는 1990년 한 해만으로도 2억 달러에 이르렀을 것이다.

1990년 한 연구의 충격적인 폭로에 의하면, 그 해 의사들은 항생제를 처방하는 처방전을 2억 4천만 개를 썼고, 그 중 거의 1백만 개의 처방전이 감기에 대한 것이었다. 감기는 항생제 요법에 더 이상 반응하지 않는 것으로 알려져 있는데도 말이다. 이러한 상황은 의사가 환자에게 '약'을 주어야 비로소 의사노릇을 제대로 하는 것이라는 대중적 믿음에 제약 회사들의 지원이 결합함으로써 발생한 것이다. 어떠한 항생제에도 저항하는 박테리아들이 폭발적으로 증가하였음에도 이런 믿음은 여전히 남아 있다.

대안적 의학 모델에 대한 불관용

플렉스너 보고서가 발간된 이후의 기술주의 의학 모델처럼, 하나의 이데올로기가 지배적인 것이 될 때, 다른 모든 경쟁적 관계에 있는 이데올로기들은 '대안적'인 것이 된다. 그리하여 카이로프락틱, 동종요법, 자연요법, 아유르베다 의학, 침술, 중국의학 등은 대중요법에 대하여 대안적인 것으로 간주되었다. 이러한 대안적 모델이 점점 갈수록 사람들에게 존경받고 실제로 광범위하게 이용되는 상황에서도, 기술주의 대중요법은 여전히 중심적 위치를 고수하면서 건강에 대한 표준과 규칙을 정하고 모든 유형의 질병에 대한 정의를 내리고 있다.

제도권에서 원하지 않는 과학적 정보는 처음부터 마비되게 마련이다. 그들은 증거를 대라고 끊임없이 요구한다. 발표된 정보는 '전문가들'에게서 공격을 받는다. 새로운 결과를 보고하는 논문들은 과학계의 비밀경찰로 행세하는 익명의 서평자들로부터 직접 검열을 당한다. 이들은 어떤 논문이 발표되고, 발표되지 말아야 하는지를 결정한다. (중략) 자연 현상들이 단순히 알려진 인과관계들로 환원될 수 있다는 맹목적인 믿음이 있으며, 지식과 권력의 추구 사이에 근원적인 모순이 있다는 것을 보지 못한다.

어떤 체계든 사회 문화적 헤게모니를 장악하여 스스로 굳어진 채 새로운 정보를 차단하고, 모순적인 증거를 받아들이기 거부할 때, 그것은 자기 자신과 자신이 봉사하는 공중에 대해서 도덕적 위기를 몰고 오게 된다.

 **용어해설**

헤게모니

헤게모니란 어느 한 지배 집단이 다른 집단을 대상으로 행사하는 정치, 경제, 사상 또는 문화적 영향력을 지칭하는 용어이다. 이러한 지배 집단의 리더가 영향력을 갖기 위해서는 다수의 동의가 필요하다.

플렉스너 보고서

교육자 출신의 에이브라함 플렉스너는 카네기 재단의 의뢰로 미국과 캐나다 의대의 개혁을 위한 실사보고서로서 1910년에 발표했다. 이 보고서의 기준에 미달하는 약 90개 의과대학들은 폐교되었고, 기준을 만족하는 69개 의대들만이 살아남아 피나는 개혁 프로그램을 전개해 나갔다. 플렉스너 보고서의 평가기준은 상당 부분 실험과학, 투액의 여부 등 과학적 기준이었다.

종합평가
다양한 유형의 문제로 실전 대비하기

　　7일차에는 다양한 유형의 상황면접 소재를 다뤄 보려 한다. 역사적 사실이나 판례 또는 문학작품 등에서 면접의 소재를 골라 출제하는 문제이다. 의학전문대학원 체제에서 다양한 유형의 면접이 개발되었기 때문에 앞으로 의대 면접은 이 문제들을 수용하여 변형한 문제들이 출제될 것이다. 따라서 지원하려는 대학에서 출제한 문제를 분석하는 것도 중요하겠지만 아직 출제되지 않은 유형의 문제도 미리 풀어보는 것이 요구된다.

대표 문제 1

스탠리 투기 윌리엄스는 17살에 로스앤젤레스에서 친구들과 함께 조직폭력단을 만들었고, 1979년 편의점에서 근무하던 한 백인청년과 모텔을 운영하는 이민가족 세 명을 산탄총으로 잔인하게 살해했다. 그는 곧 체포돼서 유죄를 선고받았고, 1988년 사형이 확정되었다.

그런데 한참 후에 극적인 반전이 일어난다. 감옥에서 사형수로 복역하던 윌리엄스가 2001년부터 5년 연속으로 노벨평화상 후보에 오르고 노벨문학상 후보에도 4차례나 오르게 된 것이다.

24년간 샌프란시스코의 샌 틴 감옥에서 복역하던 그는 조직폭력에 가담했던 젊은날의 과오를 뉘우치고 청소년들의 폭력조직 가입 근절을 위한 국제적인 운동을 펼치는 한편 어린이들을 위한 동화책을 썼다.

그는 미국에서 가장 유명한 사형수였고, 그의 이야기는 영화로 만들어지기도 했다. 하지만 그는 여전히 사형수였다. 언제든지 사형집행이 내려지면 형장의 이슬로 사라질 죄수였다. 윌리엄스의 변호인과 사회운동가들은 그를 구명하기 위해 8차례에 걸쳐 주 법원과 연방 법원에 소송을 제기했지만 성과를 보지 못했고, 2005년 LA 상급법원은 윌리엄스의 사형집행일을 12월 13일로 결정하게 된다. 윌리엄스가 살인을 저지른 지 26년 만이었고, 주 법원에서 사형이 확정된 지 17년 만이었다.

「지식 EBS 프라임」 중에서

미국의 주지사에게는 사형집행에 대한 감형권이 있다.

만약 당신이 주지사라면 어떤 선택을 하겠는가?

해설

당시 캘리포니아주의 주지사는 터미네이터로 유명한 할리우드 출신 정치가 아놀드 슈워츠제네거였다. 그는 윌리엄스의 감형 청원을 기각했다. 그가 윌리엄스의 감형을 거부할 때 쓴 결정서의 요지는 다음과 같다.

윌리엄스가 저지른 범죄와 그 이후의 정황이 적법절차를 거쳐 확정된 재판의 결과를 번복할 만한 사정이 될 수 없다는 것이다. 어떠한 상황에서라도 법은 법대로 집행되어야 한다는 주장이다. 사회질서의 확립을 위해 필요한 제도라는 사회적 합의 하에 사형제도가 아직 존속하고 있다면 법대로 해야 할 것이다. 만약 사형이 필요하지 않다는 사회적 합의가 이루어진다면 빨리 법을 고쳐야 한다는 논리였다.

그의 논리에 동의한다면 '사실상 폐지'라는 식의 애매모호한 표현은 사라져야 할 것이다. 윌리엄스에게 사형판결을 내린 것은 주지사가 아니다. 그는 다만 권한이 있음에도 법의 결정을 번복하지 않았을 뿐인 것이다.

위의 문제는 칸트적 입장과 공리주의적 입장이 충돌하는 것으로 해석할 수 있다. 아놀드 슈워츠제네거의 입장은 칸트적 사고방식으로 약속은 지켜져야 한다는 것이다. 이에 반해, 공리주의 입장에서는 아놀드가 윌리엄스의 감형권을 실행해야 한다고 생각하는 입장은 윌리엄스가 저지른 죄보다 사회에 끼친 긍정적인 영향이 더욱 크기 때문에 이에 대해 보상해 주어야 한다는 것이다.

따라서 위의 상황을 추상적인 원리로 환원하여 생각하는 것이 요구된다. 원리적으로 접근한 뒤에 자신의 생각을 정리하고 그에 알맞은 근거를 제시하는 순서로 답변을 준비하자.

대표 문제 2

1969년 10월 27일 Prosenjit Poddar가 Tatiana Tadasoff를 죽였다. 원고인 Tatiana의 부모의 진술에 의하면 2달 전에 Poddar가 버클리 대학 코웰 메모리얼 병원의 심리학자인 Lawrence Moore 박사에게 Tatiana를 살인하겠다는 의사를 밝혔다고 한다. 원고는 Moore의 요청에 따라 학내 경찰이 Poddar을 억류했으나 그가 이성적으로 보이자 다시 풀어주었다고 진술하였다. 또한 Moore의 상관인 Harvey Powelson 박사가 더 이상 Poddar에게 추가적인 조치가 취해지지 않도록 지시했다고 진술하였다. 아무도 원고에게 Tatiana가 처한 위험에 대해 경고하지 않았다.

Tatiana의 부모인 원고는 1969년 8월 20일에 Poddar가 코웰 메모리얼 병원에서 치료를 받던 자발적 외래 환자라고 진술하였다. Poddar을 치료해 주던 Moore에게 Poddar은 여름을 보낸 후 익명의 한 소녀를 죽이겠다고 말했으며,

그 소녀가 Tatiana라는 사실은 쉽게 알 수 있다. Moore 박사는 Poddar을 최초로 검진했던 Gold 박사와 정신의학과장의 보조인 Yandell 박사의 동의 하에 정신병동에서 Poddar을 수감하여 감시하도록 결정하였다. Moore는 학내 경찰인 Atkinson과 Teel에게 구두로 수감을 요청하였고, 경찰서장 William Beall에게 Poddar의 감금을 보장하도록 협조해줄 것을 요청하는 서신을 보냈다.

경찰관 Atkinson, Brownrigg, Halleran이 Poddar을 구금하였으나 Poddar이 이성적인 상태라고 판단한 후 Tatiana로부터 멀리 떨어져 있을 것을 약속 받고 그를 석방하였다. 그 후 코웰 메모리얼 병원 정신의학과장 Powelson은 Moore의 서신을 돌려줄 것을 요청하였고 Moore가 치료 과정에서 작성한 모든 서신과 메모를 파기하도록 지시하였으며, Poddar을 72시간 치료 및 평가 시설에 보내는 행위를 일절 금하도록 명령하였다.

원고의 두 번째 소송 사유인 "위험한 환자를 경고하지 않은 것"에서 주장하는 바에 의하면 피고는 Tatiana Tarasoff의 부모에게 그들의 딸이 Prosenjit Poddar에 의해 심각한 위험에 처해 있다는 사실을 알리지 않은 채로 부주의하게 Poddar을 경찰 구금에서 풀어주도록 허가하였다. Tatiana가 브라질에서 돌아온 지 얼마 지나지 않았을 때 Poddar은 그녀의 거주지에 찾아가 살인하였다.

Tatiana의 부모들은 Poddar을 치료한 의료진들을 살인방조와 피고의 의료적 위험상태를 알리지 않은 죄로 고소하였다. 당신이 판사라면 어떤 판결을 내리겠는가?

해설

유죄라고 생각하는 경우

단지 Tatiana가 피고의 환자가 아니었다는 이유만으로 피고인 치료사들이 혐의에서 벗어날 수는 없다. 치료사가 판단할 때, 또는 그의 직업상 표준에 따라 판단할 때 자신의 환자가 타인에게 폭력을 행사할 심각한 위험을 나타낸다면, 그에게는 피해대상자를 그러한 위험으로부터 보호할 수 있도록 타당한 주의를 기울여야 할 의무가 발생한다. 이 의무를 이행하기 위해 치료사는 사례의 성격에 따라 한 번 혹은 여러 번의 조치를 취해야 할 수 있다. 따라서 그에게는 위험에 처한 피해자에게 경고하거나 피해자에게 위험을 알릴 만한 다른 사람에게 경고하거나, 경찰에게 알리거나, 혹은 그 상황에서 합리적으로 필요한 다른 절차들을 밟아야 할 책임이 발생한다.

각각의 경우에, 치료사의 행동의 적절성은 그 상황에서의 합리적 주의에 대한 판결선고의 과실책임 원칙과 비교하여 평가되어야 한다. 요컨대, 치료사는 자신의 환자뿐만 아니라 그에 의해 희생될 수 있는 이에 대해서도 법적 책임이 있고, 두 측면 모두에서 판사와 배심원의 철저한 조사를 받아야 한다. 치료사가 취할 수 있는 대안들, 예를 들면 피해 대상자에게 미리 경고하는 것 등은 환자의 자유를 크게 박탈하지 않을 수 있다. 그러한 경고가 환자에게 준다고 주장되는 피해의 불확실하고 추측적인 성격과 피해 대상자의 생명에 대한 위험을 비교하여 검토했을 때, 폭력을 직업적으로 정확하게 예상하지 못하는 것이 결코 위협받은 피해자를 보호해야 할 치료사의 의무를 무효화하지 않는다.

정신 질환의 효과적 치료를 지원하고 환자의 사생활에 대한 권리를 보호하는 것에 대한 공공의 관심과 심리치료에서 발생한 의사소통의 비밀이 지켜져야 한다는 공공의 중요성을 인지하고 있다. 그러나 이러한 관심에 반하여 폭력으로부터 안전을 지키는 것에 대한 공공의 관심을 따져보아야 한다.

위의 상황에서 있었던 의사소통을 공개하는 것은 신탁 위반이나 직업 윤리 위반이 아니다. 미국의사회의 의학 윤리(1957) 9절에는 다음과 같이 언급되어 있다. "의사는 법에 의해 필요하거나 개인 혹은 공동체의 복리를 보호하기 위해 필요한 경우를 제외하고는 의료 과정에서 자신에게 위임된 비밀을 누설해서는 안 된다." 결론적으로 타인의 위험을 막기 위해 반드시 필요한 경우에는 환자와 심리치료사 간의 의사소통의 기밀적 성격을 보호하려는 공공의 방침이 완화되어야 한다. 공공의 위험이 시작되는 지점에서 보호적 특권은 종결된다.

무죄라고 생각하는 경우

오늘의 다수의견까지 법 및 의료 관계자 모두가 정신 질환을 효과적으로 치료하기 위해서는 기밀 유지가 필수적이며 의사로 하여금 잠재적 피해자에게 환자가 가한 위협을 공개하도록 하는 것은 치료를 크게 해칠 수 있다는 데에 동의하였다.

일반적으로 정책이 의무를 결정한다. 주요한 정책적 고려사항에는 위해의 예측가능성, 원고의 피해의 확실성, 피고의 행위와 원고의 피해의 근접성, 피고의 행위로 인한 윤리적 책임, 미래 피해의 예방, 피고의 부담, 공동체에 대한 결과 등이다.

압도적으로 많은 정책적 고려에서 심리치료사는 잠재적 피해자에게 발생할 수 있는 위해에 대해 경고할 의무를 가진다. 그러한 의무는 사회에는 거의 아무런 이익도 제공하지 않으면서 심리치료사의 치료를 방해하고 근본적인 환자의 권리를 침해하며 폭력을 증가시킨다.

심리치료의 중요성과 기밀의 필요성은 본 법정에서 인지되고 있다. "심리치료사가 발설하지 않을 것이라는 공동체의 믿음 때문에 심리치료행위가 정상적으로 이루어지기 어려웠다는 것을 알 수 있다.”

기밀 유지 보장은 세 가지의 이유로 중요하다.

치료의 단념

첫째, 기밀 유지에 대한 충분한 보장 없이는 치료가 필요한 이들이 도움을 찾는 것을 단념할 것이다. 불운한 사실이지만 우리 사회에서는 심리치료적 도움을 구하는 이들에게는 선입관이 형성된다. 그러한 선입관에 대한 우려(치료를 고려하는 사람들이 스스로를 부정적으로 바라보는 경향에 의해 증가된)에 의해 잘 알려진 것처럼 도움을 찾는 것을 주저하게 한다.

완전한 공개

둘째, 기밀유지에 대한 보장은 효과적 치료를 위해 필요한 완전한 공개를 끌어내기 위해 필수적이다. 심리치료 환자는 자신의 내적 생각을 밝히는 것에 대해 의식적 및 무의식적 거리낌을 갖고 치료에 접근하게 된다.

성공적인 치료

셋째, 환자가 자신의 생각을 완전히 공개하더라도 기밀적 관계가 단절되지 않을 것이라는 확신은 심리치료사에 대한 신뢰를 유지하기 위해 필요하며, 신뢰는 치료에 영향을 주게 된다.

심리치료 행위에서 기밀유지가 갖는 중요성을 고려할 때, 다수에서 부과한 경고의 의무는 심리치료의 이용과 효과성을 심각하게 저해할 것이라는 사실은 명백하다. 많은 이들, 특히 잠재적으로 폭력적인(그러나 치료에 의해 변할 수 있는) 이들은 치료를 찾으려는 노력을 중단할 것이다. 치료를 받는 이들은 효과적인 치료를 위해 필요한 발설을 하는 데에 방해받을 것이다. 그리고 심리치료사로 하여금 환자의 신뢰를 저버리도록 강요하는 것은 치료에 영향을 주는 대인적 관계를 파괴할 것이다.

폭력과 치료감호

경고의 의무를 부과함으로써 다수는 정신질환자의 폭력과 구금이 필요 없는 사람에 대한 치료감호의 증가(자유의 완전한 박탈)라는 사회적 위험을 형성하게 된다. 새로운 경고의 의무로 인해 발생하게 될 치료의 악화와 부적절한 감호의 위험은 소수의 환자에게 한정된 것이 아니라 다수의 정신질환자에게 확장될 것이다. 현존하는 심리치료과정에서는 치료를 받고 있는 소수에 의해서만 폭력의 위험이 존재하나, 위협을 가하는 수는 매우 크며, 치료의 악화와 감호 위험의 증가에 의해 영향을 받는 이들은 전자가 아니라 후자이다.

『Principles of Biomedical Ethics』 중에서

위의 판결내용은 실제로 1976년 두 판사에 의해 작성된 내용이다. 유죄라고 생각하는 쪽은 Tobriner 판사에 의해, 무죄라고 생각하는 쪽은 Clark 판사에 의해 작성된 내용이다. 학생들의 입장에서는 두 판사의 판결을 보고 자신이 타당하다고 생각되는 것을 정한 뒤, 그 입장에서 다른 쪽은 다시 비판해 보자.

한편, 위의 판결을 들여다보면, 악행금지의 원칙과 자율성의 원칙 사이에 충돌이 일어나고 있음을 알 수 있다. 유죄판결은 악행금지의 원칙

을 준수하는 것이고 무죄판결은 자율성의 원칙에 근간을 두고 있다. 그러므로 어떤 문제가 나오든지 생명윤리의 네 가지 원칙을 기억해 내고 그것을 적용해 본 뒤에, 다시 문제를 살펴본다면 보다 쉽게 접근할 수 있을 것이다.

 대표 문제 3

김천의료원 6인실 302호에 산소마스크를 쓰고 암 투병 중인 그녀가 누워 있다.
바닥에 바짝 엎드린 가재미처럼 그녀가 누워 있다.

…

…

한쪽 눈이 다른 한쪽 눈으로 옮겨 붙은 야윈 그녀가 운다.
그녀는 죽음만을 보고 있고 나는 그녀가 살아 온 파랑 같은 날들을 보고 있다.
좌우를 흔들며 살던 그녀의 물 속 삶을 나는 떠올린다.

…

…

문태준의 『가재미』 중에서

1) '가재미'는 무엇을 상징하는가?

2) 시를 읽고 느낀 점은 무엇인가?

 해설

1) 가재미는(두 눈이 한쪽에 몰려 붙어 있는 가재미는) 목전에 다가온 죽음만을 응시하는 환자를 상징하고 있다.

2) 자신이 느끼는 감정을 솔직하게 표현하는 것이 좋다. 다만, 그것이 개인적인 경험의 영역에서 그치는 것이 아니라 사회문제와 연관시켜 설명하도록 노력하자. 예를 들어, 죽음의 가치를 경제적으로 환산하여 생각하는 현대의 세태에 대해 비판해 볼 수 있을 것이다. 죽음이라는 자체가 엄숙하고도 비통한 것임에도 불구하고 사회적으로 영향력이 있거나 중요하다고 판단되는 인물의 죽음에 대해서만 애도를 하는 모습을 쉽게 볼 수 있다. 그러나 한 개인의 죽음은 그와 관련된 사람들에게 평생 가슴에 남을 슬픈 일인 것이다.

이 시는 죽어가는 사람의 곁에서 무기력하게 지켜볼 수밖에 없는 안타까운 화자의 심정과 죽어가는 이와 화자 간의 추억을 떠올리면서 느끼는 슬픔을 담담하게 서술하고 있다.

대표 문제 4

두 그림을 비교하라.

예수 의사

사람 의사

아래의 내용은 한성구(서울대 의대 내과) 박사의 견해이다.

'예수 의사'는 허리춤에는 각종 진단도구를 차고 있고 심각한 표정으로 플라스크에 든 검체를 보고 있다. 이 의사는 지금 소변검사를 하는 중인 것 같다. 옛날에는 소변을 가열해서 침전이 생기는 것으로 단백뇨를 진단하였고 가장 믿을 만한 검사였으니 아픈 환자는 누구나 이 검사를 했을 것이다. 배경에는 아픔과 당황함에 어쩔 줄 모르는 다양한 환자와 가족들이 그려져 있다. 다리가 아픈 사람, 배가 아픈 사람, 아픈 아이를 안고 있는 젊은 엄마 등등. 요즘의 경황없는 응급실과 흡사한 모습인데 지금 그림 속 환자나 가족들의 눈에 비친 침착하고 의연한 의사는 그림의 예수님 모습에 다름 아니다. 예수 의사의 머리 뒤로는 찬란한 금빛 후광까지 빛나고 있어 아픈 이들에게 의사가 얼마나 우러러 보이는 귀한 존재인지를 유머러스하게 표현하고 있다.

두 번째 '사람 의사'에서 배경의 환자나 가족들은 병이 호전되어 한결 여유를 찾은 모습이다. 퇴원을 앞둔 입원실의 모습이라고 할까. 이번에도 의사는 그림 중앙에 당당한 모습으로 큼지막하게 그려졌지만 더 이상 절대자의 모습이 아니라 환자나 보호자들과 똑같은 사람의 모습으로 그려져 있다. 게다가 자세히 보면 선하게만 보이던 예수 의사에 비해 조금은 심술궂은 표정이다. 이제 치료비를 낼 때가 된 것이다.

이 그림에서 '사람'으로 묘사된 의사는 더 이상 절대적인 존재가 아니다. 바로 뒤에는 다른 의사들과 병의 경과에 대해서 토론하는 모습이 그려져 있고 또 의사의 바로 앞에는 의학 서적이 펼쳐져 있어 '사람' 의사가 초인적인 존재가 아니라 책과 다른 사람들의 도움을 받고 있음을 시사한다. 순식간에 절대자에서 보통 사람으로 격하되었다. 바로 뒷간에 갈 때와 나올 때의 마음이 달라진 환자의 눈에 비친 의사의 모습을 시침 뚝 떼고 그림으로써 간사한 인간의 심리를 풍자하고 있다.

의료를 보는 시각

의료문제를 보는 시각은 일곱 가지 정도로 나눌 수 있다. 대부분 인문사회학적 연구영역에서 접근하는 방식이다.

기능주의적인 시각

사회학의 대표적인 시각인 기능주의가 의료문제에도 적용될 수 있다. 기본적으로 국가의 의료 정책 하에서 사람들이 자신이 맡은 역할을 수행할 때 사회 질서가 유지된다는 입장이다. 구체적으로 의사, 간호사와 같은 보건의료직을 수행하는 전문가들이 환자들의 질병을 어떻게 관리하고 치료하는가가 연구의 대상이다. 고전적인 기능주의 입장에서 질병은 사회적 기대와 규범에 순응하지 못하는 일종의 사회적 '일탈'의 잠재적인 것으로 파악된다. 질병은 신체적이고 사회적인 역기능의 원인이 되는 인간 신체의 부자연스러운 상황으로 간주되어 되도록 빨리 제거되어야 하는 것으로 인식된다.

기능주의자들은 부끄러움이나 수치심 같은 감정들이 질병에 동반된다고 주장한다. 여기에서 의료전문직의 역할은 예전에 계획 했던 것과 같이 정상과 일탈을 구별할 수 있는 힘을 사용해서 사회를 통제하거나 도덕적 원칙을 제시하여 준다. 따라서 사회질서 유지는 질병의 성격과 의료적인 상호작용에 대한 이론틀은 기능주의에 기초하고 있으며, 의학은 질병으로 인해 발생하는 문제점을 통제하는 도구로 의미를 가진다.

정치경제학적인 시각

정치경제학적 이론가들은 의료를 통해 사회질서를 유지할 수 있다고 생각한다. 그런데 기능주의와 달리, 정치경제학적 이론가들은 의료가 사회질서를 유지하는 데 있어서 부정적인 기능을 한다는 데 주목하고 있다. 특히,

의료전문가들이 자신들의 권력을 남용하여 자신들의 이익을 추구하고 있다고 본다. 자본주의 체제하에서는, 의료는 의술을 베푸는 것이 아니라 하나의 상품으로 인식된다는 것이다. 그래서 의료인들은 질병의 예방이나 건강증진에 힘쓰기보다는 병의 치료에 초점을 맞춰 의료를 통해 수익을 추구하려는 존재로 이해된다. 그리고 정치경제학자들의 입장에서 보면 의료인이 되기 위해 어려운 시험을 치르고 오랜 기간 수련을 해야 하는 학습과정은 의료인의 숫자를 한정하여 의료인들의 수익을 보장할 수 있는 경쟁시스템을 유지하기 위한 방법으로 보고 있다. 한편, 정치경제학자들은 질병의 원인을 자본주의 생산체계에서 찾고 있다. 노동 시간을 확보하기 위해 패스트푸드를 찾고, 조리시간을 줄여 수익을 남기기 위해 화학 조미료를 많이 쓰는 행위 등은 자본주의 사회에서 쉽게 찾아볼 수 있는 모습이다. 수익을 내야 한다는 자본주의적 삶의 방식 때문에 사회구성원들은 이러한 삶의 모습을 쉽게 받아들이고 용인하는 것이다.

사회구성주의적 시각

사회구성주의란 사회를 보는 시각이나 입장에 따라 사회구성이 달라질 수 있다는 입장이다. 이 관점은 여러 스펙트럼으로 분류된다. 중립적인 입장, 사회중심적인 입장 그리고 개인중심적인 입장으로 나눌 수 있다. 중립적인 입장에서는 의학지식은 중립적인 가치를 지니며 이는 인간의 질병을 예방하고 치료하는 역할을 담당하는 것으로 본다.

사회중심적인 입장은 의학지식을 통해 개개인의 행위를 통제하고 사회질서를 유지하는 것으로 보고 있으나 단순히 권력관계나 자본의 힘에 의해 지배된다고 생각하지는 않는다. 다양한 층위의 권력을 인정하고 권력과 자본뿐만 아니라 의학지식과 결합한 다른 요소들에 의해서 사회가 통제된다고 생각한다.

또 개인 중심적 입장에서는 사회지도층이나 의료전문가들에 의해서 의학 지식이 생성될 뿐만 아니라 개인들의 사회화 과정을 통해서 의학지식이 생겨나고 학습될 수 있다고 본다. 따라서 사회구성주의 관점에서는 단일한 요소가 사회에 영향을 끼친다고 생각하는 것에 대해 비판한다.

의료인류학적 시각

인류학적 시각은 인간의 행위가 가진 의미에 초점을 두고 연구하는 분야이다. 의료인류학에서는 의사와 환자 등 의료상황에서 발생하는 의사소통 과정을 연구하고 있다. 예를 들어, 질병에 대한 지식이 부족한 환자가 자신의 증상에 대해서 말하는 과정을 보고 이 과정에서 의사는 환자의 말을 어떻게 이해하고 받아들여야 하는지에 대해서 연구하는 것이 의료인류학적 연구주제이다.

최근에 의료인류학자들은 연구범위를 넓히고 있다. 예를 들어, 의료 지식의 사회적 생산, 사회 통제로서 의학과 공중보건의 기능, 건강 관련 행위와 신념에서 의식과 행위자의 중요성, 보건이나 의학 용어와 권력과의 관계, 질병의 정의와 이름 짓기, 그리고 질병 경험의 의미 등을 밝히려는 노력을 하고 있다.

이러한 연구는 개인적 특성을 지닌 환자들에 대한 이해의 폭을 넓히고 더 나아가 의료 행위가 개개인들에게 가지는 의미와 그들의 행위를 규제하는 방식이 시간적, 공간적 특성에 따라 어떤 차이를 나타내는지 등을 연구하게 되었다.

즉, 소수의 사람들을 관찰해서 얻은 결과를 미시적인 차원에서만 이해하려 하지 않고 거시적인 차원으로까지 확대하여 비교문화적 연구로 진행하고 있다.

역사적 시각

역사적 시각에서는 의료 문제에 대해서 시간적 흐름에 따른 변화양상을 보여주고 있다. 의료인류학처럼 비교문화적으로 의료문제를 바라보는 것이 아니라 시간의 연속성에서 의료문제가 사회구성원들에게 어떤 영향을 주었으며 그리고 어떻게 비춰져 왔는지를 보여준다.

이를 통해서 의료와 공중보건에 관련된 사건이나 문제들을 분석하는 데 다양한 차원의 해석 수준을 제공해 주는 역할을 한다. 따라서 현재는 당연시되는 것들도 역사적 맥락에서 본다면 일정한 비판이 가해질 수 있음을 인식하게 하여 건전한 비판의식을 형성하는 데 도움을 준다.

역사학적 관점을 통해 건강 문제에 대응하는 사람들의 행동이나 신념을 일반화하여 이해할 수 있을 것이다.

그래서 현대 서구사회가 건강에 대한 위협이나 질병에 대해 어떻게 반응하는가에 대한 중요한 시각을 제공할 수 있다. 특히, 왜 일정한 반응이 일어나는지에 대한 이유를 알아내는 데 유용하다.

예를 들어, 왜 일부 질병은 부끄러운 것으로 인식되고 광범위한 공포와 도덕적인 심판을 불러오는가, 왜 의학적인 문제를 다루는 대중매체들이 특정한 이미지와 표현 방식을 계속해서 사용하는가, 왜 현재 보건정책은 성공 또는 실패하는가와 같은 문제들이다.

문화연구의 시각

문화연구 분야는 주로 인공물이나 문화적 행위를 통해 의미가 생산되고 순환되는 과정을 기록하고 설명하는 데 관심을 기울이는 분야이다. 문화연구 분야에서 생산된 이론적 기반과 경험적 연구들은 의료의 사회문화적 측면에서 중요한 통찰력을 제공한다.

문화연구는 원래 문화사회학으로부터 발전된 학제 간 영역인데, 문화이론, 영화연구, 마르크스주의, 언어학과 정신분석학 이론 등을 통합하여 오페라, 순수예술, 영화와 문학 등과 같은 엘리트 문화의 산물뿐만 아니라 대량생산 상품과 대중 문화매체의 생산품까지도 연구하고 있다. 대중매체와 다른 사회제도들이 생산해내는 다양한 기호를 인식할 수 있도록 문화적 구조를 밝혀내는 것이 중요한 연구주제이다.

이 분야는 자본주의하에서 권력 집단의 이해관계를 보장하고 사회집단의 지위가 지속될 수 있도록 어떻게 매스미디어와 사회제도가 기능하는지를 탐구한다. 결국 문화연구에서는 매스미디어와 사회제도를 비판적으로 바라보는 시각을 제공한다.

담론과 '언어적 전환'의 관점

우리가 말하는 방식이나 시각적으로 표현하는 방식이 일정한 틀을 형성할 때 담론을 형성하게 된다. 담론과 언어적 전환의 관점에서는 이러한 틀을 연구대상으로 삼고 있으며 그 틀 속에서 어떠한 운영원리가 담겨있는지 밝혀내는 데 주력하고 있다.

예를 들어 서구사회에서 산모의 신체와 태아가 묘사되고 시각적으로 표현되며 다루어지는 방식은, 다른 문화에서는 드러나지 않는 임산부와 태아 사이의 분리를 명백하게 보여주는 경향이 있다. 대중 사이에서 또는 법적인 상황에서 낙태에 대한 논쟁, 임신 중 흡연이나 음주를 하는 여성에 대한 비난, 산부인과를 공부하는 의대생들의 훈련, 임산부의 신체와 분리된 이미지로 태아를 보여주는 초음파의 사용, 공중에서 떠다니는 것과 같은 자궁 속의 태아를 보여주는 책과 대중 과학잡지의 사진들, 출생 이전에 잠정적인 성별과 이름을 가지고 있는 것으로 태아를 지칭하는 방식, 이 모든 것이 임산부와 태아의 분리를 강화시키고 있다는 점을 고발한다.

담론과 언어적 전환의 관점에서는 텍스트라고 불리는 특정한 상황이나

내용을 연구대상으로 삼는다. 의학 교재, 병원 기록, 입원 신청서, 의학 소설, 의학을 소재로 한 드라마나 다큐멘터리 등 다양한 것들이 텍스트로 연구될 수 있다.

이러한 텍스트 연구를 통해 사회변화의 모습을 파악하고 운영원리를 가늠해 볼 수 있다. 예를 들어, 성형외과 광고가 의료 광고의 대부분을 차지한다면 그 사회는 성형열풍이 일어나고 있는 사회라고 볼 수 있다. 또는 상조 관련 광고가 많은 사회는 죽음의 문제에 대해서 관심이 많고 한편으로 죽음이 하나의 상품으로 변질되고 있음을 알 수 있다.

한편, 담론 분석이 의료와 사회문화적 분석에 적용될 때 생물학과 문화가 질병의 사회적 구성 과정에서 서로 상호작용하는 과정을 보여줄 수 있으며 서구 문화가 사회적 범위를 규정하기 위해 질병을 사용하는 방식을 보여줄 수 있을 것이다.

부록

- 노벨상 수상자 목록
- 국내 의학기술 관련 수상목록
- 2017년 서울대 의대 고교별 합격자 현황
- 2017년 서울대 의대 정시 합격자 수능성적
- 미국 의학전문대학원 인터뷰 모음
- 추천도서목록

노벨 생리의학상

연도	연구내용 및 성과	학자
2011	2011년 노벨 의학상 공동 수상자 3인은 우리 몸이 세균·바이러스·곰팡이의 침입에 맞서 어떻게 면역체계를 작동하는지 핵심 원칙들을 밝혀냄으로써 인류가 미생물과의 전쟁에서 유리한 고지를 점하는 데 결정적인 기여를 했다.	랠프 스타인먼(캐나다·미국 뉴욕 록펠러대 교수), 브루스 보이틀러(미국 유전학 스클립스 연구소 교수), 율레스 호프만(룩셈부르크·프랑스 분자세포생물학 연구소 교수)
2012	야마나카 신야와 존 거든 2인은 "성숙한 체세포를 원시 세포로 되돌려 원하는 조직으로 분화시킬 수 있는 유도만능줄기세포를 발견해 난치병 치료의 길을 열었다.	야마나카 신야(일본 교토대 iPS 세포연구소 소장), 존 거든(영국 케임브리지대 거든 연구소 소장)
2013	세포에서 생성되는 각종 물질이 세포 내의 자루 모양 구조체인 소포(小胞)를 통해 적시에 정확한 곳으로 수송되는 원리를 밝혀낸 공로. 이들의 연구는 당뇨병 등 물질 운송 과정 장애로 나타나는 질병을 예방·치유하는 계기가 됐다.	제임스 로스먼(미국 예일대 교수), 랜디 셰크먼(버클리 캘리포니아대 교수), 토마스 쥐트호프(스탠퍼드대 교수)
2014	뇌의 특정 세포들을 발견해 뇌가 어떻게 주변 공간을 파악하고, 길을 찾아낼 수 있는지를 파악하는 뇌 속 위치 정보 처리 시스템의 원리를 규명했다.	존 오키프(영국 유니버시티 칼리지 런던 교수), 메이 브리트 모저(노르웨이 과학기술대 교수), 에드바르드 모저(노르웨이 과학기술대 교수)
2015	말라리아(투유유)와 기생충 감염(켐벨, 사토시)의 치료법을 획기적으로 발전시켜 수많은 환자들의 목숨을 구하고 감염 후유증을 최소화했다.	투유유(중국 전통의학연구원 교수), 윌리엄 C. 캠벨(미국 드류대 명예교수), 오무라 사토시(일본 기타사토대 교수)
2016	세포 내 손상된 소기관, 단백질을 분해해 재활용하는 오토파지(Autophagy, 자가포식) 현상을 규명해 질병 치료의 길을 확장시켰다.	오스미 요시노리(도쿄공업대 명예교수)

노벨 화학상

연도	연구내용 및 성과	학자
2011	셰흐트만 교수는 1982년 알루미늄과 망간 합금에서 5각형 구조의 준결정(準結晶, Quasicrystal)을 처음 발견했는데, 이는 고체 결정구조에 대한 개념과 합금 설계에 획기적인 전환을 가져온 것으로 평가받는다.	다니엘 셰흐트만(이스라엘 테크니언 공대 교수)
2012	수상자 2인은 아드레날린·도파민·히스타민 등의 자극을 세포 안으로 전달하는 단백질인 G 단백질 연결수용체(GPCR·G Protein Coupled Receptors)를 발견하는 데 공헌했다.	로버트 레프코위츠(미국 듀크대 메디컬센터 교수), 브라이언 코빌카(미국 스탠퍼드대 의과대 교수)
2013	분자동역학(Molecular Mechanics) 분야에서 1970년대에 분자의 구조와 성질, 운동 등을 예측할 수 있는 컴퓨터 프로그램을 개발해 오늘날 화학자들이 거대 분자의 복잡한 화학반응을 컴퓨터로 시뮬레이션할 수 있게 공헌했다.	마틴 카플러스(하버드대 화학과 명예교수), 마이클 레빗(스탠퍼드의대 교수), 아리 위셜(남캘리포니아대 특훈교수)
2014	초고해상도 광학 현미경을 개발해 살아있는 세포를 나노미터(nm, 10억분의 1m) 단위 수준에서 관찰할 수 있게 했다.	에릭 베지그(하워드휴스의학연구소 연구소장), 스테판 헬(막스플랑크연구소 연구소장), 윌리엄 모에너(스탠퍼드대 교수)
2015	DNA가 유전자 정보를 보호하는 방법과 세포가 손상된 DNA를 스스로 복구하는 방법을 분자 수준에서 밝혀냈다.	토마스 린달(영국 랜시스크릭연구소 명예교수), 폴 모드리치(미국 듀크대 의과대 교수), 아지즈 산자르(미국 노스캐롤라이나대 교수)

노벨 물리학상

연도	연구내용 및 성과	학자
2011	우주가 느리게 팽창한다는 지난 100년간의 오랜 예측을 보기 좋게 깨뜨려 우주에 대한 새로운 개념을 정립했다.	솔 펄머터(미 UC버클리대 교수), 브라이언 슈밋(미국/호주·호주국립대 특별교수), 애덤 리스(미 존스홉킨스대 교수)
2012	양자 연구로 개별 양자계의 측정과 조작이 가능해지면서 양자컴퓨터, 양자시계, 해킹이 불가능한 암호 등을 실현할 수 있는 길이 열렸다. 두 사람의 실험 장치는 '이온 덫(중첩된 이온을 가둔 채 실험)'이라고 불린다.	데이비드 와인랜드(미국 국립표준기술연구소 연구원), 서지 아로슈(콜레주 드 프랑스 교수)
2013	물질을 구성하는 기본 입자가 질량을 갖게 되는 메커니즘을 발견해 우주 생성의 비밀을 푸는 데 이바지했다.	피터 힉스(에든버러대 명예교수), 프랑수아 엥글레르(벨기에 브뤼셀자유대학 명예교수)
2014	효율이 높은 청색 LED를 세계 최초로 개발해 RGB(Red · Green · Blue)의 3원색을 구현했고, LED 조명이 상용화돼 에너지 시장에 획기적 변화를 가져왔다.	아카사키 이사무(일본 나고야대 명예교수), 아마노 히로시(일본 나고야대 교수), 나카무라 슈지(미국 UC 샌타바버라대 교수)
2015	중성미자 진동실험으로 중성미자에 질량이 있다는 사실을 발견해 물질 가장 내부의 작용에 대한 이해를 바꿨다.	카지타 타카아키(일본 도쿄대 교수), 아서 B. 맥도날드(캐나다 퀸즈대학 명예교수)

국내 주요 분야별 과학상

영역	연구내용 및 성과	학자 및 수상내역
Plant	담뱃잎에서 당뇨병 치료에 쓰이는 인슐린을 추출하는 데 성공, 국내 유전공학발전에 기여했다.	올해의 과학자상(1990) 홍주봉(한국과학기술연구원 유전공학연구소 식물학 전공)
Machine	바이폴라 트랜지스터를 이용한 차세대 수직구조 D램 핵심소자를 세계최초로 개발했다.	올해의 과학자상(1991) 이진효(한국전자통신연구소 기억소자 개발사업 본부장)
Human	1969년 신장이식수술, 1980년 간암절제수술, 1988년 간이식수술 등을 각각 국내최초로 성공시켰으며, 7월에는 장기이식 중 가장 어려운 생체 부분간이식수술에도 성공하여 이식외과학(移植外科學)의 발전에 기여했다.	올해의 과학자상(1992) 김수태(서울대 의대 일반외과)
Chemistry	오존층 파괴의 주범인 프레온가스의 대체물질인 수소불화탄소를 국내 최초로 개발했다.	올해의 과학자상(1993) 박건유(한국과학기술원 CFC대체기술센터 박사)
Machine	「4마이크론 해상도의 핵자기공명 현미경에 관한 연구」 살아 있는 물체를 절단하지 않고 내부의 구조 및 화학적 변화를 3차원으로 볼 수 있는 4마이크론 해상도의 핵자기공명 현미경에 관한 이론을 세계 최초로 정립하고 실험적으로 입증했다.	한국공학상(1994) 조창희(한국과학기술원 정보 및 통신공학과 교수)
Machine	「장거리 고속 수중익 쌍동여객선의 설계와 건조」 장거리 항로를 운항할 수 있는 고속 수중익 쌍동여객선의 설계에 관한 종합적인 이론분석과 모형시험을 통해 최적 선형 설계방법을 수립했다.	한국공학상(1994) 민계식(현대중공업)
Chemistry	「지배력 극점을 이용한 PID제어기의 개량된 조정방법」 화학공정에 관한 최적설계 및 운전조건을 구하는 기법과 새로운 조정법을 확립했고, 이를 활용해 염화불화탄소(CFC) 관련 물질의 제조공정을 개발했다.	한국공학상(1994) 권영수(한국과학기술원)
Physics	「4변형 민드린 평판요소에서 감차적분과 비적합변이 모드의 혼합사용」 복잡한 구조 해석에 필요한 첨단 유한요소기법에 관한 연구성과와 이를 바탕으로 한 범용 구조해석프로그램을 개발했다.	한국공학상(1994) 최창근(한국과학기술원)

Biology	'막(膜) 재순환 반응기에서 재조합 대장균의 고농도 배양'을 연구했다.	한국공학상(1996) 장호남(한국과학기술원)
Electronic	극소전류 작동이 가능한 마이크로 암페어(1백만분의 1 암페어)급 반도체 레이저를 세계 처음으로 개발, 광컴퓨터 및 광교환기 개발에 한걸음 다가서는 계기를 마련했다.	올해의 과학자상(1997) 권오대(포항공대 전기전자공학 교수)
Machine	세계 최초로 '꿈의 반도체'로 불리는 탄소반도체이론을 발표한 연구결과는 기존 실리콘 반도체보다 직접도가 1만 배 이상 높은 초고집적 반도체 탄성의 길을 열었다.	올해의 과학자상(1998) 임지순(서울대 물리학 교수)
Biology	황우석: 2월과 3월 우량 젖소의 자궁세포를 이용한 복제젖소 '영롱이'와 우량 한우의 귀세포 핵을 이용한 복제한우 '진이'를 잇따라 출생시켰다. 안철수: 멜리사, CIH 바이러스가 기승을 부렸을 때 치료백신을 제공하고 사전 주의보를 발표, 막대한 피해를 줄이는 데 기여했다.	올해의 과학자상(1999) 황우석, 안철수 공동수상
Molecule	수소 때문에 철이 잘 파괴되는가를 규명한 '수소열분석법'을 발표해 SCI(국제논문색인)가 인정하는 학술지에 총 79회에 걸쳐 인용되었다.	한국공학상(2000) 이재영(한국과학기술원)
Biology	'동시중합방식에 의한 상호침투고분자(IPN)'의 합성에 세계 최초로 성공해 항공기 소재와 인공심장 등에 대한 활용 가능성을 높였다.	한국공학상(2000) 김성철(한국과학기술원)
Chemistry	거울상 대칭을 보이는 광학이성질체 중 한쪽 형태를 가지는 다공성 결정물질을 합성해 원하는 형태의 광학이성질체를 선택적으로 분리 합성할 수 있는 촉매로 사용할 수 있게 했다.	한국과학상(2001) 김기문(포항공대 화학과 교수)
Biology	세포 사멸에 중요한 역할을 하는 스트레스 신호 전달계가 세포 성장 억제인자에 의해 조절되는 것을 확인했다.	한국과학상(2001) 최의주(고려대 생명과학부 교수)
Material	세계 최초로 위암을 억제하는 유전자를 발견했다.	올해의 과학자상(2002) 배석철(충북대 교수)
Physics	천체 물리학의 개척에 관한 공헌, 특히 우주 중성미자의 탐지에 관한 공헌을 했다.	노벨물리학상(2002) 레이몬드 데이비스 주니어, 고시바 마사토시, 리카르도 지아코니 공동수상
Physics	초전도체와 초유체 이론의 개척에 관한 공헌을 했다.	노벨물리학상(2003) 알렉세이 알렉세예비치 아브리코소프, 비탈리 긴즈부르크, 앤서니 레깃 공동수상

Biology	세계 최초로 생리활성 단백질 효소인 PDE-5 작용원리를 밝혔다.	올해의 과학자상(2003) 조준명
Physics	강유전체 피로현상의 기본 메커니즘을 규명하고, 이를 바탕으로 BLT라는 F램용 신소재를 개발했다.	한국과학상(2003) 노태원(서울대 물리학부 교수)
Chemistry	세계 최초로 단일 활성점 유기금속 촉매를 규칙적인 나노물질을 섞은 새로운 올레핀 중합 촉매를 창안해 이를 나노복합체, 나노반응기 등 새로운 연구 분야에 응용했다.	한국공학상(2005) 우성일(한국과학기술원)
Geology	전통적인 터널엔지니어링 기술에 지리정보시스템(GIS), 가상현실(VR), 인공지능(AI)기법, 전문가시스템(Expert System) 등의 가시화 첨단기법을 적용, 온라인으로 터널현장을 실시간 관리시스템을 개발했다.	한국공학상(2005) 홍성완(건설기술연구원)
Physics	거대 자기저항(GMR)을 발견했다.	노벨 물리학상(2007) 알베르 페르, 페터 그륀베르크
Physics	원자핵을 구성하는 무한히 강한 게이지 힘의 기본원리를 미약한 중력과 끈이론에 연결시켜 이해할 수 있다는 사실을 규명하고, 유한 온도에서의 게이지 힘은 블랙홀 주변에서의 미약한 중력과 대응됨을 확인했다.	한국과학상(2008) 이종수(서울대 물리천문학부 교수)
Chemistry	거대고리 착화합물을 이용해 다공성 초분자를 합성할 수 있는 자기조립 기법을 개발하고, 이후 다양한 기능성을 가진 많은 다공성 초분자 결정 물질을 합성, 또 다공성 초분자를 이용해 작고 균일한 크기의 은, 금, 팔라듐의 나노입자를 생성하는 방법을 최초로 개발했다.	한국과학상(2008) 백명현(서울대 화학부 교수)
Biology	인체에서 단백질을 운반하는 '운반소낭'이 표적 세포 소기관에 정확하게 전달되도록 유도 작용을 하는 단백질 운반소낭 결착인자의 분자 3차원 구조와 그 작용 메커니즘을 규명했다.	한국과학상(2008) 오병하(포항공과대 생명과학과 교수)
Physics	차세대 나노신소재 2차원 그래핀에 관해 연구했다.	노벨 물리학상(2010) 안드레가임, 콘스탄틴 노보셀로프 공동수상
Human	체외수정(IVF)을 통한 최초의 시험관 아기를 탄생시켰다.	노벨 생리-의학상(2010) 로버트 에드워즈
Physics	광결정 물리광학 분야의 세계적인 과학자 중 하나로, 물리적으로 가장 작은 공진기에 근접하는 레이저 모습을 순수 국내 기술과 연구력을 동원하여 세계 최초로 실험적으로 규명했다.	한국과학상(2010) 이용희(한국과학기술원 물리학과 교수)

Chemistry	나노 및 마이크로 입자를 조직화시켜 다양한 신(新)물질을 창출하는 새로운 연구 분야를 개척했다.	한국과학상(2010) 윤경병(서강대 자연과학대학장)
Biology	상피세포를 통한 수분과 전해질 분비에 절대적으로 필요한 염소이온 채널의 신(新)유전자인 '아녹타민1'을 발견하여 지금까지 불치병으로 알려진 낭포성섬유증 등의 치료에 획기적인 전기를 마련했다.	한국과학상(2010) 오우택(서울대 약학대학 교수)
Biology	세균을 모델로 산화적 스트레스에 대한 대응 반응을 분자 수준에서 규명했다.	한국과학상(2010) 노정혜(서울대 생명과학부 교수)
Human	우리나라 성인의 주요 사망 원인 중 하나인 간암과 말기 간경화를 치료할 수 있는 간이식 분야에서 창의적 연구로 '변형 우엽 간이식'과 2대1 간이식' 등을 세계 최초로 성공하는 등 우리나라 의료의 위상을 세계적 수준으로 끌어올렸다.	아산의학상(2010) 이승규(울산대)
Physics	초신성 관찰을 통해 우주 팽창 속도가 가속됨을 발견했다.	노벨 물리학상(2011) 솔 펄머터, 브라이언 슈밋, 애덤 리스 공동수상
Medicine	면역체계 활성화에 대한 핵심원칙을 발견했다.(선천면역이 단순한 염증반응을 하는 것이 아니라, 고도로 발달된 신호체계에 의해 조절된다는 것)	노벨 생리–의학상(2011) 브루스 보이틀러, 율레스 호프만, 랄프 슈타인만 공동수상
Molecule	알루미늄과 망간 합금에서 5각형 구조의 준결정을 처음 발견하여 고체결정 구조에 대한 개념과 합금 설계에 획기적인 전환을 가져왔다.	노벨 화학상(2011) 다니엘 셰트흐만
Physics	입자물리학 초대칭 이론에서 새로운 형태의 초대칭이 깨어짐을 발견하고 초대칭입자 질량 패턴을 규명했다.	한국과학상(2011) 최기운(카이스트 물리학과 교수)
Electronic	이동통신 분야의 권위자로서, 초고속 데이터 통신의 핵심인 OFDMA(직교주파수분할 다중접속방식)와 다중안테나 분야의 원천 기술을 연구·개발하여 현재 상용 중인 와이브로 시스템과 LTE 시스템의 기본기술로 채택되게 하는 등 산업 발전에 기여했다.	한국공학상(2011) 이광복(서울대 전기공학부 교수)
Molecule	다결정 소재의 물리적 성질에 큰 영향을 미치는 미세구조가 소재의 제조와 가공 중에 어떻게 변화하는지에 대한 근본적인 원리를 규명하여 재료 미세조직 분야에서 새로운 연구방향을 제시하고, 이를 신소재 제조에 응용하는 등 우리나라 재료공학과 산업 발전에 기여했다.	한국공학상(2011) 강석중(카이스트)

Chemistry	가비전인 저탄소 녹색성장을 달성하는 핵심 기술인 '녹색 건축기술'분야의 선도적인 연구자로서, 이산화탄소 배출을 획기적으로 낮추는 첨단 녹색 건축기술을 개발하고, 국내 최초로 건축물, 단지, 도시의 이산화탄소 배출량을 평가하는 프로그램(SUS-LCA)을 개발하는 등 국가 경제 발전에 이바지했다.	한국공학상(2011) 신성우(한양대)
Human	뉴잉글랜드 의학저널 4월 4일자 최신호에 '좌주간부 치료에서 수술과 중재시술의 비교'라는 독창적이고 창의적인 연구로 논문을 게재한 심장질환 중 협심증과 심근경색증의 치료방법인 중재시술 분야의 세계적인 권위자로, 우리나라 의료의 위상을 세계적인 수준으로 끌어올렸다.	아산의학상(2011) 박승정(울산대)
Animal	거든(Gurdon) : 소화기에서 추출한 샘플로 개구리를 복제했고, 야마나카 교수는 유전자를 변환시켜 세포를 다시 프로그래밍했다. 신야 야마나카(Shinya Yamanaka) : 성체세포를 줄기세포로 변환했다.	노벨생리의학상(2012) 존 거든(John Gurdon), 신야 야마나카 (Shinya Yamanaka)
Physics	개별 양자계의 측정과 조작을 가능하게 하는 원천 실험 방법을 개발한 공로를 인정(양자시스템의 파괴 없이 측정, 조작할 수 있는 실험방법을 마련– 양자컴퓨터 개발에 활용 가능성)	노벨 물리학상(2012) 세르쥬 아로슈, 데이비드 와인랜드 공동수상
Cell	도파민, 히스타민 등의 자극을 세포 안으로 전달하는 단백질인 G 단백질 연결수용체(GPCR) 발견에 큰 공헌을 했다.	노벨 화학상(2012) 로버트 레프코위츠, 브라이언 코빌카 공동수상
Human	암 성장과 전이에 필수적인 새로운 인자를 발견하고 이를 효과적으로 차단하는 제재를 개발해 신개념 암 치료제 개발에 새로운 전기를 마련했다.	아산의학상(2012) 고규영(카이스트)
Physics	질량을 주는 힉스 메커니즘의 이론적인 연구, 힉스 입자를 최초로 발견했다.	노벨 물리학상(2013) 프랑수아 앙글레르, 피터 힉스 공동수상
Human	세포에서 생성되는 각종 물질이 자류 모양 구조체인 소포를 통해 적시에 정확한 곳으로 수송되는 원리를 밝혀냈다.	노벨 생리–의학상(2013) 제임스 로스먼, 랜디 셰크먼, 토마스 쥐트호프 공동수상
Molecule	분자의 구조와 성질, 운동 등을 예측할 수 있는 컴퓨터 프로그램을 개발하여 오늘날 화학자들의 거대 분자의 복잡한 화학반응을 컴퓨터로 시뮬레이션할 수 있게 했다.	노벨 화학상(2013) 마틴 카플러스, 마이클 레빗, 아리 워셜 공동 수상

Physics	밀리미터 파장 영역의 빛이 나노미터 구멍에 집속되는 현상을 발견해 테라헤르츠–나노기술 분야를 선도했다.	한국과학상(2013) 김대식(서울대 물리천문학부 교수)
Chemistry	폭발적 여과전이 모형을 적용하여 고온·고압 등 극한의 열역학 환경에서 발생하는 물질의 상태변화 현상을 밝혀냈다.	이 달의 과학기술자상(2013) 강병남(서울대 물리천문학부 교수)
Machine	'고전도성 나노복합재료의 친환경 제조기술'을 개발했다.	이 달의 과학 기술자상(2013) 이중희(전북대)
Machine	그래핀 전극을 활용한 OLED(유기발광 다이오드) 분야에서 발광효율을 높이고, 백색 조명을 개발했다.	이 달의 과학 기술자상(2013) 이태우(포항공과대 신소재공학과 교수)
Biology	과도한 소금섭취를 막는 짠맛 수용체 단백질을 최초로 발견했다.	이 달의 과학 기술자상(2013) 황선욱(고려대 의과학과 교수)
Chemistry	정교한 기후모델링을 통해 대기 중에 섞여 있는 블랙카본 등이 태양 빛을 흡수해 대기가 가열되면, 가열된 공기의 상승으로 인해 히말라야와 티벳고원의 빙하와 적설이 녹는 속도가 빨라진다는 것을 규명해냈다.	이 달의 과학 기술자상(2013) 김맹기(공주대 대기과학과 교수)
Machine	공작기계 무인화 가공공정 최적화 및 자율능동형 동적대응 기술을 개발했다.	이 달의 과학기술자상(2013) 김동훈(한국기계연구원 책임연구원)
Chemistry	첨단 정밀화학 제품과 의약품 생산의 기반이 될 수 있는 신개념의 고효율 결정화기와 공정을 개발했다.	이 달의 과학기술자상(2013)
Material	에너지 효율이 높은 청색 발광 다이오드를 개발했다.	김우식(경희대 화학공학과 교수)
Brain	뇌의 특정세포(장소세포 등)를 발견하여 뇌가 어떻게 주변 공간을 파악하고, 길을 찾아내는지 뇌 속 위치 정보 처리 시스템의 원리를 찾았다.	노벨 물리학상(2014)
Machine	초 고해상도 광학 현미경을 개발해 살아있는 세포를 나노미터 단위까지 관찰 가능하게 했다.	아카사키 이사무, 아마노 히로시, 나카무라 슈지 공동수상
Geology	10월 몽골 고비사막에서 티라노사우루스보다도 큰 손 화석으로 관심을 모았던 '데이노케이루스 미리피쿠스(Deinocheirus mirificus)'의 실체를 규명했다.	노벨 생리–의학상(2014)
Machine	동식물이나 액체를 포함하는 시료를 관찰할 수 있는 액체전자현미경이라는 분야를 개척했다.	존 오키프, 메이 브리트 모저
Brain	빠르고 쉬운 고해상도 정보획득 기술 실현, 고해상도 분광기 및 뇌–컴퓨터 접속시스템을 개발했다.	공동수상

Biorogy	기온 변화를 감지하는 식물의 온도계 단백질을 규명하여 기후변화 영향평가 및 육종소재를 개발했다.	노벨 화학상(2014)
Physics	실리콘을 대체할 미래 소재로 주목받는 탄소 소재의 특성을 자유롭게 조절할 수 있는 원천기술을 개발했다.	에릭 베지그, 스테판 헬, 윌리엄 모에너
Physics	바이오센서나 유기발광다이오드 등에 활용할 수 있는 독창적인 형광골격체 Seoul-Fluor를 개발했다.	이 달의 과학기술자상(2014) 박승범(서울대 화학과 교수)
Biology	기존 지문 분석법을 대체·보완할 수 있는 땀구멍 지도를 이용한 새로운 지문분석법을 개발했다.	이 달의 과학기술자상(2014) 김종만(한양대 화학공학과 교수)
Chemistry	환경복원을 위한 나노-바이오 융합기술을 개발하여 환경 중 난분해성 독성물질을 저감하는데 기여했다. (나노-바이오 융합기술 : 나노크기의 금속촉매와 박테리아와 같은 미생물을 결합하여 기존에 단일기술로 분해하기 어려운 독성물질을 효과적으로 처리할 수 있는 방법으로 차세대 환경복원 기술로 주목받음.)(난분해성 독성물질 : 다이옥신 같이 환경 중에 극미량으로 존재하면서 미생물에 의한 자연분해가 매우 느린 독성 유기화합물로 영원히 분해되지 않는 중금속류도 포함됨.)	이 달의 과학기술자상(2014) 장윤석(포스텍 환경공학부 교수)
Physics	소립자 '중성미자'의 질량이 있다는 것을 나타내는 중성미자 진동을 발견했다.	노벨 물리학상(2015) 가지타 다카아키, 아서 B. 맥도널드 공동수상
Medicine	말라리아 등 기생충 감염의 치료법을 발전시키고 감염 후유증을 최소화하는 방법 발견, 투유유는 개똥쑥에서 추출한 아르테미시닌으로 말라리아 치료에 획기적인 신물질개발, 켐벨과 사토시는 사상충증 치료제인 아버멕틴을 개발했다.	노벨 생리-의학상(2015) 투유유, 윌리엄 C. 켐벨, 오무라 사토시 공동수상
Molecule	DNA가 유전자 정보를 보호하는 방법과 세포가 손상된 DNA를 스스로 복구하는 방법을 분자 수준에서 밝혀냈다.	공동수상
Physics	나노구조를 이용하여 신개념의 반도체 포토닉스 광원과 광제어 원천기술을 개발했다. (반도체 포토닉스(semiconductor photonics) : 빛을 효과적으로 발생시키거나 제어할 수 있는 광반도체를 기반으로 한 광학적인 물리 현상과 응용을 다루는 학문 분야)	이 달의 과학기술자상(2015) 조용훈(카이스트 물리학과 교수)

Biology	IT(정보기술)와 BT(생명기술)의 융합연구인 시스템생물학 기반의 신개념 암세포 사멸 제어기술을 개발했다.	이 달의 과학기술자상(2015) 조광현(카이스트 바이오 및 뇌공학과 교수)
Machine	생체모사와 정밀분석기술을 마이크로칩에 접목하여 혈전증의 위험 정도를 조기에 진단하는 신기술을 개발했다. (생체모사 : 생명체에서 발견되는 특수한 거동 및 현상, 구조 특성 등을 생체 밖에서 그대로 모사하는 기술. 최근에는 이를 이용해 새로운 공학적 기술을 개발하는 것을 뜻함.)	이 달의 과학기술자상(2015) 신세현(고려대 기계공학과 교수)
Machine	세계 최고 성능의 상온 열전소재 개발에 성공했다.	이 달의 과학기술자상(2015) 김성웅(성균관대 에너지 과학과 교수)
Biology	지방제거 유전자를 지방세포에만 전달하는 비바이러스성 유전자 전달체와 이를 이용한 비만 치료법을 세계 최초로 개발했다.	이 달의 과학기술자상(2015) 김용희(한양대 생명공학과 교수)
Physics	위상 상전이와 물질의 위상을 이론적으로 발견한 공로, Exotic matter의 특성 비밀을 밝혔다.	노벨 물리학상(2016) 데이비드 사울리스, 던컨 홀데인, 마이클 코스털리츠
Mechanic	인체 내 손상된 조직·장기를 재생할 수 있는 3D 프린팅 기술을 개발해 기존의 생물·의학 기반의 조직공학 및 재생의학을 기계공학 기반으로 전환시키는 데 크게 기여했다.	이달의 기술자상(2016) 포항공과대 기계공학과 조동우 교수
Cell	세포가 내부의 불필요한 단백질 등을 스스로 분해하고 재활용하는 메커니즘인 자가포식(autophagy) 현상을 밝혀냈다.	노벨 생리–의학상(2016) 오스미 요시노리
Machine	세상에서 가장 작은 기계인 분자 기계를 개발해 새로운 물질 센서, 배터리 등 다양한 분야의 개발가능성을 발견했다.	노벨 화학상(2016) 장 피에르 소바주, 프레이져 스토다트, 베르나르트 페링하 공동수상
Physics	2차원 물질인 포스포린의 전자물성 제어기술 개발을 통해 초소형, 고성능 반도체 신소재 개발의 발판을 마련하고, 새로운 양자 상태를 최초 발견함으로써 다양한 후속 연구의 밑바탕을 마련하는 등 신소재 관련 기술 발전에 기여했다.	이 달의 과학기술자상(2016) 김근수(포항공대)
Biology	단백질 응집 메커니즘을 규명하고 단백질 응집의 새로운 원인을 밝혀내어 단백질 분야의 학문적 기여와 질병 치료를 위한 신약 개발에 크게 공헌했다.	이 달의 과학기술자상(2016) 함시현(숙명여대)

Biology	급성골수성백혈병 표적항암제 후보물질을 개발하고, 기술이전을 완료하여 난치병 치료와 산업적 가치 창출에 기여했다.	이 달의 과학기술자상(2016) 심태보(한국과학기술연구원)
Molecule	미개척 연구 분야인 분자의 반응시간 영역을 1만분의 1초에서 제어할 수 있는 새로운 화학합성 기술을 세계 최초로 개발한 것이 높이 평가되었다.	이 달의 과학기술자상(2016) 김동표(포항공과대 화학공학과 교수)
Machine	빛에 의해 대변형을 일으키는 광반응 고분자 소재의 기계적 거동 설계와 응용을 위한 멀티스케일 해석 기술을 세계 최초로 개발했다.	이 달의 과학기술자상(2016) 조맹효(서울대 기계항공공학부 교수)
Brain	공포행동이 편도체에서 시냅스 가소성으로 인한 공포 기억으로 나타난다는 사실을 입증하고, 이에 대한 반응 및 행동 메커니즘을 세계 최초로 밝힌 것이 높이 평가되었다.	이 달의 과학기술자상(2016) 김정훈(포항공대 생명공학과 교수)

[2017년 서울대 의대 고교별 합격자 현황]

출처 : 베리타스알파

학교명	합계	수시		정시	지역	고교유형
		지균	일반			
외대부고	5	–	2	3	경기 용인시	자사고(전국)
상산고	4	–	2	2	전북 전주시	자사고(전국)
청심국제고	4	–	2	2	경기 가평군	국제고(사립)
휘문고	4	–	1	3	서울 강남구	자사고(광역)
단대부고	3	1	–	2	서울 강남구	일반고(사립)
서울고	3	1	1	1	서울 서초구	일반고(공립)
서울과고	3	–	3	–	서울 종로구	영재학교(공립)
숙명여고	3	1	–	2	서울 강남구	일반고(사립)
개포고	2	–	1	1	서울 강남구	일반고(공립)
경기과고	2	–	2	–	경기 수원시	과학고(공립)
공주한일고	2	–	2	–	충남 공주시	자율고(전국)
대구경신고	2	1	1	–	대구 수성구	자사고(광역)
안산동산고	2	–	2	–	경기 안산시	자사고(광역)
중동고	2	–	2	–	서울 강남구	자사고(광역)
창원남고	2	1	–	1	경남 창원시	일반고(사립)
하나고	2	–	2	–	서울 서대문구	자사고(전국)
해운대고	2	–	2	–	부산 해운대구	자사고(광역)
경기여고	1	1	–	–	서울 강남구	일반고(공립)
경일여고	1	–	1	–	대구 남구	자사고(광역)
고려고	1	1	–	–	광주 북구	일반고(사립)
고양외고	1	–	–	1	경기 고양시	외국어고(사립)
공주사대부고	1	–	1	–	충남 공주시	자율고(전국)
광주문성고	1	1	–	–	광주 남구	일반고(사립)
광주숭일고	1	–	1	–	광주 북구	일반고(사립)
남산고	1	1	–	–	대구 수성구	일반고(사립)

능인고	1	1	–	–	대구 수성구	일반고(사립)
대기고	1	–	1	–	제주 제주시	일반고(사립)
대영고	1	1	–	–	경북 영주시	일반고(사립)
대전만년고	1	–	1	–	대전 서구	일반고(공립)
대진여고	1	–	1	–	서울 노원구	일반고(사립)
돌마고	1	–	–	1	경기 성남시	일반고(공립)
동화고	1	1	–	–	경기 남양주시	일반고(사립)
목동고	1	1	–	–	서울 양천구	일반고(사립)
목포홍일고	1	1	–	–	전남 목포시	일반고(사립)
민사고	1	–	1	–	강원 횡성군	자사고(전국)
반포고	1	–	1	–	서울 서초구	일반고(공립)
상계고	1	–	1	–	서울 노원구	일반고(공립)
상문고	1	–	1	–	서울 서초구	일반고(사립)
서라벌고	1	1	–	–	서울 노원구	일반고(사립)
서현고	1	–	–	1	경기 성남시	일반고(공립)
성신여고	1	1	–	–	서울 성북구	일반고(사립)
세광고	1	1	–	–	충북 청주시	일반고(사립)
숭덕고	1	1	–	–	광주 광산구	자사고(광역)
숭의여고	1	–	1	–	서울 동작구	일반고(사립)
신목고	1	–	1	–	서울 양천구	일반고(공립)
신성고	1	1	–	–	경기 안양시	일반고(사립)
신성여고	1	1	–	–	제주 제주시	일반고(사립)
안양외고	1	–	–	1	경기 안양시	외국어고(사립)
양정고	1	–	–	1	서울 양천구	자사고(광역)
양천고	1	1	–	–	서울 양천구	일반고(사립)
예일여고	1	–	1	–	서울 은평구	일반고(사립)
용산고	1	1	–	–	서울 용산구	일반고(공립)
운정고	1	–	–	1	경기 파주시	자공고(공립)
은광여고	1	–	1	–	서울 강남구	일반고(사립)
이대부고	1	–	1	–	서울 서대문구	자사고(광역)

잠실여고	1	–	1	–	서울 송파구	일반고(사립)
정화여고	1	–	1	–	대구 수성구	일반고(사립)
조대부고	1	1	–	–	광주 동구	일반고(사립)
중산고	1	–	–	1	서울 강남구	일반고(사립)
진선여고	1	–	1	–	서울 강남구	일반고(사립)
충남고	1	1	–	–	대전 서구	일반고(공립)
충남삼성고	1	–	1	–	충남 아산시	자사고(광역)
포항제철고	1	–	1	–	경북 포항시	자사고(전국)
한서고	1	1	–	–	서울 강서구	일반고(사립)
현대청운고	1	–	–	1	울산 동구	자사고(전국)
합계	95	25	45	25	–	

※ 졸업생 합격자 수(수시 2명, 정시 14명)
수시 : 안산동산고(1명), 정화여고(1명)
정시 : 청심국제고(2명), 고양외고(1명), 안양외고(1명), 외대부고(1명), 운정고(1명), 창원
남고(1명), 개포고(1명), 숙명여고(1명), 휘문고(2명), 서울고(1명), 양정고(1명), 상
산고(1명)

2017학년도 서울대 의대 고교유형별 합격자 현황

학교유형	계		수시		정시	학교수
	인원	비율	지균	일반		
일반고	53	55.8%	23	19	11	44개교
자사고(광역)	17	17.9%	2	11	4	10개교
자사고(전국)	14	14.7%	0	8	6	6개교
영재학교	5	5.3%	0	5	0	2개교
국제고	4	4.2%	0	2	2	1개교
외고	2	2.1%	0	0	2	2개교
계	95	100%	25	45	25	65개교

[2017년 서울대 의대 정시 합격자 수능성적]

출처 : 베리타스알파

서울대 환산점수	점수 합			수능성적										과탐선택		유형
				원점수					표준점수							
	원	표	백	국	수	영	과1	과2	국	수	영	과1	과2	과1	과2	
542.28	394	543	397.5	100	100	100	44	50	139	130	139	65	70	생물	화학	N수생
541.48	392	542	398.5	100	100	100	45	47	139	130	139	67	67	화학	생물	N수생
541.29	394	542	398.5	100	96	100	50	48	139	127	139	69	68	지학	생물	재학생
540.11	392	542	396.5	100	100	97	50	45	139	130	136	72	65	물리	생물	재학생
539.51	391	541	397.5	100	96	100	50	45	139	127	139	71	65	화학	생물	N수생
539.07	389	539	395.5	100	100	100	45	44	139	130	139	66	65	생물	화학	재학생
538.61	389	541	397.5	100	96	100	47	46	139	127	139	68	68	생물	지학	N수생
538.29	392	541	398.5	98	96	100	50	48	136	127	139	71	68	화학	생물	재학생
537.94	388	539	396.5	100	96	100	44	48	139	127	139	66	68	화학	생물	N수생
537.64	389	538	395	100	100	95	44	50	139	130	134	66	69	화학	생물	재학생
537.24	390	542	398	98	96	100	50	46	136	127	139	72	68	물리	지학	재학생
537.11	390	538	396.5	95	100	100	50	45	133	130	139	71	65	화학	생물	N수생
537.11	390	538	396.5	98	100	97	50	45	136	130	136	71	65	화학	생물	N수생
536.89	386	537	396	100	96	100	44	46	139	127	139	66	66	화학	생물	N수생
536.66	388	539	396	100	96	97	48	47	139	127	136	70	67	화학	생물	N수생
536.66	388	539	396	100	96	97	47	48	139	127	136	69	68	화학	생물	재학생
536.26	389	538	396	97	100	97	48	47	135	130	136	70	67	물리	생물	재학생
536.24	390	541	397	97	96	100	47	50	135	127	139	69	71	물리	지학	N수생
536.14	388	540	397.5	98	96	100	48	46	136	127	139	70	68	물리	지학	N수생
536.04	388	537	397	98	96	100	44	50	136	127	139	66	69	화학	생물	재학생
535.88	386	537	396	100	96	98	47	45	139	127	137	69	65	화학	생물	재학생
535.84	390	539	396	96	100	97	47	50	134	130	136	69	70	물리	화학	N수생

535.80	389	539	393	100	92	97	50	50	139	124	136	71	69	화학	생물	재학생
535.76	389	538	397.5	98	96	98	47	50	136	127	137	69	69	화학	생물	N수생
535.59	385	537	393	100	96	100	48	41	139	127	139	70	62	화학	생물	N수생
과탐선택	화I+생II(15명), 물I+지II(3명), 생I+화II(2명), 물I+생II(2명), 물I+화II/생I+지II/지I+생II(각 1명)															
N수/재학	N수생 14명, 재학생 11명															

※ 2017 서울대 의대 정시 일반전형 합격자 25명 전수조사(추가합격자 존재 가능성 있음)

※ N수생 중 12명 대성학원 출신

※ 국=국어, 수=수학 가형, 영=영어, 과1/과2=과탐 선택과목, 원=원점수, 표=표준점수, 백=백분위

※ 원점수=한국교육과정평가원 공식 발표 없음, 표준점수 기반 역산한 점수이므로 차이 있을 수 있음

※ 서울대 환산점수는 표점 백분위 기반이므로 원점수와 달리 오류 없음

 **질문**

- **Tell me about yourself.**

  당신에 관한 이야기를 해보세요.

"What brings you here today?", "Tell me why you are here."와 같이 질문하기도 한다. 이러한 질문은 자신에 대한 전체적인 그림을 그려볼 수 있고, 그에 대한 정보를 면접 중에 보여줄 수 있다. 이때 너무 상세하게 말할 필요는 없으며, 어느 정도 다음 질문으로 자연스럽게 이어질 수 있을 정도의 내용으로만 답변한다. 보통 첫 질문으로 인터뷰를 어떻게 이끌어 나갈지를 결정하는 중요한 질문이다.

 **좋은 예시**

- Background
- Research experience(연구 경험)
- 성적이 낮았다면 그 이유
- Shadowing experience(세도우 한 경험)
- Tutoring experience(교사 경험)
- Academics
- Involvement in student government(학생부에 참여한 경험)
- Involvement in a free clinic(클리닉 무료 봉사 경험)

- **Why do you want to be a doctor?**
  왜 의사가 되고 싶은 거죠?

이 질문에 대한 답은 환자들에 대한 관심과 진료가 중심에 있어야 한다. 항상 환자에 대한 진료가 당신의 동기부여라고 이야기하자. '언제'와 '왜'의 두 가지에 대해 답변하는 것이 좋다. 또한 미래에 참여하고 싶은 프로그램이나 단체, 활동 등에 대해 이야기하는 것도 좋다.

- Background to demonstrate the duration of his/her interest(배경을 설명함으로써 이 직업에 관심을 가지게 된 기간을 설명한다.)
- Demonstrate compassion, empathy and cultural competence(열정, 공감력, 그리고 문화에 대한 능숙함)
- What it means to practice medicine(진료를 하는 것이 무엇을 의미하는지)
- Imply intellectual curiosity(지적인 호기심을 나타낼 것)
- An idea of future plans. This will incorporate all of the past experience and it will seem directed and committed to a career in medicine.(미래 계획을 보여줌으로써 과거의 경험을 포함해서 어디로 나아가는지와 의학에 헌신적임을 보여줄 수 있다.)
- Understanding of others and issues related to the health system.(타인을 이해하는 능력과 미국 의료 시스템 관련 이슈에 대해 이해하는 것을 보여줘야 한다.)

 **질문**

- "Why our School?"

  왜 우리 학교에 오고 싶은가요?

대학에서는 본교에 가장 적합한 학생을 뽑고 싶어 하므로, 지원학교에 왜 내가(혹은 나의 경험, 열정, 등이) 적합한 인재인지를 잘 설명해야 한다.

 **좋은 예시**

- That you are knowledgeable and informed about the school.(이 학교에 대해서 많이 알고 있고, 잘 알고 있다는 점)

- Specific reasons why you are interested in the school.(왜 당신이 이 학교에 관심이 있는지에 대한 정확한 이유들)

- Present yourself as an ideal fit for the school by identifying some of your own values that mirror the school's philosophy and mission. (당신이 중요시 하는 가치와 학교의 철학을 거울삼아 당신이 이 학교에 이상적인 인재라는 것을 알아보게 하기)

- Your own interest in research. This will likely distinguish you from other applicants and how you envision making a contribution to the school.(당신이 흥미 있어 하는 연구. 이것은 당신을 다른 학생들과 차별되게 할 것이고, 학교에 어떻게 기여할지를 보여줄 수 있다.)

 **질문**

- Tell me about a challenging time in your life.

  살면서 힘들었던 시간에 대해 말해주세요.

면접관은 지원자가 성공적이거나 실패했던 경험에 대해서 물어볼 수 있다. 지원자가 겪은 역경과 그것을 어떻게 헤쳐 나왔는지를 알고 싶어 한다.

 **좋은 예시**

- 진실 되게 말하기
- 역경과 그것을 어떻게 헤쳐 나갔는지에 대한 해법을 말한다.
- 인내심을 보여준다.
- 경험에서 배운 점을 명확히 말한다.
- 그러한 역경은 또 다시 올 수 있다는 점을 명확히 말하고, 또 다른 역경이나 비슷한 역경이 닥쳤을 때 더 잘 헤쳐 나올 수 있게 준비된 사람이라는 것을 강조한다.

 **질문**

- What would you say is one of the major problems with our health care system today?

  오늘날 의료 서비스의 가장 큰 문제는 무엇이라고 생각하나요?

지원자가 의료서비스의 전문가라고는 어떤 면접관도 생각하지 않는다. 만약 이러한 질문을 받았을 때는 이 질문이 결코 쉽지 않은 질문임을 말한다.(물론 이 문제에 대한 전반적인 이해는 기본적으로 되어 있어야 한다.) 의료서비스(health care)에 대한 뉴스나 정보는 그 주에 꼭 읽어보도록 한다.(하지만 이런 질문은 결코 쉽고 간단한 문제가 아니기 때문에 자주 나오는 질문은 아니다.)

 좋은 예시

- 학생은 아직 배워야 할 것이 너무 많다.
- 스스로 생각했을 때 떠오르는 문제점들을 말해본다.(의료서비스의 문제, 환자 교육, 환자관리의 애로사항 등)
- 문화적 유능성은 있지만, 특정한 사람들(인구)은 의료서비스를 받기 어려운 것을 인지하고 있다고 말한다.
- 문제점에 대한 스스로의 해답을 이야기해본다.
- 의료서비스를 받지 못하는 그룹을 치료해본 경험이 있다면 말한다.(자원봉사 등)

 질문

- Do you have any questions for me?
  혹 궁금한 점, 질문이 있는지?

면접관으로부터 이런 요구를 받게 되면 항상 무언가 질문을 해야 한다는 압박감에 질문거리를 만들어 내는 경우가 있다. 하지만 실제로 궁금한 점이 있는 경우가 아니라면 굳이 질문할 필요는 없다. 만약 압박감을 느껴 억지 질문을 할 경우에는 면접관이 곧바로 알아챌 수 있다. 이러한 경우 좋았던 분위기를 갑자기 떨어뜨리거나 망칠 수 있으니 불필요한 질문은 하지 않는 것이 좋다.

위의 질문은 어떠한 방식으로 묻고 있는지도 중요하다. 예를 들어, "So, What questions do you have for me?"라고 물었을 경우, 질문하기를 정말 원하는 경우이다. 하지만 만약 "Do you have any questions?"라고 물었을 경우에는 억지로 할 필요가 없다. 가장 좋은 것은 면접을 진행하면서(만약 대화의 형식으로 진행되는 경우) 중간중간에 질문을 하는 것이다. 그러면 당신이 면접관의 말을 경청하고 있고 이 면접과 학교, 프로그램 등에 큰 관심을 갖고 있다는 것을 보여줄 수 있다. 질문을 할 경우에는 절대 인터넷 웹사이트 검색만 해도 곧바로 답을 알 수 있는 질문은 하지 말자. 질문이 더 이상 없을 경우에는 "You have answered all my questions"라고 끝맺자.

좋은 예시

- 면접에 대한 준비가 되어 있다는 것을 보여준다.
- 지원학교에 대한 정보를 많이 알고 있다는 점을 부각한다.
- 진실성을 보여준다.
- 개인적으로 관심 있는 분야에 대해 물어본다.
- 의대 학생으로서 교실뿐만 아니라 교실 밖의 활동에서 활발하게 참여할 것을 보여준다.
- 면접에 참여하게 된 것에 감사함을 표현한다.

 질문

- **What is your greatest weakness?**

  당신의 가장 큰 단점은 무엇인가요?

장점인 듯한 단점을 말하는 것이 가장 인상적이다. 예를 들어, "저는 완벽주의자입니다", "기회를 거절하는 것을 잘 못합니다.", "개인적인 시간을 희생하면서까지 일을 할 때가 있습니다." 등의 답변이 좋다. 솔직하게 답하되, 의사로서의 치명적인 약점은 말하지 말자. "팀과 함께 일하는 것을 하지 못합니다"와 같은 것은 별로 좋은 답변이 아니다.

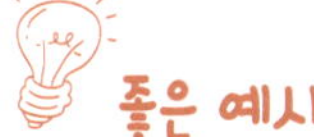 좋은 예시

솔직한 단점을 말한다. 그리고 이 단점에 조금의 긍정적인 반전을 주어서 장점으로 바꿀 수 있다는 점을 부각한다.

 질문

- **Ethical and "behavioral" questions.**

  역할과 상황에 관해 주어지는 문제들

Q >>>

16살 소녀가 어머니와 함께 병원을 찾아왔다. 의사인 당신은 어머니에게 잠시 자리를 비켜달라고 한 뒤 소녀와 이야기를 나누어보았다. 소녀는 현재 성관계를 맺고 있으며, 어머니 모르게 산아제한(birth control-임신을 막는 방법들)약들을 처방해달라고 한다. 하지만 그녀는 미성년자이기 때문에 부모의 동의가 필요하다. 당신이라면 이럴 때 어떻게 하겠는가?

    이 문제는 '올바른' 답이 명확하게 보이지 않으므로 그 상황에 대한 모든 측면을 살펴봐야 한다. 면접관은 당신의 답을 듣고 싶어 하지만, 그 답보다는 그 답에 어떻게 해서 도달하게 되었는지의 사고 과정을 더 알고 싶어 한다. 이러한 질문은 당신의 전문성, 팀 협력성, 가치, 윤리, 문화 수용성 등을 알게 해주는 질문이다.

 **좋은 예시**

- 상황에 대해 모든 측면을 고려한다는 것을 보여준다.
- 학생의 행동(의사로서의 처방)이 그 소녀, 부모뿐만 아니라 그 소녀와 성관계를 맺고 있는 파트너에게까지 영향을 미친다는 것을 말한다.
- 객관적이고 명확하게 생각하고 있다는 것을 보여준다.
- 이 문제에 대한 법 규정을 정확하게 알고 있지는 않지만, 주(state)마다 다른 법 규정이 있다는 것을 말한다.
- 동정심, 공감성, 전문성과 상황에 대한 복잡성을 잘 알고 있다는 것을 말한다.
- 이 문제를 해결하기 위해 주위에 있는 자원을 활용할 수 있다는 점을 말한다.(팀 멤버들, 고문, 등)

- If you had a free day what would you do?

  하루의 자유시간이 주어진다면 무엇을 하겠습니까?

- How do you achieve balance in your life?

  인생의 균형을 어떻게 잡나요? 일, 사회생활, 취미생활 등

- Tell me a joke.

  농담을 해주세요.

- Teach me something.

  저에게 무엇인가를 가르쳐주세요.

- What experience(s) made you want to pursue medicine?

  어떠한 경험들이 당신을 의대에 관심을 갖게 했나요?

- How would your best friend describe you? What would he or she say is your greatest weakness?

  당신의 친구들은 당신에 대해 어떻게 설명할까요? 그들은 당신의 최대 약점이 무엇이라고 말할까요?

- What activity have you pursued on your own without the influence of your parents?

  부모의 영향 없이 스스로 참여했던 활동들은 어떤 게 있나요?

- What is something you tried really hard at but didn't turn out as expected or what has been your greatest challenge?

  최선을 다했지만, 결과가 좋지 못했던 경험이 있나요? 혹은 당신이 겪은 가장 큰 역경은 무엇인가요?

- Did you ever have to work to help support yourself or fund your education?

  스스로 학비를 벌기 위해 일한 경험이 있나요?

- How do you remember everything you have to do?

  당신이 해야 할 일들을 어떻게 다 기억하나요?

- How will you deal with debt?

  당신의 빚을 어떻게 갚을 것인가요?

- Where have you traveled around the world?

  해외여행으로 가본 나라가 있나요?

- Would you change anything in your background? What and why?

  당신의 배경 중 바꾸고 싶은 게 있나요? 무엇이고 왜인가요?

- What would you do if you could not pursue a career in medicine?

  의료 관련 직업을 더 이상 좇을 수 없다면 어떡할 건가요?

- Tell me about your research/clinical work/volunteer experience.

  당신의 연구·임상 실무·봉사활동 경험에 대해 말해주세요.

- Explain your academic path.

  당신의 학업에 대해 말해주세요-여기까지 오게 된 경로

- What strengths would you bring to the medical school?

  의대에 어떠한 강점을 가져올 건가요?

- Why did you do a special master's program/MBA etc?

  왜 석사 프로그램/MBA 프로그램에 참여했나요?

- Explain your poor grade/MCAT/academic performance.

  당신의 높지 않은 성적/MCAT점수/학업 성과에 대해 설명해주세요.

- How would you add to the diversity of our school?

  우리 학교의 다양성에 어떻게 도움이 될 건가요?

- What qualities should a physician possess?

  의사가 갖고 있어야 할 자질은 어떤 건가요?

- Tell me about the most influential person in your life?

  당신 인생에 가장 큰 영향을 끼친 사람에 대해 말해주세요.

- Tell me about your most valuable accomplishment?

  당신의 가장 소중한 업적에 대해 말해주세요.

- Tell me about your most valued mentor.

  당신이 가장 따르는 멘토에 대해 말해주세요.

- What direct clinical exposure do you have?

  어떠한 직접적인 의료 관련 경험이 있나요?

- What leadership roles have you held?

  어떠한 리더십 역할을 맡아본 경험이 있나요?

- Why should we choose you?

  우리가 왜 당신을 뽑아야 하는지 그 이유를 말해보세요.

- What should I tell the admissions committee about you?

  당신에 대해 입학처에 뭐라고 말해줘야 할까요?

- Describe your perfect day?

  당신에게 있어 완벽한 날이란 어떤 날인가요?

- Where do you see yourself in the future?

  10, 20, 30 years?, 지금부터 10년, 20년, 30년 후에 당신 스스로 어디에 있을 거라고 생각하나요?

- If you could change anything about your education, what would that be and why?

  당신이 교육에 대해 바꿀 수 있다면, 어떤 것이고 왜인가요?

- What kinds of books do you read? Tell me about the book you read most recently.

  어떤 종류의 책을 읽나요? 가장 최근에 읽은 책에 대해 말해주세요.

- What do you do for fun?

  취미생활로 무엇을 하나요?

- In closing, is there anything else you would like to tell me?

  마지막으로 혹시 내게 말하고 싶은 것이 또 있나요?

- What have you done since you graduated from college?

  대학 졸업 후 어떤 활동을 하였나요?

면접관에게 물어볼 수 있는 질문들 :

General(일반적인 질문)

- How would you describe a typical medical student here?

  선배 의대생들의 전형적인 생활에 대해서 말씀해주세요.

- What are the most positive aspects of this school?

- How do you like being on faculty here?

이 학교 의대교수로서의 직분에 대해 어떤 생각을 갖고 계시나요?

- What do you do/what is your specialty?

당신은 어떠한 전문의인가요?

Curriculum(교육과정)

- Do you anticipate any upcoming changes to the curriculum?

교육과정의 변화를 예상하시나요?

- Can I access lectures via the web or on line?

수업을 인터넷이나 온라인으로 참여할 수 있나요?

- Do students typically do research for credit?

재학생들은 학점을 위해 연구하나요?

- What do most students do during their first year summer?

대부분의 학생들은 첫 여름방학에 무엇을 하나요?

- Are there global health opportunities?

국제적인 의료 기회가 있나요?

Mentoring(멘토링)

- Is there a formal guidance program here?

공식적인 안내프로그램이 있나요?

- Do students receive help when applying for residency?

학생들이 레지던트로 지원할 때 도움을 받을 수 있나요?

- Are clinical faculties supportive of students?

  병원의 교수진들은 학생들을 지원해주나요?

Rotations(로테이션)

- Are rotations crowded; do students compete for patients, procedures or teaching?

  로테이션은 혼잡합니까? 학생들이 환자, 절차 또는 교육을 위해 경쟁하나요?

- Where do students complete most clinical rotations?

  학생들은 어디에서 가장 많은 임상 회전을 완료하나요?

After medical school(의대 졸업 후)

- What are the most popular specialties that students pursue?

  학생들에게 가장 인기 있는 전문과는 어디인가요?

- What percentage of students complete residencies at hospitals affiliated with the medical school?

  의과대학 부속병원에 거주하는 학생의 비율은 몇 퍼센트인가요?

현재 선배 의대생들에게 물어볼 수 있는 질문들 :

General(일반적인 질문)

- Are you happy?

  행복한가요?

- Why did you choose to come here?

  왜 이 학교를 선택했나요?

- What are the best things about the school?

  학교에서 가장 좋은 점은 무엇인가요?

- Do you think that what was presented to you on interview day was accurate?

  제가 면접에서 알게 된 것들은 정확한가요?

- How do you like living here?

  이곳에서의 삶에 만족하나요?

Curriculum(교육과정)

- What are the strengths and weakness of the curriculum?

  교육과정의 장점과 단점은 무엇인가요?

- Do you know of any changes in the curriculum?

  교육과정의 변화에 대해 혹시 아는 게 있나요?

- Are faculty supportive of students feedback regarding the curriculum?

  교수진이 학생의 교육과정에 대한 질문에 피드백을 해주는 등 지지적인가요?

Clinical rotations(병원 로테이션)

- What do you think of the clinical sites?

  병원에 대해 어떻게 생각하나요?

- Is there a bedside teaching?

  머리맡 가르침이 있나요?

- Is most teaching done by housestaff or faculty?

  교육이 직원들에 의해 이루어지나요, 아니면 교수진에 의해 이루어지나요?

- What are the best/worst rotations here?

  최고와 최악의 로테이션은 무엇인가요?

- Are you learning how to practice evidenced based medicine?

  증거에 기반한 의술 실행연습을 어떻게 하는지 배우나요?

- Do you think you have enough flexibility to choose elective rotations?

  선택적 로테이션을 고를 수 있을 만큼 유연함이 있나요?

Research(연구)

- Do most students do research?

  대부분의 학생들이 연구를 하나요?

- Do you have to seek out opportunities on you own?

  연구 기회를 스스로 찾아야 하나요?

Teaching and mentoring(가르침과 멘토링)

- Do faculty and residents teach?

  교수진과 레지던트들이 가르치나요?

- Do you have enough 1:1 time with residents and faculty?

  레지던트와 교수진과 충분한 1:1 시간이 있나요?

- Do faculty help with specialty selection and the match process?

  교수진이 전문성을 고르고 적합성 매칭에 도움을 주나요?)

Student life(학생들의 삶)

- How would you describe the camaraderie between students?

  학생들 간의 우정을 어떻게 표현하겠습니까?

- What do students do in their free time?

  학생들은 자유시간에 무엇을 하나요?

- Where do students live?

  학생들은 어디에 사나요?

- How do most students get to school?

  대부분의 학생들은 학교에 어떻게 다니나요?

- Do students participate in volunteer, community service or teaching activities?

  학생들은 봉사활동, 지역 봉사활동, 가르치는 활동 등에 참여하나요?

Thank you note(감사 메일, 편지, 노트 보내기)

이러한 것들이 면접관의 마음을 움직이거나 결정에 영향을 주지는 않지만, 감사의 표현이라고 생각하면 좋다. 쓸 때는 짧게 쓰되 면접에서 일어난 특별한 상황이나 대화에 대해서 쓴다. 면접장에서의 분위기에 맞게 노트의 길이와 톤을 조정하자. 예를 들어 면접장의 분위기가 화기애애하고 긍정적이었다면, 길고 밝게 쓰는 것이 좋지만, 만약 면접의 분위기가 무겁고 짧았다면, 내용도 짧게 쓰도록 하자.

 **좋은 예시**

- 면접관에게 시간을 내준 것에 대해 감사하기
- 새로운 교육과정에 대해 언급하기
- 어려운 사람들의 봉사에 관심이 있다는 점을 부각하기
- 면접에서 했던 말들 언급하기
- 더 필요한 정보가 있다면 제공할 것을 말하기

[추천도서목록]

번호	주제별	책제목	지은이	출판사
1	인간이해	푸른 요정을 찾아서	신상규	프로네시스
2	고통의 이해	나이트	엘리 위젤	예담
3		밤으로의 긴 여로	유진오닐	민음사
4		생의 한가운데	루이제 린저	문예출판사
5		죽음의 수용소에서	빅터 프랭클	청아출판사
6	윤리와 의료윤리의 이해	이반일리치의 죽음	톨스토이	작가정신
7		잊지말자 황우석	이형기	청년의사
8	자신에 대한 성찰	공부도둑	장회익	생각의 나무
9		아직도 가야 할 길	스캇 펙	열음사
10		인간치유	폴 투르니에	생명의말씀사
11	자기 계발 및 관리	나는 이런 책을 읽어왔다	다치바나 다카시	청어람미디어
12		다산선생 지식경영법	정민	김영사
13		몰입의 즐거움	미하이 칙센트미하이	해냄출판사
14		블링크	말콤 글래드웰	21세기북스
15		생각을 넓혀주는 독서법	모티머 J.애들러	멘토
16		지식의 단련법	다치바나 다카시	청어람미디어
17		책 어떻게 읽을 것인가	고은 등 엮음	민음사
18		프로페셔널의 조건	피터 드러커	청림출판
19	의학과 의료제도, 보건의료의 이해	나는 고백한다. 현대의학을	아툴 가완디	동녘사이언스
20		멋진 신세계	올더스 헉슬리	문예출판사
21		사회적 지위가 건강과 수명을 결정한다	마이클 마멋	에코리브르
22		없는 병도 만든다	외르크 블레흐	생각의 나무
23		은유로서의 질병	수전손택	이후
24		의학이야기	히포크라테스	서해문집

25	의학과 의료제도, 보건의료의 이해	제약회사들은 어떻게 우리 주머니를 털었나	마르시아 안젤	청년의사
26		호열자, 조선을 습격하다	신동원	역사비평사
27		FDA vs 식약청	이형기	청년의사
28	사회와 세계의 이해	가격 결정의 기술	라피 모하메드	지식노마드
29		나쁜 사마리아인들	장하준	부키
30		대한민국사 전4권	한홍구	한겨레출판사
31		미래를 말하다	폴 크루그먼	현대경제연구원
32		어려운 시절	찰스 디킨스	푸른산
33		오래된 미래	헬레나 노르베리 호지	중앙북스
34		왜 세상의 절반은 굶주리는가	장 지글러	갈라파고스
35		육식의 종말	제레미 러프킨	시공사
36		이반 데니소비치, 수용소에서의 하루	솔제니친	민음사
37		잡식동물의 딜레마	마이클 폴란	다른세상
38		조영래평전	안경환	강
39		퀴즈쇼	김영하	문학동네
40		한국의 평등주의, 그 마음의 습관	송호근	삼성경제연구소
41		회색인	최인훈	문학과 지성사
42		Guns, Germs, Steel	Jahred Diamond	W.W.Norton
43	문화의 이해	건축, 음악처럼 듣고 미술처럼 보다	서현	효형출판
44		굿바이 클래식	조우석	동아시아
45		서양미술사	E.H.곰브리치	예경
46	소통과 관계의 이해	치유의 예술을 찾아서	버나드 라운	몸과마음
47	의사의 삶 이해	인턴X	닥터X	김영사
48		종합병원2.0	박재영	청년의사
49	의사(지식인)의 사회적 책무	아리랑: 조선인 혁명가 김산의 불꽃 같은 삶	님 웨일즈	동녘
50		작은 변화를 위한 아름다운 선택	트레이시 키더	황금부엉이
51		조피 숄 평전	바바라 라이스너	강

52	의사(지식인)의 사회적 책무	체 게바라 평전	장 코르미에	실천문학사
53		폴 브랜드 평전	도로시 클라크 윌슨	좋은씨앗
54	의사의 리더십	난중일기	노승석 역	동아일보사
55		내영혼의 스승들	필립 얀시	좋은씨앗
56		마하트마 간디	요게시 차다	한길사
57		쉽게 읽는 백범일지	김구	돌베개
58		이순신의 두얼굴	김태훈	창해
59		자유를 향한 머나먼 여정	넬슨만델라	아태평화재단
60		정관정요에서 배우는 난세를 이기는 지혜	양판	예담
61		CEO대통령과 7가지 리더십	데이비드 거겐	스테디북
62	과학	과학혁명의 구조	토머스 S. 쿤	까치
63		링크–21세기를 지배하는 네트워크 과학	알버트 라즐로바라바시	동아시아
64		엔트로피	제레미 러프킨	세종연구원
65		이기적 유전자	리처드 도킨스	을유문화사
66		종의 기원	찰스 다윈	동서문화사
67		최무영 교수의 물리학 강의	최무영	책갈피
68	문학	거대한 괴물	폴 오스터	열린책들
69		도쿄타워–엄마와 나, 때때로 아버지	릴리 프랭키	랜덤하우스코리아
70		바티스타 수술 팀의 영광	가이도 다케루	예담
71		백석을 만나다	이승원	태학사
72		소네트 시집	셰익스피어	샘터사
73		어느 가슴엔들 시가 꽃피지 않으랴	정끝별	민음사
74		주홍글씨	나다나엘 호손	문예출판사
75		천년 동안에	마루야마 겐지	문학동네
76		천상병 전집	천상병	평민사
77		침묵	엔도 슈사쿠	홍성사
78		칼의 노래	김훈	문학동네
79		킹디드	볼테르	을유문화사
80		허삼관 매혈기	위화	푸른숲

81	문학	혼불	최명희	한길사
82	종교	간화선	대한불교조계종 불학연구소	조계종출판사
83		내가 알지 못했던 예수	필립 얀시	요단출판사
84		백악관에서 감옥까지	찰스 콜슨	홍성사
85		소명	오스 기니스	IVP
86		이야기 교회사	김기홍	두란노
87		전능자의 그늘	엘리자베스 엘리엇	복있는사람
88		참회록	성 어거스틴	크리스찬 다이제스트
89		하나님의 정치	짐 월리스	청림출판
90	인문·사회, 역사, 철학	넛지	리처드 탈러 & 캐스 선스타인	리더스북
91		돈가스의 탄생	오카다 데쓰	뿌리와 이파리
92		로마인 이야기	시오노 나나미	한길사
93		세상의 바보들에게 웃으면서 화내는 방법	움베르토 에코	열린책들
94		스시 이코노미	사샤 아이센버그	해냄출판사
95		윤치호 일기	김상태 편저	역사비평사
96		종교전쟁	신재식, 김윤성, 장대익	사이언스 북스
97		철학, 삶을 만나다	강신주	이학사
98		통섭	에드워드 윌슨	사이언스 북스
99		팡세	파스칼	서울대학교출판부
100		학교를 버려라	매트 헌	나무심는사람